中國風水文化

顏廷真 孫魯健 著

三聯書店（香港）有限公司
香港浸會大學當代中國研究所

當代中國研究叢書

U0116545

責任編輯	陸明天　向婷婷	
書籍設計	鍾文君	

叢 書 名　當代中國研究叢書

書　　名　**中國風水文化**

著　　者　顏廷真　孫魯健

出　　版　三聯書店（香港）有限公司
香港北角英皇道 499 號北角工業大廈 20 樓
香港浸會大學當代中國研究所
香港九龍塘聯福道 34 號

香港發行　香港聯合書刊物流有限公司
香港新界大埔汀麗路 36 號 3 字樓

印　　刷　中華商務彩色印刷有限公司
香港新界大埔汀麗路 36 號 14 字樓

版　　次　2012 年 6 月香港第一版第一次印刷

規　　格　16 開（168 × 230 mm）376 面

國際書號　ISBN 978-962-04-3002-2

出版説明

　　當代中國研究叢書是香港三聯書店和香港浸會大學當代中國研究所合作出版的第一個重要項目。

　　由 2009 年 9 月開始，這個項目正式起動，我們將聯合出版有關研究中國當代的經濟、政治、社會、文化和環境等方面的專著、合著、論文集等。這套叢書，設計初期每年出版約十種。除了有選擇地收入浸會大學及浸會大學當代中國研究所的研究成果外，我們將熱誠歡迎本港及海內外學術界提供資料豐富、有分析、有新見，同時又簡明可讀的有關當代中國包括內地、台灣、港澳及中外關係的研究著作。

　　期望本叢書可以見證當代中國在經濟、政治、社會各領域的全面發展及其發展路程中艱難跋涉的印跡。

三聯書店（香港）有限公司

香港浸會大學當代中國研究所

目　錄

序一

　　自新石器時代以來，文明的演進在全球不同的民族和地區，形成了不同的地域文化。風水文化是中華民族的一大特色。這並不是說世界上其他民族就沒有風水概念和相關的風水行為，其實原始的風水概念是世界共通的，它指的就是人和自然（亦即人和天、地）的關係。今天，在現代的城市選址上，不論是在歐美或其他地區，凡在河谷地帶，新城市只能建在河灣的內灣岸上，而不能建在其反方，因為內灣岸是河水積填區，場址穩固。若在外灣岸上，則會不斷受河水沖刷，久而久之必被河水沖毀。這個科學論斷與傳統風水理論中的「反弓水」是一致的。當代對城市經濟和城市環境的追求，如「可持續發展」、「綠色城市」、「低碳」、「宜居」等理念與目標，都是傳統的「天人合一」、「天人感應」的現代版。概而言之，風水是對人與自然合理調和的理性而科學的追求的一種表現。這也反映出我國傳統上以「地學」、「地理」來稱呼風水之學，和英文地理（Geography）一詞的來源實際是一致的。後者由 Geo，即地球（包涵地球的四圈：大氣圈、水圈、生物圈和地圈）及 graphy，即學科（包括描述、記錄、學習和分析）兩個字根組成。

　　我國的風水文化能歷五千年而不衰，顯示了其背後的科學基礎與實效。更關鍵的是，我國的風水文化在漫長的歷史演進過程中，不斷地與主流的儒道思想融合，又從佛家理論中汲取一些有用的概念，成為中華文化不可分割的一部分。正因如此，它是隨着我國文明的演進而不斷地通過應用和吸納新思維而蛻變，並在這過程中深化和豐富了其內涵。

　　顏廷真和孫魯健兩位先生的這本著作，對我國歷代的重要風水人物、著作

和理論作出了清楚的、順時序的闡述，填補目前出版上的一個空白，令有興趣瞭解我國風水文化的人士增添了一本很好的入門書及簡明的參考書。除此之外，本書亦從風水實踐的角度，對我國歷代都城的選址、規劃和重要宮殿、朝堂、陵、廟的設計作出說明，補充了傳統中國城市地理學專著的不足。

1949 年以後，風水文化在內地的發展，特別從實踐的角度看，與港澳台地區相比，實在是相形見絀。而二位作者，由於很有可能對後者接觸不多，使這一部分的內容顯得單薄。當然，二位顯然對風水學的實踐涉入不深（筆者亦如是），談到一些具體概念及實踐時，難免給人以有點模糊的感覺。這兩方面，希望二位（或其他學者）能日後予以補充。

總而言之，這是一本難得而合時宜的好書，對我們理解我國傳統文化及當代應用大有裨益，希望它作為一個開始，能帶起更大的興趣與研究，推動更多的相關著作的出版。

香港浸會大學當代中國研究所所長

暨地理學講座教授

薛鳳旋

序二

　　三十年前，那時的北大還算「城外」，回家就是進城。某個周末回家的路上，恰與王偉（北京風入松書店的創始人）同行，當時他在哲學系讀研究生。一路上我順帶向他請教當時最潮的哲學概念存在主義與邏輯實證主義。甚麼是人？甚麼是精神？甚麼是物質？重要不重要？弄清這些基本的問題，其他問題就好解決了。這就是存在主義。這些問題重要吧，能說清楚麼？說不清楚怎麼辦？那就能說到甚麼程度就說到甚麼程度。就像定義桌子，有塊板子，有腿，可以在上面讀書、寫字等等，這叫桌子。直到現在，很是佩服專業人員的素質，可以把複雜的事說得這麼簡單明白。前者或許歸為「道」，後者是「術」。做到極致，二者沒有高下之分，看問題從不同的角度而已。

　　好書與暢銷書對讀者和出版社的標準可能不同。大家都愛看，爭先恐後地買來看，至少應是暢銷書。就像在 1978–1979 年，在北京大家排隊爭相買 Essential English 書一樣，排隊中不乏老人，那是給子女買，代排隊的。也就是那個特定的時代，大家都如飢似渴地學英語。

　　1980 年代是思想解放的時代，談論許多今天看來並非很潮的問題。大約是改革開放後比較早地見到內地出版的風水專著是一本名叫《風水探源》的書，作者是學建築出身的。後來聽于希賢師說他去香港學術交流，當地行內稱之為「XX」風水，如建築風水等，行內稱他們研究的是「易經風水」，不同於風水在各行的應用——「XX」風水。以後于希賢師還在學校開了數年「易經地理」的課，這是後話。「易經風水」就相當於風水中的「道」和「存在主義」；而具體的「XX」風水就相當於「術」或「邏輯實證主義」吧？

　　大約在 1988 年，在北師大的一次學術講座上，地理所的一位搞氣象出身的專家談到全球變暖內地學術界的應對時指出，研究全球變暖的機制問題，那時美國做的很費錢。我們就做假設全球變暖，溫度提高幾度與海平面上升的關係，國家應該怎麼辦？這很實用，也可以算作「術」的範圍吧？晚近時期，方勵之先生寫了一篇全球暖化中的物理與非物理問題，則大有求「道」的意味了。

　　今天所處的時代，是個快速時代，或叫匆匆社會，大家都很匆忙，看報叫標題黨，吃飯追求速度是速食。而好書與求「道」有關的，作者就要積相當功力，假以時日，慢工出細活。還得出版社有興趣。這個時代一定會來臨的，我們離它越來越近了吧。在此之前，就先看些「術」的吧。

　　沒有興趣，不鑽研，出不了好書。

　　真正求「道」，弄清本源的東西，不是一時半會兒的事。信手看看《四庫全書》術數部分，那時作者不像今天這樣匆忙，尚且未能窮其詳盡，何況今天這樣匆忙？

　　就是在「術」的層面上，不熱愛、不下功夫、不鑽研，同樣也出不了好書、暢銷書。

　　認識顏廷真君多年。近年來，顏君在風水方面饒有興趣，鑽研、實踐，思考，這本書就是他努力的結果。

　　由「術」入手，若能對比研究學術史，最終完美地求「道」，讓三者融為一體，相信經過努力會距此越來越近。

北京大學歷史地理研究中心副教授

武弘麟

序三

　　每個民族都有它獨特的傳統文化，即使時間已久，這些傳統文化也未被塵封。相反，隨着社會經濟的發展、文化的開明、政治環境的寬鬆以及人們甄別能力的增強，這些傳統文化又開始處於活躍期。傳統風水觀對人們的影響就是其中最典型的例子。

　　我對風水觀的系統瞭解是在 20 世紀 90 年代初，當時我正在北大城市與環境學系唸研究生，由於參加國家基金項目研究工作的需要，我承擔了古村落環境觀研究的有關工作。在研究古村落的過程中，我發現保存至今的中國古村落中，無一不是在風水觀的影響下選址、規劃和建設的。後來進一步瞭解發現，幾乎所有的中國傳統聚落（包括古村、古鎮、古城）都與傳統風水觀有着千絲萬縷的聯繫。簡言之，中國古代的聚落規劃思想就是中國傳統的風水思想。中國傳統風水觀是幫助我們順利打開古代聚落和建築規劃之門的鑰匙，也是研究和瞭解中國傳統規劃觀、居住觀和環境觀的必然途徑。因此，從事聚落地理學、人居環境學、建築學和城鄉規劃學的人士，瞭解和研究中國傳統風水觀，成為一種工作和職業的需要。

　　其實，中國傳統的風水觀是很有價值的，它有別於傳統的風水術。風水觀強調人類對自然的選擇和適應，《陽宅十書》一開篇就說，「人之居處，宜以大地山河為主」，表達的就是一種人與自然不離不棄、相互依存的願望，是中國傳統「天人合一」思想的具體體現。可以說，「人地和諧」是中國傳統風水觀的精髓，也是中國傳統環境觀的精髓，從這種意義上講，風水觀代表的就是古代中國人的環境觀。「人地和諧」的思想，對今天的城鄉規劃、建築設計、

環境設計以及和諧社會建設，都具有重要的參考價值。

　　遺憾的是，當前社會上許多人對風水觀和風水術缺少區分，經常混為一談，就像把道家與道教混為一談一樣，一方面影響了人們對風水觀的正確認識和研究，另一方面助長了「江湖界」風水術的大肆抬頭。

　　我歷來主張從環境哲學和規劃思想的角度研究中國傳統的風水思想與觀念，所以我在十多年前完成的第一本書的書名就叫《風水：中國人的環境觀》。我曾經多次表明我研究風水的三個目的：一是挖掘一種思想，即「人地和諧」的思想；二是建設好一門學科，即「人居環境學」；三是推進一項建設，即「山水城市」建設。實際上，僅靠我自己是很難完成上述工作目標的。因此，我一直期待着能有更多的學人加入到這一隊伍中來，共同挖掘和整理中國傳統文化思想的精華，剔除文化糟粕和迷信，引導國人樹立正確的環境觀和科學的文化觀，為和諧社會建設盡職盡責。

　　值得高興的是，顏廷真學兄近日告訴我，他在多年來研究中國傳統風水觀的基礎上，又將其中合理的規劃思想和文化觀念應用於實踐，從而形成了他獨特的感悟，並將這種理論與實踐相結合的學理與案例撰寫成專著，希望我寫個「序言」，這對我來說無疑又是一次很好的學習機會，我便欣然答應。

　　該書分為九章，前五章主要談中國風水及風水觀的發展演變及評價，後四章主要談風水觀及風水文化對今天的城市規劃、旅遊規劃、房地產開發和室內佈局的影響，其間列舉了大量規劃設計案例，不僅闡釋了中國風水的內涵，而且演繹了中國傳統風水思想及風水文化的運用方式，有助於人們對中國傳統風水理論及其實踐價值的理解。

　　本書對中國風水文化演變過程的勾勒及評價很有特色。先是從史前聚落選址佈局的環境特點入手，進而探討中國人早期的天地觀念和宇宙模式，接着指出了中國古人在聚落規劃佈局中強調的仿生學、仿星學佈局原則，繼而探討了中國古人崇尚的「天人合一」思想以及這一哲學思想的演變過程和影響領域，

特別是對中國傳統都城、城鎮、建築、園林、寺廟、陵寢、山水詩畫等領域的影響。自始至終，作者想要表達一種資訊，即「風水就是中國的傳統文化或是民俗文化，是儒釋道文化的結晶，甚至可以說它就是國學」。因此，竊以為，作者主要是從傳統哲學和傳統文化的角度看待風水的，認為風水就是與中國傳統哲學和傳統文化一脈相承、相伴而生、同胞異體的精神文化產物。

本書在綜合考慮運用傳統風水思想和風水文化在創造有地方個性和鄉土特色的城市、建築、旅遊地、宜居場所等方面，有較多的創意和探索。書中列舉了一些由作者本人參與或主持的風水思想與風水文化運用的案例，為人們認識和判斷風水文化與文化創意及文化創新提供了素材。誠然，風水不一定在所有文化項目的創意上都能發揮很好的作用，但是只要運用得當，多強調文化特質、文化元素和文化的針對性，少強調風水的普適性、科學性和萬能性，作為中國傳統居住文化基因的風水思想及其佈局技巧，往往會讓我們的文化創意和人居環境規劃錦上添花，富於個性。

雖然俗話說，「越是民族的，就越是世界的」，但並不能因此推論說，風水就是屬於世界的。但是，有一點可以說，中國風水思想中的「大地有機」觀念、「因借山水」思想、「人地和諧」理念和「天人合一」思想，對於今天的人們解決全球環境問題，是難得的思想啟示和文化影響。

是為序。

北京大學博士、衡陽師範學院院長

劉沛林

前言

　　隨着改革開放以來學術研究的開放和社會經濟的發展，風水文化這個飽受爭議而且十分有趣的話題也受到社會各階層、特別是學院派學者的關注。于希賢、武弘麟、劉沛林、俞孔堅、盧生上人、李小波、陳喜波、顏廷真等北京大學學院派的學者肯定了風水文化的積極作用，從地理環境特徵和風水與地理環境決定論的異同等方面對風水文化作了地理學評價。天津大學的王其亨教授從建築規劃的角度，論證了風水文化在建築設計中的實用性。中南大學張功耀教授卻對此持極端反對的態度，認為風水與中醫一樣，是歷史遺留的毒瘤和垃圾。而日本學者渡邊欣雄則持中間態度，他從社會人類學的角度研究風水，認為風水就是風水，它既不是迷信，也不是科學。正是由於學者們對於風水的不同態度，造成了人們對風水認識的混亂。因此，在現階段很有必要對風水進行系統的整理和研究。具體來說，本書是基於以下兩個目的探索風水發展的。

　　第一，揭示風水文化的神秘性，還原風水文化的真正面目。我認為風水就是中國的傳統文化或是民俗文化，是儒釋道文化的結晶，甚至可以說它就是國學的一部分。作為一種文化現象，風水是人類社會長期發展的結晶，無所謂好，也無所謂壞。因為任何一種歷史積累形成的文化現象，都反映了統治階級或者大多數民眾的利益，所以它的效用是因人而異的，對有的人來說具有積極作用，而對有的人來說就具有消極作用。近年來在我國興起的儒學也是具有兩面性的，著名人文地理學家、北京大學教授胡兆量先生指出：「（儒家）文化積極面的核心是仁、學、勤。仁是倫理道德。封建社會形成的仁，有一層為等級制度服務的外殼。剔除消極的外殼，尊老愛幼，熱心公益，服務鄉梓，敬業

社會，報效國家，是可取的。」因此，對風水文化持極端否定的態度是不可取的，綜觀我國的歷史文化遺產如故宮、廣東開平碉樓等一大批古建築，就是用風水文化理論修建的。如果認為風水是邪惡的東西，是否應該把故宮等一大批歷史文化遺產拆除呢？答案顯然是否定的。

眾所周知，東漢時盛行的讖緯學是極端迷信的。然而，就是這樣一種充斥了妖妄怪誕內容的文化現象，還是包含了一些難能可貴的科學資料。東漢經學大師鄭玄的《尚書緯·考靈曜》載：「地恆動不止而人不知，譬如人在大舟中，閉牖而坐，舟行而人不覺也。」這是當時的讖緯理論，但「這不是發現了地球是一顆恆星，足以震驚世界的學問嗎？這位 1900 年前的無名科學家的發現是多麼值得我們的尊敬啊！讖緯書中尚有這類好材料，可見只要肯到沙礫中搜尋自會揀到金子，決不該一筆抹殺」（顧頡剛語）。是啊，讖緯理論尚且如此，何況風水文化呢？

第二，倡導成立風水研究中的北大學派。北大老校長蔡元培先生提出的「思想自由，相容並包」，不但端正了民國初期北大的校風，繁榮了學術，而且也使改革開放後北大的風水研究走在前列。在 2009 年全球華人地理學會暨中國地理學會成立一百周年紀念大會上，我在北京師範大學舉辦的人文地理的學術研討會上作了《人文地理學研究視角中的風水文化》的專題發言，提出了中國風水研究有「北大學派」之論的觀點。原以為要引起非議，結果會議十分包容。在主持人美國阿克隆大學馬潤朝教授做了簡單評論後，我的老師唐曉峰教授第一個提問：「顏廷真提出的風水研究很有意思，值得去研究，今天正好（李）小波也來了，但是你們一定要釐清風水中負面的東西，並且要知道運用甚麼手段去認清。」我很詫異，原以為老師會批評，沒有想到他會提出如此中肯的評價。因為在北大求學時，知道唐老師一直反對把「風水」擴大化。此外，北京師範大學城市與區域規劃研究所所長周尚意教授也說：「小顏提出的北大學派很有意思。」

　　其實，風水研究中北大學派的提出是深受唐曉峰老師影響的。讀博期間，唐老師常常講述獨步歐美地理學界的伯克利學派，他從美國留學回來後一直想創立地理學的「北大學派」，《讀書》雜誌刊登了一系列有關他對地理學的精闢見解——《地理學的人文關懷》，令學界耳目一新；他又繼承顧頡剛先生創辦《禹貢》的精神，開發了以書代刊的《九州》叢書，解讀中國大地。多年來，我一直在思考和探究中國人文地理與風水的機緣，這或許真可能形成中國最本土的人文地理學派。感謝北京大學城市與環境學院一批睿智的學者和學生，無論面對多少誤解和指責，他們依然懷着相容並包、海納百川的胸懷，進行着自己特立獨行的研究和應用，逐步形成了一種風格。因此，我認為，風水「北大學派」是客觀存在的，他們對風水的研究方法和治學態度是嚴謹的、科學的。

　　歷史學家顧頡剛先生在談到西漢末年著名經學家、目錄學家、文學家、古文經學開創者劉歆為王莽上台編造理論而篡改《左傳》時，說過一句很有意思的話：「學術性的東西是皇帝所不需要的，一定要插入對於皇帝有利的東西方能借得政治上的力量。」本書也想以此作為對風水文化理論研究的指導，從文化地理學的視角，在對陝西師範大學出版社國家「十一五」重點圖書項目和陝西省重點圖書工程「中國地學通鑒」中關於「中國古代城市規劃」的研究基礎上，結合近年來對風水理論的研究成果、舉辦的各種講座、為城市和旅遊規劃及地產公司提供的諮詢服務，論述風水的來龍去脈，剖析風水迷信產生的根源。本書涉及的主要成果有：中國古代城市規劃（陝西師範大學出版社國家「十一五」重點圖書項目和陝西省重點圖書工程，其中顏廷真主編的《城市卷》一書由陝西師大出版社在 2012 年出版）、北京奧林匹克森林公園景點命名研究（朝花台、夕拾台、聽泉軒三個名稱被採用，《中國新聞出版報》和中國地理學會官方網站等媒體曾報導）、《北京奧林匹克森林公園的景觀命名》（《中學地理教學參考》，2008 年第 8 期）、《人文地理學研究視角中的風水文化》（2009 年全球華人地理學會暨中國地理學會成立一百周年紀念大會交流

論文和學術報告，2009 年 10 月，北京師範大學）、《中國古代風水規劃中的仿星學原則及其啟示》（中國古都學會 2010 年年會暨古都大同城市文化建設學術研討會交流論文，2010 年 9 月，大同市）、《略論西夏興慶府城規劃佈局對中原風水文化的繼承和發展》（《地域研究與開發》，2009 年第 2 期）、《風水文化在現代城市規劃中的作用》（2010 年 5 月 22 日在北京大學城市與環境學院的講座）、《家居與地產風水》和《時來運轉，金色人生──黃金理財鑒賞》（2009 年，中國銀行分行和北京金一文化發展股份有限公司在北京、青島、瀋陽、上海等地舉辦的講座）、《尋找祖先的居所》（2009 年 8 月 24 日，CCTV−10《百科探秘》欄目製作的專題片對淩雲山風水進行了介紹）、閬中 4A 級升 5A 級的旅遊規劃項目競標（2010 年 6 月 3 日，受北京大學旅遊研究所和北京大地風景國際集團之邀，到四川閬中進行競標，本人利用傳統風水理論競標成功）、《風水區位在房地產開發中的意義》（2011 年 3 月 28 日，應邀在北京大學為城市與環境學院師生作了學術報告）。

　　由於風水文化包羅萬象，再加上日常繁雜的編輯工作，自己很難完全投入到書稿的寫作中，幸虧與孫魯健先生合作，才使此書得以問世。顏廷真制定了全書的寫作框架，撰寫了除第四章外的所有內容。孫魯健在幫助整理錄音、發言稿的同時，撰寫了第四章。最後，由顏廷真負責全書的通稿和定稿。

　　本書共分九章。前五章論述了風水文化的發展過程，每章的結構分為四個部分：首先，介紹人們的地理視野；其次，論述天人合一觀念的發展和變化；第三，在天人合一哲學觀念的指導下，形成了不同的風水理論；第四，在各種風水理論的指導下，形成了不同的城市規劃、陵墓建築和園林（古代旅遊）風格。後四章論述了當代風水文化的發展，並用具體案例分析了風水文化在城市規劃、旅遊規劃、房地產開發、家居辦公中的應用。

　　回想起來，十二年前在北大與師兄弟們暢談風水研究時，我們的理論和認知水準都還很初淺。與那個時候相比，現在雖有較大進步，但學術是無止

境的,許多未解決的問題還需要我們繼續去思考,許多新出現的問題等待着我們去探索。學術研究好比逆水行舟,學術研究上的一點點深入和進步都需要艱苦不懈的努力,而學術上的這些點點滴滴的進步,最終會形成學術研究整體上的巨大飛躍。願我們的這本小書,能夠對中國風水文化研究的飛躍起到這樣的點滴作用。

顏廷真

2011 年 5 月 15 日

第一章

先秦時期風水理論的
孕育和萌芽

　　黃河中下游地區和長江下游地區是先秦人最主要的活動場所，隨着農業生產和戰爭的需要，人們對這些地方的自然地理要素有了初步認識。在新石器時代，圖騰崇拜和祖先崇拜促進了天人合一思想的萌芽，半坡遺址、藤花落遺址和堯城遺址的成就形成了風水格局的雛形。隨着《周易》的問世和天文學上的發現，人們對天人合一思想有了四種認識，陰陽五行學説逐漸形成。以《周禮・考工記》為基礎的禮制原則、「象地」的仿生學原則、「法天」的仿星學原則是當時城市規劃的三個原則，而建築上的尖角煞和陵墓的起源主要是由禮制原則引起的。總之，這是人們對自然現象的觀察、思考和總結而形成的最初級、最質樸的認識，是利用和改造自然的思維方法和實踐經驗，它們促進了風水文化的孕育和萌芽。

一、先秦人的地理視野[1]

1. 原始人的地理視野[2]

　　「黃河九十九道灣」是民歌《天下黃河九十九道灣》中的歌詞，這句歌詞還出現在陝北説書人的口中和歌曲《黃河船夫曲》中。很顯然，「九十九」並非確指，而是泛指黃河灣道之多。之所以這麼講，是因為黃河的灣部具有優越的山和水組合而成的地形，是人們建立自己家園的好地方，是人們賴以生存的自然基礎，是黃河贏得中華母親河稱譽的根本原因，也是華夏文明的發源地。據考古發現，儘管在長江流域和西遼河流域的灣部也分佈着一些文化遺址，但數量遠不能與黃河流域相比。史前時期的文化遺址都分佈在這些灣部，灣部及其周圍的地形構成了原始人最初的地理視野。從圖 1−1 可以看出，距今

六千五百年前的仰韶文化遺址密密麻麻地分佈在黃河及其支流的「灣部」，這還不包括舊石器時代的遺址和新石器時代的其他文化遺址，由此可以看出黃河流域「灣部」的古代遺址之多。

圖 1−1　黃河中下游地區「灣部」的仰韶文化遺址

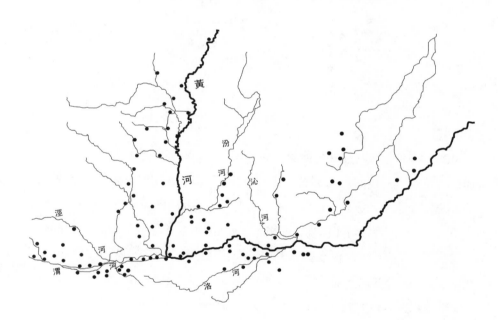

那麼，為甚麼「灣部」的自然條件適合人類生存呢？由於河流受地轉偏向力的影響，在北半球河流往右偏，在南半球往左偏。如果河道是筆直的，河道兩岸的土壤構成是均質的，水的流速是勻速的，那麼河流對兩岸的沖刷不會太大。但是，現實的情況是不會這麼理想的，河流往往要流經山地、平原、丘陵、盆地等多種不同地貌、不同土壤類型的地區，特別是流經山地和平原落差較大的地區，在河流的拐彎處流速較大，從而造成對河流右岸沖刷的加劇。

圖 1-2　河流「灣部」的形成

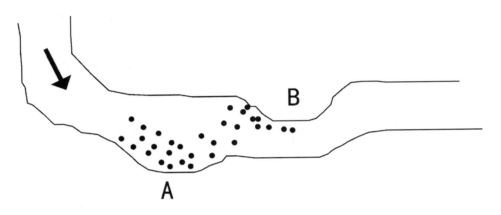

　　圖 1-2 所示，河流在拐彎處流速加大，受地轉偏向力的影響向右偏，從而使 A 處受到猛烈的沖刷，把 A 處的泥沙、石塊以及腐殖質搬運到流速減緩的 B 處停滯下來。這樣，日積月累之後就使 A 處的泥沙、石塊不斷被沖刷而變少，B 處卻因泥沙等不斷堆積而變大。於是，B 處土壤變得肥沃，動植物資源比較豐富；水流速度緩慢，使水汽停留時間延長，有利於藏風聚氣；河風因水速變小而變得輕柔，並接近人體血液的流速，使人感到很舒服；更重要的一點是，先民們看到太陽每天從東、南、西呈半圓弧形運動，代表着太陽從生到滅，這個形狀與弓形吉地相似，於是他們認為這是太陽軌跡在地面的投影，是天人合一思想的體現。此處近水且無水患，而且土地還不斷自然地擴大。因此，B 處建立家園就非常合適。

　　於是，這種複雜的地貌類型在性格上形成了中國人內斂、含蓄的特點，在選址和佈局上形成了中國人特有的風水文化。因此，整個黃河流域的「灣部」是中國風水文化的搖籃。

2. 夏商周人的地理視野

　　春秋末年以前人們對區劃有了九州的概念，但各州的界線並不明確；對河流有了河、濟、淮、江、漢的認識，並產生了水道系統的概念，但還沒有認識到河套地區的黃河灣道，甚至認為長江的源頭在岷江[3]。《禹貢》把全國的山脈分為四列，還具體描述了黃河下游與長江下游地區之間南北植被水準地帶性變化的概況。因周王朝的政治中心在關中平原和伊洛平原，以及西周初年分封諸國，使《禹貢》對中原地區的記述較詳細，而對於南方山川基本限於長江下游的吳越之地。對於氣候也有了初步認識，如人們從「橘逾淮而北為枳……此地氣然也」的事實，第一次提出了植物南北分佈以淮河為界線的思想[4]。此外，還產生了「中國」的概念。《詩經‧民勞》載：「惠此中國，以綏四方。」不過，「中國」的範圍類似於以後的「中原」概念，以此與四方對應。

　　在戰國時期，「地理」這一名字開始出現。《易‧繫辭上》載：「仰以觀於天文，俯以察於地理，是故知幽明之故。」這是「地理」見於文字的最早記載。《山海經》把中國山脈分為南、西、北、東、中五大系列，每個大系列中又有若干分支系列；對黃河下游有了較深的認識。至於對風水文化中天下龍脈的祖山——昆侖山的認識，是依靠《山海經》等作品的神話傳說建立起來的。此外，戰國時期已經有了五嶽的概念，但五嶽具體所指除了東嶽泰山外還沒有確定下來。

二、天人合一思想的萌芽和形成

1. 原始人的天人合一思想

　　在母系和父系氏族社會時期，天人合一理念表現在圖騰崇拜和祖先崇拜兩個方面。圖騰信仰是產生於母系氏族社會時期的一種原始宗教，因為原始先民相信本氏族的祖先是某種動物、植物或無生物，認為這些東西能保佑他們，於是就產生了萬物有靈的思想。同時，先民不瞭解男女結合生育的因果關係，將自身的繁衍歸功於大自然。因此，原有的自然崇拜與本身有限的認識相結合就產生了圖騰信仰。例如，半坡的人面魚紋彩陶盆、姜寨的魚蛙紋以及常見的植物、太陽等大都與圖騰崇拜有關，這些圖案就成為氏族的族徽和標誌，是人們的精神寄託。到了父系氏族社會時期，隨着私有制和家庭的產生，氏族首領淩駕於全體族眾之上，圖騰由族眾共有轉而為族長私有，就直接導致了祖先崇拜的出現 [5]。他們認為，當他們的祖先或部落首領死後，就會變成另外一種東西，像活着的時候一樣保護他們。為了與神靈溝通，他們就在死者身邊放置玉器、木器、骨器、植物種子、赤鐵粉等，希望依靠這些東西與死者溝通，反映他們的心意。圖騰崇拜是將人歸於自然，祖先崇拜是將人還給自身，但到父系氏族社會後期又逐漸把部落首領或王神化，由此導致了商代崇拜鬼神的信仰。

2. 先秦人的天命觀思想

　　天命觀思想體現在天神崇拜和祖先崇拜上，也就是鬼神崇拜。這種觀點認為天是至高無上的主宰，人在天面前是被動的，必須遵循天的旨意行事。時人把鬼神分為三類——天鬼（神）、地鬼（神）、人鬼，並認為人死為鬼後，都

到上帝那裡去了，活着時的君臣父子關係，在上帝那裡還是這種關係[6]。因此，這個「鬼」與今天的意義不同，並不是一個貶義詞，其意與神相同。現在所謂稱小孩為「小鬼」就來源於此。

夏立國後，繼承了父系氏族社會後期的祖先崇拜，認為他們的祖先與宇宙的最高統治者是好朋友。

商人在卜辭中稱天的最高統治者太陽神為「帝」或「上帝」，認為上帝與祖先神是統一的，商人上帝的這種特殊性質是和他們神權崇拜的原始宗教觀念結合在一起的[7]。這個上帝就是商人的祖先帝嚳，他又是眾日之父、日中之精。商王自認為是上帝之子，故自稱「帝子」。商人還把商代開國之君商湯命名為北極星，稱「太乙」。商王武丁的賢臣傅說死後，商人把箕尾之星命名為傅說星[8]。而其他人死後升天就圍繞在這些星周圍，保持着人間君臣父子的關係。

周人也是天神崇拜，把天神與商人的上帝結合起來，稱「皇天上帝」、「昊天上帝」、「天宗上帝」。天神崇拜實際上是嵩嶽崇拜，這是因為周人把自己所崇拜的處於中原的嵩山稱為崇、嶽或太室，也單稱為「天」，並認為天神都居住在崇山峻嶺之中[9]。因此，周人的「天神」是一個抽象的融眾多祖先神為一體的集合概念。周王自認為是天神之子，故自稱「天子」。

春秋戰國時期，王室衰微和小國滅亡的殘酷現實使人們對上帝等神靈的忠誠度有所降低。但對絕大多數人來說，對祖先的保佑還是深信不疑的。如果自己家的祖墳被盜挖，就會感到極其憤怒。墨子在講述守衛城池的方法時，認為若人們的「父母墳墓在焉」就能守住[10]。齊人田單就是運用墨子的戰術打敗了燕國的進攻。在戰國時期燕齊兩國的戰爭中，田單就散佈「吾懼燕人掘吾城外塚墓，僇先人，可為寒心」的言論。燕人果然中計，挖掘齊人的祖墳，並焚燒死屍。齊人從城上望見，「皆涕泣，俱欲出戰，怒自十倍」，最後擊敗了燕軍[11]。這就說明了祖先能保佑活着的人是普遍的想法，這也為後來陰宅

風水的發展埋下了伏筆。

此時知識分子的頭腦中也存在着濃厚的鬼神思想。例如，孔子「敬鬼神而遠之」[12] 的思想就是迴避，這種迴避就是動搖。同時，在燕國、齊國興起了修仙得道的熱潮，據說在渤海有蓬萊、方丈、瀛洲三座仙山，山上有金銀建造的宮闕和長生不老的靈藥，齊威王、燕昭王等都是狂熱的信徒 [13]。此外，天文學的發展也為天人合一的觀念提供了依據。

儘管出現了以《周易》為理論基礎的筮占，但主要還是依靠龜卜預測重大事件的吉凶。特別是決定國家存亡的戰爭，竟然是由占卜師操縱的。這聽起來似乎有點可笑，但這是事實，因為「龜卜的吉凶與戰爭的結果基本是一致的，人們對龜卜是相信的」[14]。此外，隨着天文學的發展，以星象和曆數進行預占的也比較多。這些人扮演了後世風水師的角色，他們的理論為風水流派中理氣派的形成奠定了基礎。

3. 人性的解放

《周易》的問世和天文學上的成就在促進天命觀思想發展的同時，也解放了人性，並促進了天人合一思想的形成。

對人性的關懷和重視早在鬼神觀念佔統治地位的商代後期就萌發了，武丁中興的故事說明了人的主觀能動性的重要 [15]。武丁在祭祀祖先成湯時，忽然飛來一隻鳥落在鼎耳上鳴叫。武丁認為這是不祥之兆，因而心中十分害怕。大臣祖己勸他不要在意，只要修德行善，安撫百姓，就一定會順從天意，使百姓安居樂業。武丁聽從了祖己的建議，修正行德，任人唯賢，使殷朝得以復興。於是，武丁之後用人祭祀逐漸減少，至商朝末期人祭之風更明顯衰落 [16]。從武丁中興和人殉數量的銳減，說明了對人的作用開始得到關注。

《周易》強調人的作用。在西周與商紂王決戰的牧野之戰前夕，周武王對

戰爭的結果進行占卜，「龜兆顯示不吉利，風雨突至」[17]。因此，大臣和諸侯都十分恐懼，群臣中只有姜太公一人勸說周武王要抓住戰機。最後，武王振奮精神，主動出擊，滅掉了紂王。滅商的事實顯示了發揮人的主觀能動性的重要。

　　春秋戰國時期，隨着社會大變革的到來和理論思維能力的提高，儘管在思想家的頭腦中還存有濃厚的天命觀，但要求重視人道的觀念在他們的心中也產生了。其中，「天道」和「人道」的說法是鄭國的子產提出的。老子就天人關係提出了「天人玄同」說，莊子就天人關係提出了「無以人滅天」說，孟子等人提出了「天人相通」說，荀子提出了「天人相交」說。學者們的天人合一思想開啟了民智，使人們敢於衝破天命觀的禁錮。一部分比較開明的人士更是公開同打着鬼神旗號害人騙財的貪官作堅決的鬥爭，西門豹治鄴就是一個典型的案例[18]。西門豹初到魏國的鄴城任職時，看到這裡人煙稀少，田地荒蕪，百業蕭條，經過查訪才知道百姓是為「河伯娶婦」所困擾。於是，他利用巫婆、地方豪紳、官吏為河伯娶妻的機會，懲治了地方惡霸勢力，禁止了巫風。

三、史前風水圍合理念的形成

1. 西安半坡遺址的選址與佈局

　　西安半坡遺址屬於約六千五百多年前的仰韶文化，是黃河流域一處典型的母系氏族公社村落遺址。在選址上，它位於滻河東岸的凸地上，也就是所謂的「攻位於汭」，這個凸地就是風水文化上正弓內的吉地（圖 1–3）。

　　在土地利用和村落規劃上，村落由三個不同的功能分區組成——居住區、

圖 1-3　半坡遺址的風水意象

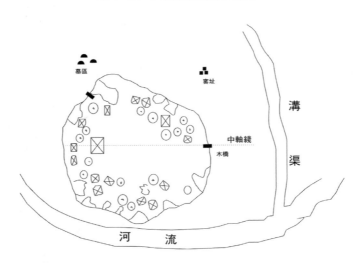

墓葬區和製陶區。居住區外由兩條濠溝環繞，內壕在聚落前期之初或後期之末存在，後因人口的增加和村落的擴展而消失 [19]；外壕呈南北略長、東西較窄的不規則圓形。具有防禦功能的壕溝在後來演變為城市的城牆。外壕西北、東北是公共墓地。陶窯場分佈在外壕東側，有一跨壕木橋與居住區相連。在墓葬中，半坡人常讓死者頭朝向西方，這應與太陽神崇拜有關，是人們每天看見太陽東升西落而產生的想法。

居住區因壕溝環繞而呈一不規則的圓形，圓形或方形的住房沿壕溝內側分佈，中間空闊之地就是中心廣場。在廣場西側坐落着一間長方形的大房子，面積約一百六十平方米，它是氏族成員公共集會議事的場所，也供老年人、兒童和病殘人員居住，或者是接待外族客人的地方 [20]。大房子的門朝向東方，即面向中心廣場與跨壕木橋一起位於東西中軸線上，這種規劃思想與當時的太陽神崇拜有關，後世風水理論中所謂的「紫氣東來」即源於此。其他小的住房都環繞着這間大房子分佈，這些小房子的朝向都對着大房子，呈「向心

「性」房屋佈局[21]，使大房子與中心廣場成為整個聚落規劃的中心，這表明大房子是村落最重要的公共建築。

2. 藤花落城址的選址與佈局

連雲港市開發區中雲鄉西諸朝村南部的藤花落遺址屬於龍山文化，是我國迄今發現的首例內外雙重城牆結構的史前城址[22]。

在選址上，藤花落遺址位於南雲台山和北雲台山之間的谷地沖積平原上，土壤肥沃，並有河流經過。從外城牆的抗洪功能、護城河和城內大片的水稻種植，可知當時河流水源充足。儘管該河流現已消失，但從遺址存在幾千年的歷史看，當初在選址上必定選在河流岸邊的凸地上。

圖 1-4　藤花落古城的風水意象

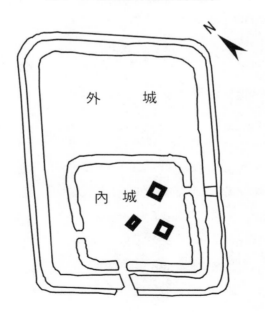

在佈局上，藤花落古城由內外兩道城牆組成（圖1-4）。外城平面呈圓角長方形，城牆外還有一道護城河。內城平面呈圓角方形，有城垣、道路、城門、哨所等，屬於生活居住區。很顯然，兩重城牆的修建是為了防禦，與半坡遺址的圓形壕溝有一脈相承的關係。

由於地形的關係，外城南門和內城南門均朝向西南，並且基本在一條中軸線上，但稍有錯位。位於一條線上且稍錯開的規劃理念是為了降低西南風的風速，這對後來城市城門的設計有重要的指導意義，也是風水中大門設置的起源。由於外城南門是最主要的大門，因此在修建時不惜在城門中間和兩側用殺死的活人來奠基。這表明了當時人們的鬼神觀念，有權者用活人陪葬來看守城門，盛行鬼神觀念商朝的殉葬之風蓋源於此，對南門如此重視也表明了當時人們太陽神崇拜的思想。此外，外城牆裡側有供祭祀用的燎祭坑也與後來「左祖右社」的產生有關。

此外，從出土的具有實用性和藝術性的陶器、石器、玉器來看，表明當時已出現一批獨立的、經驗豐富的、技術嫻熟的手工業者，「市」的概念已經形成。

3. 平陽堯城的選址與佈局

堯城就是現在的山西襄汾陶寺城址，它位於今襄汾縣東北約七公里的陶寺村西南部，西有汾水，東南臨近塔兒山，地勢呈東高西低緩坡狀，溝壑縱橫。根據考古發掘，陶寺城址分為早期小城和中期大城[23]。

早期小城是伊耆氏亦即陳隆氏所築，平面呈圓角長方形（圖1-5）。根據南部發現的大面積夯土建築基址來看，其西部當屬下層貴族居住區，中部當屬宮殿區。殿堂部位的夯土中發現有兩具作為人祭的人骨架。中期大城是在堯即帝位後在小城基礎上擴建的。大城平面為圓角長方形。其中，東牆沿用小城東

牆而繼續向南延伸；西牆或被沖毀，或以大溝為屏障；北牆位於小城北牆以北；南牆有兩條，A 牆近似曲尺形，兩牆相接形成一刀形閉合小城，內有大型建築基址，可能是兼觀天象授時與祭祀為一體的多功能建築。在遺址東南隅是面積約三萬平方米以上的墓葬群。

圖 1-5　堯城遺址的風水意象

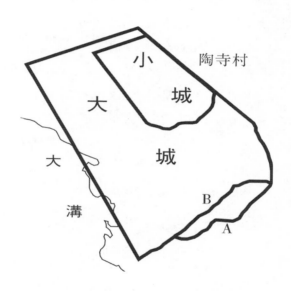

在大城修建後，小城城垣就被廢棄了，但小城內的宮殿區可能繼續發揮着作用，直到晚期才被從事石器和骨器加工的手工業者佔據。在這個時期夏奴隸制國家已經建立了，因夏都陽城成為中心，此城遂廢。

總之，從半坡遺址、藤花落城址和平陽堯城的選址與佈局，時間跨度從母系氏族社會的繁榮時期到父系氏族社會的末期，從原始共產主義社會進入到階級社會。風水的圍合理念就是在這長約四千餘年的時間裡形成的。

四、天文學上的成就和四象的形成

1. 北斗星、北極星、紫微垣和天市垣

　　北斗星由天樞、天璇、天璣、天權、玉衡、開陽、搖光七顆恆星組成，其形狀恰似古代舀酒的斗形（圖1-6）。把天璇、天樞相連成直線並延伸約五倍的距離，就可以找到北極星。當時北斗星在天空的位置與今天不同，它靠近天極，而且常年可見。它的旋轉很有規律，斗柄轉動一周天，恰好是四季的一個周期，因此成為當時唯一的計時器。北斗星或許是沾了北極星的光而成為帝王的專車。《甘石星經》載：「北斗星謂之七政，天之諸侯，亦為帝車……斗為人君，號令之主，出號施令，布政天中，臨制四方。」它道出了北斗在時人觀念中的地位：在天為諸侯，也為帝車；在人則像人君，發號施令。

圖1-6　紫微垣的圍合狀態

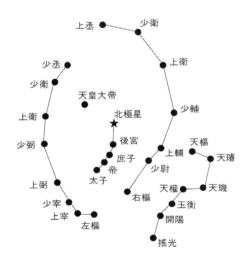

　　古代黃河流域的人們只能看見北天極的星宿，而北天極的星宿都是以北極星為中心佈列的，這些星是紫微垣的中心。商朝在立國之前就有把死去的首領或賢臣以日月星辰命名的傳統。究其原因，是因為商人把這些賢能之人看作是上天派下來管理他們的，所以他們死後理所當然地要回到原來的位置。商人在夏商之交就已經觀測到了北極星，並命名為「太乙」。商代開國之君商湯的廟號就是用太乙命名的。在西周初年至春秋時期，殷文化還是有一定的位置，北極星的崇拜還很有市場。因此，春秋時期的孔子曾說過這麼一句話：「為政以德，譬如北辰，居其所而眾星共之。」[24] 北辰就是北極星。

　　紫微垣、天市垣和太微垣合稱三垣。垣者，牆也。三垣就是以北極星為中心把天空中的星宿劃分為三個區域，每個區域都由東西兩藩星宿圍成牆垣的形狀，這是三垣命名的由來。不過，在這個時期太微垣的名稱還沒有出現，因此三垣的概念也還沒有形成。在戰國時期，《石氏星經》記載了紫微垣和天市垣的名稱及其左右藩的星名和數量。儘管《石氏星經》記載的數量與後來的觀測有出入，但左右藩的圍合態勢已經形成了。圖 1−6 是根據當時觀測的星象繪製的，我們可以看出紫微垣的圍合狀態。由於紫微垣是天的中心，是石申所說的天皇大帝居住之所，所以成為人間帝王宮廷的象徵。春秋末期，范蠡就是根據紫微垣的形狀，為越王勾踐修建了內城。

2. 四象和二十八宿

　　四象一詞最先出現在《易・繫辭》中的「太極生兩儀，兩儀生四象」，指的是太陽、太陰、少陰和少陽。後來被稱做四靈、四神、四獸，成為對青龍、白虎、朱雀、玄武的統稱。二十八宿是我國古代天文學家把天空中可見的星分成東、西、南、北各七宿的稱呼，共二十八組，並根據四方各星團構成的形狀命名為青龍、白虎、朱雀、玄武，也就是四象。

　　青龍和白虎的風水意象早在六千五百多年前的河南濮陽西水坡遺址四十五號墓中就已出現（圖1-7）[25]。墓葬內容反映了二十八宿體系概念的形成。墓主右邊是蚌塑青龍圖像，左邊為蚌塑白虎圖像，對應着東、西二宮星象，這是我國所發現的最早的風水文化中東方青龍和西方白虎的圖形。

　　在1978年湖北隨縣（今隨州）擂鼓墩出土的曾侯乙墓漆箱，也證明了最遲在戰國初期，四象和二十八宿的名稱就已經完全形成了。漆箱E.66的蓋面上繪有斗、二十八宿的名稱、青龍、白虎星象圖（圖1-8），東面的青龍和西面的白虎代表了二十八宿中的東西各七宿[26]。漆箱E.66西側圖像是朱雀和南方七宿中的張宿六星（圖1-9）[27]。

圖1-7　西水坡遺址四十五號墓中的龍虎意象

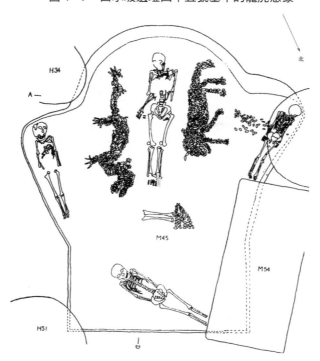

圖 1-8　曾侯乙墓漆箱蓋面

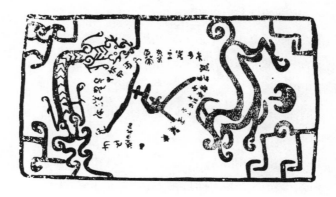

圖 1-9　曾侯乙墓漆箱西側面星象圖及其他

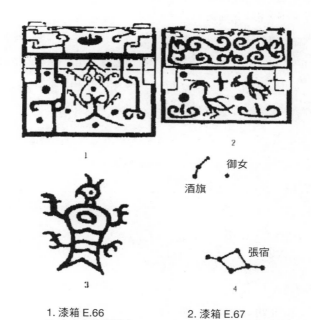

1. 漆箱 E.66
3. 金文中的鳥形字

2. 漆箱 E.67
4. 張宿示意圖

　　人們常常把觀測到的類似動物的星宿形狀運用到日常生活的實物中。在新石器時代，除了典型的蛇形物或紋飾還很少見以外，龍、鳳、虎、龜的擬形物就已經出現在人們的日常生活中了，龍與虎或龍與鳳的組合也初步形成[28]。西水坡遺址出土的三組龍虎蚌圖表明龍虎已經發生了配對組合關係；陝西寶雞仰韶文化墓葬出土的彩陶壺上繪有水鳥啄大魚的圖案，意有「龍鳳紋」之意[29]，表明龍鳳配對關係的出現；陝西武功仰韶文化遺址出土了龜形陶壺[30]，表明龜作為吉祥物開始出現。

　　在夏商時期，不但在陶器上出現了龍紋，在青銅器上還出現了龍紋、虎形（紋）、鳳鳥紋、龜紋、蛇紋，而且在文字中還有了關於四靈的記載。不過，在殷墟卜辭中稱之「四巫」，巫即靈也，四巫就是四靈，如把玄武稱為北巫，蒼龍成為東巫[31]。《夏小正》中記載了昏旦中星——大火（房）、織女（女）、昴、參，以這四個亮星作為確定四方的標準。

　　在整個周代，隨着天文學和兵陰陽學的發展，四象和二十八宿的形象和運用得到了長足的發展，而且更加深入人心。特別是，在西周初年的青銅器四神方座尊上有成組的四象圖形[32]，這是四象組合出現的最早實物記錄。

　　從兵陰陽學的角度看，排兵佈陣必須有嚴格的方位要求，這使四象指示方位的意識更加明確下來。商和西周時期的排兵佈陣方式是左、中、右三軍的「三陣式」，中軍為主力，偶爾也會設後軍擔當後勤。春秋時期，各國競相擴軍，為了增加戰鬥力，出現了前、後、中、左、右「五陣式」的陣列，而且後勤力量在春秋中後期與中軍處於舉足輕重的地位。「如何把後軍建設成攻守兼備的部隊成為當時軍事家急待解決的問題。而蛇善攻、龜善守的特性正符合上述需求，玄武也就被確定為後軍的標誌。於是在左、右方位早已配給龍、虎的情況下，龜蛇居後則鳳鳥居前。」[33]於是，四象成為當時行軍打仗的保護神。《禮記‧曲禮》記載了軍隊在四靈軍旗下有序行進的宏大場景：「行，前朱鳥而後玄武，左青龍而右白虎，招搖在上，急繕其怒，進退有度，左右有局，各司其局。」

戰國初期著名政治改革家吳起答魏武侯問三軍進止時也說：「必左青龍，右白虎，前朱雀，後玄武，招搖在上，從事在下。」[34]

五、《周易》對風水的啟示

據《周禮》記載，《易》有三種，夏有《連山》，商有《歸藏》，周有《周易》。因《連山》和《歸藏》已失傳，今所指《易》即《周易》。在殷周之際，周文王推演伏羲八卦而成六十四卦[35]。《周易》由《易經》和《易傳》組成，《易傳》是戰國後期的儒家後學對《易經》的解釋。

《易經》分為上經和下經，上經有三十卦，下經有三十四卦，共計六十四卦。六十四卦是由乾、坎、艮、震、巽、離、坤、兌八個卦重疊演變而來的，每一卦又由卦畫、標題、卦辭、爻辭組成。《易傳》共十篇，被稱為十翼，包括象、象、文言、繫辭、說卦、雜卦和序卦，它是附屬於「經」的羽翼，用來解說「經」的內容。《周易》是風水理論的基礎，除了天人合一、陰陽等觀念外，還有吉凶、方位和關於「氣」的觀念[36]。

《易經》說：「定天下之吉凶，成天下之亹亹者，莫善於蓍龜。」因此，《周易》的出現是用來預占吉凶的。蓍草，古人認為它是靈草，用其草莖計數可預料吉凶，就是筮占。在《周易》出現之前人們用龜卜，但因龜甲裂紋沒有規則，占辭「又多繁難不易記憶」[37]，於是筮占就應運而生了。在《左傳》和《國語》中明確提到用《易經》預占的只有二十三次，這是因為在春秋時期筮占還沒有龜卜的地位高，只能起到從屬的地位[38]。預占的內容主要是戰爭、外交、祭祀、王位的繼承、個人的政治前途與婚姻等。

方位在《周易》一書中指的是中正、得位、吉位和凶位。《乾卦》載：「大

明終始，六位時成。」指的是在宇宙形成時期，艮、震、巽、離、坤、兌代表的六種自然現象各得其位。《周易》中關於五位的概念強調的是合位。所謂五位，指的是大衍之數中的五個天數——一、三、五、七、九，和五個地數——二、四、六、八、十。一六相合就是天一生水地六成之——北方水，二七相合就是地二生火天七成之——南方火，三八相合就是天三生木地八成之——東方木，四九相合就是地四生金天九成之——西方金，五十相合就是天五生土地十成之——中間土。

　　《易經》中除了貫穿着天人合一的理念外，還充斥着陰陽平衡的思想，這種思想成為先秦學者論述氣的重要依據。儒家學者編定的《周易·說卦》指出了氣的來源和作用：「天地定位，山澤通氣……山澤通氣，然後能變化，既成萬物也。」天為陽，地為陰，天地陰陽在山澤產生的氣是萬物之源。「山澤通氣」對於風水理論的形成具有非常重要的指導作用，因為這四個字蘊涵了非常豐富的內容。一是山澤之地是戰略防禦要地，安全性能好；二是山澤之地動植物資源豐富，土壤肥沃，可以滿足在生產力條件低下的自給自足的小農經濟；三是所謂的「風水寶地」無不處在山澤之間，這裡物豐氣通。《乾卦·文言》載：「同聲相應，同氣相求。」指出了氣的性質是同性的氣就會相互吸引而聚集在一起。春秋時期齊國的政治家管仲在指出氣是由陰陽產生的同時，還論述了氣與水之間的關係。《管子·水地》載：「是以無不滿，無不居也，集於天地而藏於萬物，產於金石，集於諸生。故曰水神。……水者，地之血氣，如筋脈之通流者也。」意思是水為生命之源，水能化成氣。因此，氣的作用對萬物而言就是「有氣則生，無氣則死，生者以其氣」[39]。

　　在孔子之前，《尚書》、《詩經》、《春秋》之類的名著還沒有編定，因此僅僅約五千字的《易經》幾乎是唯一可供閱讀的圖書，《易經》也就成為當時極其名貴的典籍學問，學習和運用它是只有貴族才能享有的特權[40]。儒家的基本思想是宗周，因而《易經》對儒學有重要的影響。孔子「晚而喜易」，

「讀《易》韋編三絕」[41]，因此孔子對《易經》是很有研究的。然而，孔子並不把它當作卜筮用書看待，而是作為政治哲學書來看待，引申卦爻辭中的意義為立說的根據。特別是從中提煉出來的中庸思想、君臣父子的規範、「仁者愛人」禮的觀念和德治思想，與風水文化所倡導的居中、圍合等理念是相吻合的。

春秋時期《易經》的流行對於《易傳》的形成奠定了基礎。隨着儒家學派的形成，在春秋時期八卦由當初的毫無意義演變為具有豐富的內涵，具體內容如下：乾——有天、君、父之象；坤——有土、地、眾、母、馬之象；震——有雷、車、長男、兄、足之象；巽——有風、女之象；坎——有水、夫、眾、川、勞之象；離——有火、牛之象；艮——有山、男、言之象；兌——有澤、弱之象[42]。

戰國時期，儒家學派的弟子根據孔子的闡釋，逐漸使《易傳》成熟。特別是，在《易傳》「說卦」中八卦被分配給八個方位。《易傳》的出現才使《易經》由卜筮用書轉變為貫通天人、充滿人文理性精神的哲學著作。因此，沒有《易傳》對《易經》的新詮釋，《周易》就不可能成為儒家五經之首[43]。

在這個時期，八卦與五行還是兩個獨立的系統，所謂「講五行者不講八卦，講八卦者不講五行」[44]，因此八卦還沒有與方向聯繫起來。

但八卦與陰陽的關係非常密切。《易・繫辭》載：「《易》有太極，是生兩儀。兩儀生四象，四象生八卦。」《呂氏春秋・大樂篇》載：「太一生兩儀，兩儀生陰陽。」由此可見《周易》與陰陽的關係。

六、陰陽五行說的形成和鄒衍學說

1. 陰陽說的形成

陰陽說是古代先民在漫長的生活和生產實踐中，通過堅持不懈地觀察、體驗、思考而逐步形成的。具體而言，太陽神崇拜、生殖崇拜和巫術筮占活動是陰陽說產生的三個基本來源，這三者在殷周時期交融盛行[45]，並隨着《周易》的出現而形成。

古代先民在日常生活中感受到晝夜、陰晴、明暗、冷暖等自然變化，認為這些現象與天空中的太陽有關，並認為它發出的光和熱是一切生命的源泉，於是就產生了太陽神崇拜。由於對太陽東升西落等自然現象的觀察，使人們產生了關於自然現象兩極對立的觀念，譬如升與落、東與西、晴與陰、冷與熱、早晨與夜晚、白天與黑夜、陰與晴等。在產生太陽神崇拜的同時，古代先民從動物包括男女繁衍子孫的現象——1+1 ≥ 3 中，總結出「陰陽化合而生萬物」的結論，進而產生了生殖崇拜。於是，在對動物兩性關係和特徵的認識中，產生了男女、父母、兒女、夫妻、雌雄等自然的兩極對立現象，並從雌性（包括女性）動物溫馴柔弱、文靜、嗓音的輕柔、動作的遲緩、瘦小，雄性（包括男性）動物兇猛好鬥、暴躁、嗓音的渾濁、動作的敏捷、高大等外部特徵，得出了剛強勇猛與溫馴柔弱、文靜與暴躁、輕柔與渾濁、敏捷與遲緩、快與慢、高大與矮小、動靜等一系列的泛化到事物性質的兩極對立的特點。

因此，在這一系列由自然現象形成的兩極對立的觀念中蘊含着上升到陰陽觀念的潛在必然性，而使這種潛在必然性變成現實的契機就是巫術筮占和《周易》的出現。商人重龜卜，但因龜卜毫無規律等緣故，局限了商人的思想。而《易經》的出現，使筮占開始流行，並把對自然現象產生的兩極認識應用到

社會現象中。筮占所用的材料——蓍草的數學變化包含了無窮的可以探尋的秘密，客觀世界高度抽象的數位說明周人把感性認識上升到理性認識。於是，周人首先把數字分為奇數和偶數，代表吉凶，並把兩極對立的自然現象抽象為陰和陽，進而在筮占運用兩種符號「—」（陽爻）和「--」（陰爻）表示出現的單數和複數。

　　儘管在《易經》中找不到陰陽這個詞語，但其內容表現的都是陰陽觀念。陰陽學說一經形成，就被用來解釋宇宙間的現象。西周末年三川發生地震，造成了民眾的恐懼與怨恚。太史伯陽父認為三川地震是陽陰顛倒造成的[46]。陰陽一詞運用最早出現在《詩經·大雅·公劉》中：「既景乃岡，相其陰陽，觀其流泉。」講述了夏末周部落的首領公劉在豳地相度山川、規劃營宅的事蹟。

　　陰陽觀念形成以後，由於周文化圈的人們居住的是平坦的黃河中下游平原，開闊的地域空間使他們產生了橫向的思維模式，因而他們缺乏幽遠深邃的玄想和超越感覺經驗的抽象思維能力，而且這種理論大多應用在解釋個別的、具體的事物。例如，解釋日食是陰水剋了陽火[47]。因此，在相當長的時期內陰陽理論一直停留在具體的、經驗的階段。這種似是而非的「繫連」和「類比」的結果，使用陰陽理論來看待的事物就是越看越像，於是在當時人們的大腦中形成了一種普遍的思維框架[48]。這種思維模式發展到老子時代，老子提出：「道生一，一生二，二生三，三生萬物，萬物負陰而抱陽，沖氣以為和。」[49]與「道」的學說發生撞擊而昇華——被抽象成更高層次的概念，成了道、無、元等宇宙本原得以化生萬物的媒介，而「負陰而抱陽」也成為風水文化的理想模式。戰國時期的莊子進一步發展了老子關於「道」和陰陽的理論。他說：「夫道，有情有信，無為無形；可傳而不可受，可得而不可見；自本自根，未有天地，自古以固存；神鬼神帝，生天生地；在太極之先而不為高，在六極之下而不為深，先天地生而不為久，長於上古而不為老。」[50]在這段話中，莊子不但進一步融合了陰陽思想和道的思想，而且揭示出了道是一種客觀存在，是宇宙

間萬物生發的原因與法則，並明確指出陰陽是普遍存在的。南方的老莊之所以能把陰陽昇華到理論的高度，這是由於他們居住的是丘陵山地，狹窄的生活空間遂使其產生縱向的玄思方式。因此，這不能不說「地理環境決定論」有一定的合理性。

2. 五行說的形成

　　關於五行說的提出，早在夏啟繼承王位時就提出了這個概念[51]。具體內容是周武王克商後，其子對武王說：「五行：一曰水，二曰火，三曰木，四曰金，五曰土。水曰潤下，火曰炎上，木曰曲直，金曰從革，土爰稼穡。潤下作鹹，炎上作苦，曲直作酸，從革作辛，稼穡作甘。」[52]

　　這是古人在日常生活中看到水向下流、火焰向上、樹木的形狀有曲直、金屬可延伸變形、土壤適合種植的現象。至於水有鹹味，是齊國、魯國和燕國因臨海的感受，因為海水是鹹的；火與苦之間的關係可能是指用火來煎熬草藥，因為草藥非常苦；木與酸之間的關係可能是指成熟或未成熟的果實有酸味或酸甜味，特別是桑葚，因為當時桑樹的種植是比較普遍的，因此木與酸之間的關係大概是吃了桑葚時的感覺，其他的果實可能是一些野果；辛辣味與冶煉、製造青銅器、鐵器發出的刺鼻味道相同；甜味與土之間的關係是指土地上出產的五穀雜糧，人們吃了這些食物後，在口腔裡與唾液中的酶結合就會激發出甜味。

　　人們從五味中看到了植物的稭稈可以生火做飯，火燃燒後的灰燼可以使土壤肥沃（認為就是土），土壤中有金屬礦石（金），金屬冶煉融化後成為液態（水），水可以滋潤植物的現象，從這種直覺經驗中得出了木生火、火生土、土生金、金生水、水生木的五行相生論。五行相剋論也是從直覺現象中歸納出來的。從水來土淹得出了土剋水，從植物根系的生長可以使土壤鬆軟和岩石分裂的現象中歸納出木剋土，從青銅或鐵器製作的刀斧農具可以砍鑿樹木和收割

莊稼的現象中歸納出了金剋木，從製造青銅器和鐵器的過程中看到礦石融化後變成了溶液得出了火剋金，從看到雨水能把火熄滅得出了水剋火。後來又把這種經驗向生活的各個方面推廣，成為春秋戰國時期學者旁徵博引的論據。

因此，五行說成為構成宇宙萬物的五種元素。在天上對應金星、木星、水星、火星、土星；對於人來說，就是所謂「五常」，即仁、義、禮、智、信[53]。在《左傳》中，人們把諸侯國與五行中的水、火等內容聯繫起來，認為周王室及其姬姓諸侯、東方的齊國、南方的楚國屬於火，而宋國、秦國、晉國、陳國屬於水。齊國的政治家管仲把五行與四時相配，進而論證五德[54]。《禮記‧月令》把五行與人類的生產和生活密切聯繫起來，於是就同天干、顏色、音律、四季等發生了關係。總之，五行說還沒有上升到推測禍福的階段。

此外，西周時期「五制」的宗法制度和禮制也是根據五行說制定的。周王朝把全國人劃為五等，從居中央的天子向外，依次是諸侯、大夫、士、庶人。繼禰、繼祖、繼曾祖、繼高祖、繼別構成五世之宗，過了五世就沒有宗法關係了，也就不參與祭祀和服喪。以王畿為中心，依次劃分區域為甸服、侯服、賓服、要服、荒服，是為五服之制。周禮規定諸侯按其地位高低分為公、侯、伯、子、男五等爵位。周代五刑包括墨、劓、荆、宮、大辟。

3. 鄒衍的五德終始說和「大九州」地理學說

事實上，五行說與陰陽說關係密切，它的許多觀點都來源於陰陽說。之所以說有五行，而不說是六行、七行或八行，這是因為五是數字中的陽數，表示居中位置。陰陽說和五行說經過春秋時期的發展，終於在戰國時期融為一體，並出現了陰陽五行家，其中以齊國的儒生鄒衍為代表。鄒衍提出了五德終始說[55]，認為做天子的一定要得到五行中的一德，上天才能顯示其符應，他就能登上龍位；若他的德衰落了，五行中剋他的那個德就會取而代之，於是

歷史上的朝代就更替了（圖1-10）。他舉例說，黃帝得到土德，天就顯現了黃龍地螾（即大蚯蚓）的祥瑞，因此他做了王，他的顏色是黃的，他的制度是屬土的；當土德衰微時，五行中剋土的木興盛了，這時大禹據木德而興，他得到了草木在秋冬不被肅殺的祥瑞，於是就建立了木德的制度，穿青色的衣服。此後商湯以金德剋夏木，文王以火德剋商金，也各有其表徵的祥瑞、制度和服色。他的這套學說很受當時人們的歡迎，並被呂不韋作為施政綱領和政治藍圖納入到具有濃厚儒家和道家思想的《呂氏春秋》的框架中，即秦為水德，應取代屬火德的周。

　　鄒衍還憑想像建立了「大九州」地理學說 [56]。他認為，中國的九州是世界的中心，這九個州合起來稱為「赤縣神州」；圍繞「赤縣神州」的是九個小州，其間是海洋（圖1-11）。這幾個州圍合的觀念與風水模式的產生有直接的關係。之所以在齊國能產生這樣的觀念，一是齊魯之地是戰國時代的文化中心，二是齊國海上事業發達，沿海人民已經認識到海外地區的廣大，因而產生了這樣大膽的想法。

圖1-10　鄒衍的五德終始說圖示

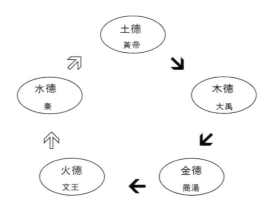

圖 1–11　鄒衍的「大九州」地理學說

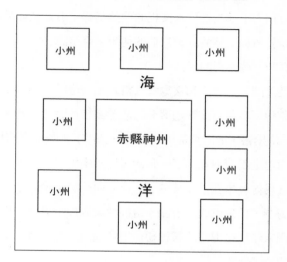

七、吉祥紅色、河圖、洛書和天干地支

　　基於靈魂崇拜的原因，紅色的赤沙或赤鐵礦粉就成為當時的隨葬品。山頂洞人和較晚的黃河流域的人們都有在屍身周圍撒紅色顏料的習俗[57]，是因為他們認為紅色顏料與紅色的血都是活體的象徵。原始人認為紅色是吉祥色的原因有三個方面：第一，對太陽的崇拜，太陽的顏色是紅的，紅色的太陽使他們培育的動植物茁壯成長，因此他們就認為紅色的太陽是生命的源泉。第二，血液的顏色是紅色，是生命和活力的象徵。原始人在狩獵時，看見被他們獵殺的動物流出的紅色血液，就直接喝動物流出的血液以獲得能量（即「茹毛飲血」），看到有的人被猛獸襲擊致死後血液不再流淌，就知道紅色的血液是能帶來活力和生命的。第三，火的顏色是紅的，紅色的火焰不但能驅除寒冷，帶來光明，

而且還能使食物變得可口香甜。

河圖、洛書和天干地支是風水文化的理論基礎,但這些理論的起源至今仍是一個謎。散見於各種史籍的關於它們的傳說,真是說法不一,見解各異。因此,現在只能介紹一些常用的說法。

關於龍馬負《圖》出於河和玄龜背《書》出於洛的神話傳說,最早出現在春秋時代的文獻中。春秋時期齊國著名的政治家管仲說:「昔人之受命者,龍龜假,河出圖,洛出書,地出乘黃。」[58]《易‧繫辭》也說:「河出圖,洛出書,聖人則之。」意思是說黃河裡出了一張圖,洛水中出了一本書,聖人們就照着那樣作了。因《易傳》是孔子及其弟子所作,而孔子又是儒家學派的創始人,既然孔子這樣認為,於是就成了定論。這種傳說源於華夏諸族崇拜黃河的深遠傳統,於是西漢末年以後氾濫的讖緯紛紛把這種說法說成帝王受命的符瑞,越發使這種說法成為了定論。

十天干是甲、乙、丙、丁、戊、己、庚、辛、壬、癸,十二地支是子、丑、寅、卯、辰、巳、午、未、申、酉、戌、亥。關於干支的最早紀錄是甲骨文。干支不但被用作夏商帝王的名字,如夏王有孔甲、胤甲、履癸等,商王有太乙、太丁、帝辛等,還被用來表示日期,如某日為乙亥、太甲等。之所以把干支內容放在史前時期,儘管有戰國時代的文獻記載,如《呂氏春秋‧勿躬篇》稱:「大橈作甲子,黔如作虜首,容成作曆,羲和作占日,尚儀作占月,後益作占歲。」其中大橈、黔如等人是黃帝的部下,但筆者認為,春秋戰國時代的人們是根據夏商使用干支的情況推斷的,或者是根據口口相傳的傳說故事附會為是黃帝時期制定的。

八、禮制佈局原則對城市規劃和尖角煞的影響

1. 禮制佈局原則

　　《詩經·大雅·公劉》用優美的文字描繪了夏朝末年周人先祖公劉在豳地對聚落進行選址和佈局的四個步驟：第一，選擇在向陽的大塊高地上修建了宮室；第二，在郊外高岡和有泉水的戰略要地駐紮軍隊；第三，丈量低濕和平坦之地，並開墾土地，種植莊稼；第四，在豳地西面的平坦廣闊之地佈局居民區。從公劉選址和佈局的過程看，規劃還是很原始的，因為沒有修建城牆、宮殿和宗廟 [59]。在公劉之後的公亶父之時，他率領部族遷居到周原 [60]。首先，經占卜後認定岐山之前的周原土肥水美，適於農耕與狩獵。然後，修建田界，治理農田，開墾土地。最後，大規模地修建宮室、宗廟、宮門和土牆。

　　《周禮·考工記》記載了西周時期的城市規劃理論：「匠人營國，方九里，旁三門。國中九經九緯，經塗九軌。左祖右社，面朝後市，市朝一夫……內有九室，九嬪居之。外有九室，九卿朝焉……王宮門阿之制五雉，宮隅之制七雉，城隅之制九雉，經塗九軌，環塗七軌，野塗五軌。門阿之制，以為都城之制。宮隅之制，以為諸侯之城制。環塗以為諸侯經塗，野塗以為都經塗。」

　　這段文字反映的規劃理論包括以下五個方面：第一，從天圓地方的觀念出發，城市的形制是方形的；第二，以陽數的「三」、「五」、「九」作為規劃的數據；第三，城內九等分，宮城居中，其左為祖廟、右為社稷壇，宮城的南北分別是外朝和市場；第四，有明確的中軸線，中軸線起自南垣正門，向北依次穿過宮城、市場和北垣正門，宗廟和官署機構位於中軸線兩側，更加突出了宮城在全城的位置；第五，在宮城內實行前朝後寢的制度；第六，王朝國都與諸侯國都等級不同。筆者稱這個理論是城市佈局中的禮制佈局原則，因為這個

佈局原則強調的是等級尊卑等禮的觀念（圖1-12）。這個理論在我國古代城市的規劃中，都得到了不同程度的反映。

　　春秋初期齊國著名的政治家管仲認為：「凡立國都，非於大山之下，必於廣川之上。高毋近旱而水用足，下毋近水而溝防省。因天材，就地利，故城郭不必中規矩，道路不必中準繩。」[61] 就是說都城規劃應該從實際出發，不要為宗法封建與禮制制度所束縛，從而突破了《考工記》中的佈局模式。根據考古資料，東周時期的趙邯鄲、齊臨淄、燕下都、鄭韓故城等不規則的形式就反映了管仲的思想。

圖1-12　禮制佈局原則

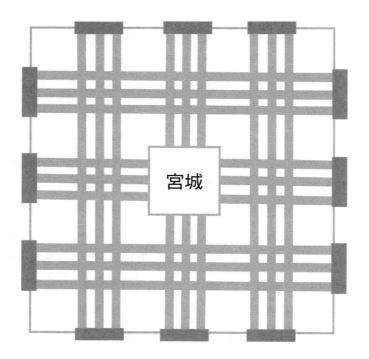

2. 魯國都城曲阜的規劃

　　魯國都城曲阜是周代諸侯國都中存在時間最長、考古資料最詳細的城市，它的修建和使用從西周前期到戰國時代，因而非常具有代表性（圖1-13）。

　　魯城曲阜的城址相傳是古帝少昊氏的都城、殷商時代的奄國。周武王滅商後，封其弟周公旦於此，並由周公占卜擇地，周公旦的兒子伯禽修築[62]。西周後期進行了修補改造，經春秋戰國其位置並沒有變化。

　　曲阜因「魯城中有阜，逶曲長七八里」而得名。「阜」者，土山也，即今城東的防山。防山向西延伸的餘脈經城區的中部和東部，再向東南城區延伸，因而這些地段地形較高，最高點是周公廟所在區域，而西、北、南三面較平緩。洙水流經城區的北、西兩面，小沂河流經城南。因此，魯城在戰略上具有有利的防禦條件。

圖1-13　魯國都城曲阜的風水意象

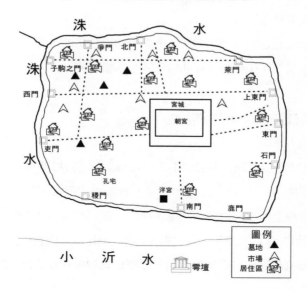

　　魯城平面略呈長方形，城牆外依次是環城之路和護城河。西、北兩面利用洙水作為護城河，東、南兩面引洙水入挖掘的城壕中。

　　每面城牆有三個門，共計十二個門[63]。貫通全城的大道有三條，主要分佈在北部，都是東西走向的。這表明西周初年的佈局是以東為正門的，坐西向東的佈局與東都成周的佈局一致[64]，其中軸線是東西向的。此外，還有兩條東西向的道路通向中部的宮殿區和東部的居住區。南北向的道路是西周後期擴建的，共有四條。其中，貫穿南垣中門和宮城的道路是全城南北向的中軸線[65]，這條南北中軸線向南延伸到正南一千七百三十五米處小沂河南岸的用於求雨的雩壇[66]。

　　宮城位於中央地勢較高的地段，宗廟位於宮城內雉門外左側，周社和亳社位於雉門外右側。周社是為周人而立的，亳社是為了控制殷人而立的。雉門之內是朝宮。製骨、冶鐵等手工業作坊位於北部和西北部，從事這些職業的是殷人的後裔，其居住區和墓地也分佈在附近。泮宮是古代的學校，圍繞泮宮的是寬闊的泮水和泮林，它們位於南垣中門西北。泮宮的西側是春秋時期孔子的住宅，後來在此修建了孔廟。

　　因此，魯城是按照《考工記》中的禮制原則佈局的，儘管存在道路略顯淩亂等問題，但具有了中軸線、前朝後市等基本格局。

3. 鳳雛西周建築和尖角煞的形成

　　在西周時期，人們稱相地為相宅。陝西岐山鳳雛村西周建築的選址和佈局就是相宅的結果。它是我國已知最早、最嚴整的四合院實例，由二進院落組成[67]。中軸線上依次為影壁、門屋、前堂、穿廊和後室，兩側為南北通長的東西廂房（圖1–14）[68]。這個由後室與東西廂房圍合的封閉空間和「前堂後室」的格局顯然是受禮制佈局原則的影響。影壁就是屏，也就是後來的照壁，這個

圖 1-14　鳳雛西周建築的風水意象

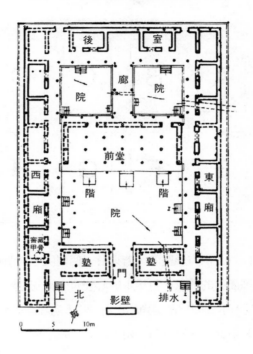

遺址是第一次出現有照壁的建築。照壁具有擋煞的功能，是建築風水文化中的重要內容。

　　早在西周初年周成王時期，就有在室內設置屏風的習俗了。當時屏風稱之為「黼扆」，上面飾有表示威嚴的斧形花紋[69]。此外，還在院子種植榛、栗、資、漆、桐等樹[70]，除了實用之外，還為了美化環境，增加生氣。關於門的朝向，受太陽神崇拜的影響，很多都城都是向東開的，因此建築受此影響也是東向的。

　　受禮制原則影響的方形庭院形制是歷史上、特別是黃河流域普遍的建築形式，因此有許多方形庭院構成的村落或城市就不可避免地形成了尖角煞。如圖

圖 1-15　禮制佈局原則產生的尖角煞

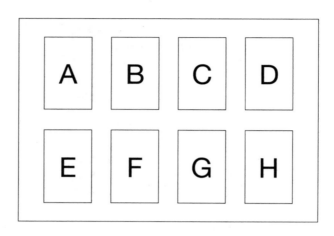

1-15 所示，A-H 為八個方形庭院，若只有一個庭院，其四個直角衝着四個方向，對外形成一種衝射的煞氣，對房主的心理有一種安全暗示；但若從整體上看，每個房子都受到了周圍房子尖角的衝射。時人已經認識到了這個問題，《詩經·小雅·斯干》中就有關於屋角「如矢斯棘」的記載，指的就是尖角煞。

九、周代吳城規劃和仿生學佈局原則

　　公元前 514 年，吳王闔閭接受了伍子胥建都立國的建議。其大意是：凡安軍治民，興霸稱王，以近致遠，立國立民，必先建立城郭，並用城市的整體形象、主體思想和結構佈局體現國家的精神和活力。在吳都的規劃上，伍子胥提出了「相土嘗水，象天法地」的原則[71]。所謂「相土嘗水」就是對城市的土質和水質進行選擇，最好的土質是五色土或黃豆粉那樣細膩的土壤，最好的水質

是甘甜清冽的水。所謂「象天法地」，現在都稱作「法天象地」，就是城市的選址和佈局模擬天上的星象和地上代表祥瑞的東西，以達到天地靈氣相通。

　　著名風水理論家、北京大學教授于希賢老師認為，吳國（蘇州）處在水網密佈的長江三角洲和太湖平原，水道的縱橫交錯使水網間呈現出許許多多高出水面的墩，因此從遠處看水網和其間土墩的交錯很像龜背上的紋路（圖1−16）[72]。不過，僅從《吳越春秋》對吳都的記載[73]，實在看不出來關於「龜」的跡象。在《明朝開國演義》第五十九回徐達率軍攻破蘇州殲滅張士誠的故事中，有這麼一句話：「此城竟是龜形。盤門是頭，齊門是尾。龜之性，負水而出，乘風則歡⋯⋯」此外，在南宋平江城（蘇州）石刻地圖上，還略有龜形的影子。若從這兩條文獻看，于老師認為春秋吳都為龜城是正確的。

圖1−16　吳都龜城的風水意象

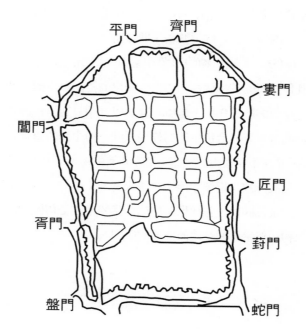

　　由於龜具有善於防守的特點，在當時的排兵佈陣中與蛇組合成玄武，是後軍的標誌。此外，龜還具有天、地、人之象，龜背呈圓形像天，腹部呈方形像地，龜頭又是男根的象徵。於是，伍子胥就把吳都按照龜的形狀建成了歷史有名的「龜城」。設「陸門八，以應天象之八風；水門八，以法地之八卦」。「八風」就是八個方位的風，它們隨季節的不同而變換風向。城牆四周，每邊各開二座門。《史記・律書》中說：「閶、闔風居西方。」因此在西邊立閶、闔二門，引風入城以通天上，因此閶門就象徵着天門。吳欲併吞越，用十二生肖的方位，來行生、剋、制、化之道：吳國的方位在龍位，其方向在辰；越國的方位在蛇位，其方向為巳。龍剋蛇，吳必勝越。龍以盤為穩，故名「盤門」，蛇門也就象徵着地戶，這就是風水文化中西北是天門、東南是地戶的來歷。東為婁、匠二門，南為盤、蛇二門，北為齊、平二門。北面的「齊」、「平」二門也有掃平齊國的意思。楚國在西北方，又將西北的閶門改名為「破楚門」。

　　於是，于希賢老師提出了中國古代城市選址和佈局的仿生學原則。于老師認為，中國古代的城市是一個由城牆、城壕所圍合組成的生命活體；所謂仿生學就是把城市取象於某種生物的形象和靈氣，取之於當地特有的山水靈氣，形成區別於其他城市的獨特個性。仿生學概念的提出對中國古城的研究和現代城市規劃具有重要的啟迪作用，是風水理論研究中具有里程碑意義的成果。但是，對於吳都而言，只適合仿生學的佈局原則；仿生學的外延和內涵有待於擴大，仿生學的「生」不僅僅指的是龜、鳥等某種生物，而應該與美術理論上「寫生」的「生」意義一致，這樣才能與「法天象地」中的「象地」意義吻合，也就是「近取諸身」。因此，古代聚落中的仿生學應該是仿照地面上代表祥瑞的有生命的動植物和無生命的物體而佈局的原則。

十、周代越城規劃和仿星學佈局原則

　　與伍子胥同時代的越國政治家范蠡運用了仿星學佈局原則來規劃越城。仿星學佈局原則指的是仿照天空的星象進行城市佈局的原則，與「法天象地」中的「法天」意義吻合，也就是「遠取諸物」。范蠡的思想應該是受伍子胥提出的「象天法地」的啟發，在吳都的佈局中，主要是以仿生學原則為主，同時輔以仿星學和禮制原則，如八門像八風就是仿星學佈局原則。

　　公元前490年，越王勾踐被吳王夫差放回越國後，決定「定國立城」、「築城立郭，分設里閭」，任命相國范蠡負責此事。范蠡選擇在會稽山（今多指浙江紹興城之南諸山，也可泛指其所連諸山）以北平易四達之地營建都城，一改過去「不設宮室之飾」、無堅固防禦設施城池的做法。「於是范蠡乃觀天文，擬法於紫宮，築作小城，周千一百二十二步，一圓三方。[74] 紫宮，就是紫微垣，內有北極星，外有帝車北斗星，是天帝居住之所。范蠡就根據紫微垣的形狀規劃了一面為圓形、三面為方形的小城，以吻合當時流行的「為政以德，譬如北辰，居其所而眾星共之」的思想。因此，小城是位於中央位置的，這應該是古代城市規劃中第一個主要運用仿星學佈局原則的城市。在小城的西北角修建城樓，名曰「龍飛翼」，作為天門；在東南角設伏漏石竇，作為地戶。從圖1-17可以看出，木連橋河呈西北—東南蜿蜒貫穿小城，天門和地戶應該位於河流與小城相交之處，這樣就給城市帶來了靈氣，有利於聚氣。此外，木連橋河應該是城市日常用水的主要來源，因此，為了水源的戰略安全和清潔，就在天門和地戶前的一段河流上面鋪設石板以隱蔽起來，同樣也符合城市的審美觀點，這就是風水文化中前不見來水的天門、後不見去水的地戶的來歷。

圖 1-17　越國都城的風水意象

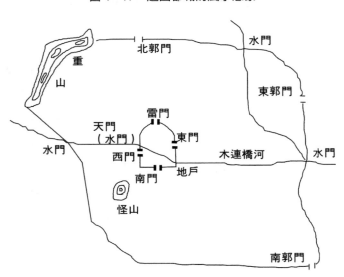

　　小城有四個陸門：雷門、南門、東門和西門，以及一個水門[75]。四個陸門四通八達，以接八面來風。雷門是小城正門。在吳都龜城中，吳國因越國在巳位而設蛇門，「有蛇象如龍象」，越在宮城正門立一大鼓，其意越國擂鼓如雷聲以應龍威[76]。這就是雷門的來歷。為表示越國臣服於吳國，小城是坐南向北的，雷門是北門。小城是按照前朝後寢的禮制原則佈局的，圓形部分是前朝，方形部分是後寢。重山（今稱府山）從東北到西南呈圓弧形延展，山的西、北兩坡陡峭，而東、南兩坡和緩，是理想的天然屏障。大城巧妙地利用重山為郭，不再修築城垣，也表示位於越國西北部的吳國是天，對外表示臣吳，對內表示取吳之意。怪山（今稱塔山）位於大城內西南部，被時人附會成昆侖之象，這就把源於昆侖山的龍脈之氣引進城中，起到了聚氣於城中的作用。越國在怪山之巔修建三層樓的靈台，以觀天象。大城有北郭門、南郭門、東郭門三個陸門，以及三個水門。公元前 473 年，越國滅掉吳國，稱霸後北遷都城於齊國的琅琊。

十一、陵墓的起源與風水

　　《易‧繫辭下》載：「古之葬者，厚衣之以薪，藏之中野，不封不樹。」「不封不樹」指的是既不建造墳墓也不種植樹木。因此，在西周時期黃河中下游地區的墓葬是不修建墳墓的。然而，據考古資料，在長江中下游地區發現了一些築有墳丘的西周墓葬。例如，安徽省屯溪市西郊奕棋村南的屯溪一號西周墓，地表鋪有一層約厚二十五厘米的鵝卵石作為墓底，沒有墓坑和墓壁，只是在鵝卵石上堆土而築成的圓形墳丘（圖1-18）[77]。楊寬先生認為，這是出於地勢低下和防潮的緣故而平地起墳丘的。但筆者認為，還有一個原因是「天圓地方」觀念的影響，尖圓而高的墳丘指向天空，象徵着人死後升天，與天神在一起。

圖 1-18　屯溪一號西周墓的風水意象

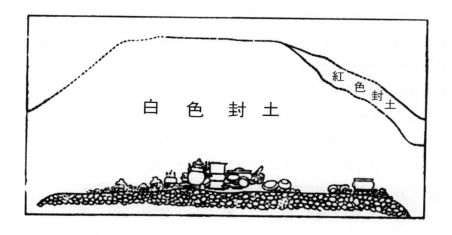

圖 1–19　易縣燕下都十六號墓的風水意象

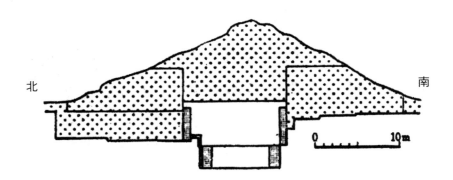

中原地區出現墳丘式墓葬，開始於春秋晚期，普及於戰國時代[78]。據《禮記·檀弓上》記載，春秋早期的墳墓有四種類型，一是像高堂一樣四方而高，二是像堤防一樣狹長而高，三是像覆蓋的大屋頂一樣四方廣闊而兩旁向上尖削，四是像斧頭的刃部或馬頸上的一排剛毛一樣狹長並從兩旁向上尖削。至春秋末期的孔子時代，孔子把父母合葬在防的時候，為了便於識別，就築了四尺高的墳丘。墳和丘原意指的是高起的土堆。這種形式應是從南方和中原地區的墳墓類型發展來的。伴隨着儒家學派的發展和新興貴族突破禮制刻意炫耀的緣故，這種形式逐漸被人們所接受。

在戰國時代，受天圓地方的影響，墳尖高而圓、墓坑方的模式成為普遍流行的墓葬方式，如河北省易縣燕下都十六號墓平而圓且帶方形（圖 1–19）[79]。

由於山嶽崇拜在當時頗為流行，於是把類似土堆的墳墓比擬為高山，稱為「塚墓」或「陵」。此外，由於古人相信死人有靈魂，講究「事死如事生」的禮制，死人要如同活人一樣處理政務和飲食起居，於是秦楚等國的王陵就有了

廟和寢的建築。所謂廟就是模仿宮殿修建在陵墓附近供死人靈魂辦公的地方，也就是說活着的時候在朝廷接收朝拜，死後在廟裡接受朝拜。所謂寢是陳列祖先衣冠和生活用品的地方，是死人靈魂休息生活的地方。從廟寢的功能上可以看出，風水文化認為廟、墳墓附近不適合人居住，是因為此地陰氣太重。

注釋

1　地理視野是人們對其周圍地理環境的認識範圍和認識程度。基於研究風水理論的需要，本書只介紹與風水有關的黃河、長江等流域的自然地理要素。

2　本部分根據《天下黃河九十九道灣與中國風水文化的起源》一文改寫。此文是為2010年美國地理學家協會（AAG）華盛頓年會準備的交流論文，但因錯過提交時間，由中國科學院地理科學與資源研究所戴爾阜博士帶到華盛頓交流。

3　王成祖：《中國地理學史》（先秦至明代），商務印書館，2005年，第7、13頁。

4　中國科學院自然科學史研究所地學史組：《中國古代地理學史》，科學出版社，1984年，第179頁。

5　李瑞蘭：《中國社會通史》（先秦卷），山西教育出版社，1996年，第509頁。

6　顧頡剛：《秦漢的方士與儒生》，群聯出版社，1955年，第9頁。

7　王暉：《商周文化比較研究》，人民出版社，2001年，第24頁。

8　《莊子·大宗師》。

9　王暉：《商周文化比較研究》，人民出版社，2001年，第68頁。

10　《墨子·備城門》。

11　《史記·田單列傳》。

12　《論語·雍也》。

13　《史記·封禪書》。

14　黃開國、唐赤蓉：《諸子百家興起的前奏——春秋時期的思想文化》，巴蜀書社，2004年，第63頁。

15　《史記·殷本紀》。

16　趙文潤：《中國古代史新編》，陝西人民出版社，1989年，第56頁。

17 《史記·齊太公世家》。

18 《史記·滑稽列傳》。

19 錢耀鵬：《關於半坡聚落及其形態演變的考察》，《考古》，1999年第6期。

20 西安半坡博物館：《西安半坡》，文物出版社，1982年，第3頁。

21 張雲：《半坡遺址三十年研究綜述》，《文博》，1989年第2期。

22 周潤墾、李洪波、張浩林、高海燕：《2003－2004年連雲港藤花落遺址發掘收穫》，《東南文化》，2005年第3期；孫亮、陳剛、劉厚學、項劍雲、李虎仁：《江蘇連雲港藤花落遺址考古發掘紀要》，《東南文化》，2001年第1期。

23 曲英傑：《史記都城考》，商務印書館，2007年，第8－18頁；何駑、嚴志斌：《黃河流域史前最大城址進一步探明》，《中國文物報》，2002年2月8日。

24 《論語·為政》。

25 濮陽市文物管理委員會、濮陽市博物館、濮陽市文物工作隊：《河南濮陽西水坡發掘簡報》，《文物》，1988年第3期。

26 王健民、梁柱、王勝利：《曾侯乙墓出土的二十八宿青龍白虎圖象》，《文物》，1979年第7期。

27 鍾守華：《曾侯乙墓漆箱「武王伐殷」星象圖考》，《江漢考古》，2002年第2期。

28 倪潤安：《論兩漢四靈的源流》，《中原文物》，1999年第1期。

29 中國社會科學院考古研究所：《寶雞北首嶺》，文物出版社，1983年，第102頁。

30 吳山：《中國新石器時代陶器裝飾藝術》，文物出版社，1982年，圖10。

31 連劭名：《殷墟卜辭中的四戈與四巫》，《殷都學刊》，2008年第4期。

32 陳公柔、張長壽：《殷周青銅容器上鳥紋的斷代研究》，《考古學報》，1984年第3期。

33 倪潤安：《論兩漢四靈的源流》，《中原文物》，1999年第1期。

34 《吳子·治兵》。

35 關於《易經》成書時間有郭沫若的春秋說、張岱年的西周初年說、金靜芳等的殷周之際說、宋祚胤的西周末年說，本文從殷周之際說。

36 陳碧：《〈周易〉對中國「風水理論」的影響》，《船山學刊》，2008年第3期。

37 馮友蘭：《中國哲學史》（上），生活·讀書·新知三聯書店，2009年，第416頁。

38 黃開國、唐赤蓉：《諸子百家興起的前奏——春秋時期的思想文化》，巴蜀書社，2004年，第140頁。

39 《管子·樞言》。

40 馮友蘭：《中國哲學史》（上），生活·讀書·新知三聯書店，2009年，第62頁。

41 《史記·孔子世家》。

42 李鏡池：《左國中易筮之研究》，載顧頡剛等編：《古史辨》，上海古籍出版社，1982年。

43 黃開國、唐赤蓉：《諸子百家興起的前奏——春秋時期的思想文化》，巴蜀書社，2004年，第141頁。

44 馮友蘭：《中國哲學史》（上），生活·讀書·新知三聯書店，2009年，第420頁。

45 侯宏堂：《陰陽觀念產生的三個基本來源》，《安慶師範學院學報》（社會科學版），2003年第5期。

46 《國語・周語》。

47 《左傳》昭公二十一年。

48 葛兆光：《道教與中國文化》，上海人民出版社，1996年，第33頁。

49 《老子》第四十二章。

50 《莊子・大宗師》。

51 《尚書・甘誓》：「王曰：嗟！六事之人，予誓告汝：有扈氏威侮五行，怠棄三正，天用剿絕其命，今予惟恭行之罰。」

52 《尚書・洪範》。

53 《荀子・非十二子》。

54 《管子・四時》。

55 《呂氏春秋・有始覽》。

56 《史記・孟子荀卿列傳》。

57 楊新改：《略論北京地區的舊石器時代文化》，《文物春秋》，2008年第3期。

58 《管子・小匡》。

59 楊寬：《中國古代都城制度史研究》，上海人民出版社，2003年，第41頁。

60 《詩經・大雅・綿》。

61 《管子・乘馬》。

62 《說苑・至公》。

63 曲英傑：《史記都城考》，商務印書館，2007年，第217頁。

64 楊寬：《中國古代都城制度史研究》，上海人民出版社，2003年，第55-58頁。

65 曲英傑：《史記都城考》，商務印書館，2007年，第217頁。

66 山東省文物考古研究所等：《曲阜魯國故城》，齊魯書社，1982年，第15頁。

67 陝西周原考古隊：《陝西岐山鳳雛村西周建築基址發掘簡報》，《文物》，1979年第10期。

68 傅熹年：《傅熹年建築史論文集》，文物出版社，1998年。

69 《尚書・顧命》。

70 《詩經・鄘風・定之方中》。

71 《吳越春秋》卷四。

72 于希賢、于洪：《中國古城仿生學的文化透視》，《城市規劃》，2000年第10期。

73 《吳越春秋》卷四：「周回四十七里，陸門八，以象天八風，水門八，以法地八聰。築小城，周十里，陵門三，不開東面者，欲以絕越明也。立閶門者，以象天門，通閶闔風也；立蛇門者，以象地戶也。閶闔欲西破楚，楚在西北，故立閶門以通天氣，因復名之破楚門。欲東並大越，越在東南，故立蛇門，以制敵國。吳在辰，其位龍也，故小城南門上反羽為兩鯢鱙，以象龍角。越在巳地，其位蛇也，故南大門上有木蛇北向首內，示越屬於吳也。」

74　《吳越春秋》卷八。

75　《越絕書》卷八。

76　《漢書‧王尊傳》引顏師古注；《太平寰宇記》卷九十六引《郡國志》和《輿地志》。

77　安徽省文化局文物工作隊：《安徽屯溪西周墓葬發掘報告》，《考古學報》，1959年第4期。

78　楊寬：《中國古代陵寢制度史研究》，上海古籍出版社，1985年，第6－14頁。

79　河北省文化局文物工作隊：《河北易縣燕下都第十六號墓發掘》，《考古學報》，1965年第2期。

第二章

秦漢時期風水理論的雛形[1]

　　秦漢時期的疆域為現代中國的版圖奠定了基礎，郡縣制的實施使人們的地理知識大大增加了。隨着天文學、醫學、城市規劃等自然科學和儒家、道家思想的發展，漢武帝時期在意識形態領域確立了宇宙論天人合一思想的支配地位。東漢洛陽城的規劃標誌着仿星學四靈模式的形成，並且對住宅規劃也起了指導作用。同時，風水文化中也出現了神秘色彩。於是，風水理論的雛形出現了。

一、秦漢人的地理視野

　　秦在統一六國前夕，派兵征服了南方的越族，並在其地設置桂林、南海、象郡，管理今兩廣和貴州南部地區。接着又對匈奴用兵，把北疆拓展到銀山，西北也達到甘肅的洮河一帶。於是，秦的疆域是「東至海及朝鮮，西至臨洮、羌中，南至北向戶，北據河為塞，並陰山至遼東」[2]。因此，秦的版圖以原六國的黃河流域為中心，向南拓展到長江流域和珠江流域一帶。

　　西漢初年，因匈奴南侵和南方三越獨立，致使南北疆域縮小。後經漢武帝等連年征戰和張騫出使西域，西漢版圖擴展到東起庫頁島，西到巴爾喀什湖及蔥嶺以西，北至貝加爾湖，南到南海和越南，為現代中國的廣大地域奠定了基礎。東漢的疆域與西漢相仿。

　　在疆域擴大的同時，特別是城池因郡縣制的推行而被大量修建，人們對周圍環境的認識加深了。對於秦和西漢而言，《史記・河渠書》和《漢書・地理志》是系統介紹當時自然地理概況的重要文獻。

　　《史記・河渠書》記載了西漢武帝以前全國河流、運河、水渠的概況，而水利工程的修建對自然條件的要求是比較高的，這對於人們地理知識的增加奠

定了基礎。

《漢書‧地理志》是中國第一部以「地理」命名的著作，它記載了西漢末年全國一百零三個郡（國）及所轄的一千五百八十七個縣（道、邑、侯國）的山川、水利、特產、礦產、關塞等，其中記有三百多處水道、湖泊等，而且大多在源頭所在的縣條中說明其發源和流向，較大河流還記有支流和長度。

《後漢書‧郡國志》是東漢時期的地理誌，但因《郡國志》的內容大多是關於郡縣在先秦時期改異和地名變化的歷史知識，涉及自然地理的只有山水、礦產等的簡單記載。

自西漢後期，黃河中下游地區又進入了乾旱時期，致使黃河、渭河水量減少，泥沙增多。《史記‧貨殖列傳》比較系統地介紹了各地物產分佈的概況：「夫山西饒材、竹、穀、纑、旄、玉石；山東多魚、鹽、漆、絲、聲色；江南出枏、梓、薑、桂、金、錫、連、丹沙、犀、玳瑁、珠璣、齒革；龍門、碣石北多馬、牛、羊、旃裘、筋角，銅、鐵則千里往往山出棊置。」

二、宇宙論天人合一思想的提出

西漢中期確立的宇宙論天人合一理念是先秦以來社會政治、經濟和儒家思想發展的必然結果，也是天文學、醫學、城市規劃等自然科學的發展對哲學影響的結果。其特徵是具有回饋功能的天人相通而「感應」的有機整體的宇宙圖式，它關注的是國家和個體在外在活動和行為中與自然和社會的協調和同一[3]。

1. 董仲舒的「天人相與」理念

　　董仲舒是漢武帝時期影響最大的思想家。漢景帝時任博士，講授《春秋公羊》。公元前134年，向漢武帝上「天人對策」，建議「罷黜百家，獨尊儒術」，為武帝所採納。董仲舒用陰陽五行思想解釋儒家理論，因此陰陽五行思想充斥在董仲舒的理論體系中，天人相與是董氏思想的核心。這些思想集中反映在董仲舒的《春秋繁露》中。

　　天人相與實際上就是「天人合一」思想，是董氏在《黃帝內經》和《淮南子》天人感應的基礎上提出來的。董氏提出了「天有十端」的理念[4]，即天、地、人、陰、陽、金、木、水、火、土。董氏認為，所謂天，是指神靈之天、道德之天和《淮南子》中的自然之天；所謂人，不僅僅具有自然屬性，而且還具有人倫道德和義理。

　　從神靈之天的角度出發，上天若發現君主有過錯，就會發「出災異以譴告之」；若君主還不警惕，上天就會使君主「見怪異以驚駭之」；若君主仍「不知畏懼」，上天就會使其遭殃[5]。例如，建元六年，遼東高廟和高園殿失火，董氏以春秋時期廟觀失火作比喻，認為這是上天告誡武帝必須剪除不法的諸侯和大臣[6]。

　　從自然之天的角度出發，在陰陽災異論的基礎上，認為「美事召美類，惡事召惡類，類之相應而起也。……帝王之將興也，其美祥亦先見；其將亡也，妖孽亦先見，物故以類相召也」[7]，表明同類是相互感召的。在同類相感的基礎上，提出了「天人同類」和「天人相副」的理論。董氏認為，天人是同類的，人的生理結構與天地日月星辰四時是相應的，而且人的性情與天相同。

　　從道德之天的角度出發，基於西漢初年等級權威削弱的現實，為嚴格封建等級制度，董氏在賈誼提出建立禮治的基礎上，以天人關係為依據，提出了「三綱五常」的主張。在等級制度中，君臣父子夫婦是最基本的倫常等級關係。從天道

的陰陽關係為「三綱」作了充分的論證。維繫「三綱」的法則除了忠孝外，還有五常，即仁、義、禮、智、信，五常是以五行為基礎的自然道德化。

因此，從風水文化的角度看，董氏的神靈之天指的是具有神性的「天」，自然之天指的是「地」，道德之天指的是「人」。

此外，董氏從政治倫常和社會制度的角度，認為五行的排列有着固定的次序，這個次序是由天決定的。「天有五行：一曰木，二曰火，三曰土，四曰金，五曰水。木，五行之始也；水，五行之終也；土，五行之中也。此其天次之序也……木居左，金居右，火居前，水居後，土居中央。」[8]也就是說，這個順序是按照木、火、土、金、水比相生而間相勝排列的，這就改變了以前《尚書》中水、火、木、金、土的排列次序。相生和相勝就構成了一個自然的回饋系統。

總之，宇宙論天人合一思想在意識形態領域中的確立，標誌着漢文化的形成，陰陽五行理論成為這個時期乃至整個封建社會的主流思想。漢文化在來源上有三個方面：一是源於周代宗法血緣倫理觀念的和諧氣氛；二是源於秦代受西部遊牧民族影響而表現出來的強悍作風；三是劉邦政治集團入主關中後，帶來了長江流域楚地原始自發性的自由奔放的作風。這種富有生氣的楚地文化與強調倫理和諧的周文化和強調征服擴張的秦文化結合在一起，構成了漢文化[9]。因此，這種文化的最高哲學──宇宙論的天人合一思想充滿了人的主動性，激發了人們的創造力，激勵着人們不畏艱難，奮發向上，建功立業。在這種理念的支配下，張騫率一百多人出使西域，這項任務十分艱巨，因為必須穿過匈奴人控制的地區，這樣就很可能被俘遇害，但他們寧肯拋屍他鄉也要建功立業[10]；作為太史令的司馬遷不畏強權，冒着受宮刑的危險，與漢武帝據理力爭，把漢武帝寵愛的李夫人的哥哥李廣利攻打大宛國損失慘重的原因寫進歷史[11]；受這種風氣的影響，東漢時期的班超棄筆從戎，率三十六人在西域鄯善擊殺匈奴使者數百人[12]。這種非凡的精神也刺激了正在成長中的風水文化，為唐代形勢派風水的形成奠定了基礎。

2. 《史記‧天官書》中的天人合一思想

　　司馬遷生活在儒家思想盛行的時代，再加上他又是董仲舒的學生，因此司馬遷是深受儒學影響的。司馬遷在漢武帝時期擔任的官職是太史令，其職責是掌理天文星曆、占卜祭祀、文書檔案和記錄重大事件。因此，在司馬遷的《史記‧天官書》中充滿了濃厚的風水圍合理念。

　　司馬遷總結了以前的天文學思想，運用五行說把二十八宿和北極星劃分為五個區——中官、東官、西官、南官和北官，共九十一個星官[13]。司馬遷把星座稱作星官，認為星座和官府中的官員一樣有高低之分，這些星官「包括500多顆恆星並類比人類社會的組織，給以帝王、百官、人物、土地、建築物、器物、動植物等名稱」[14]。這些星官以中官為中心構成了一個圍合組織（圖2-1），而且五官各自形成獨立的圍合系統，下面以南官為例說明。

圖2-1　《史記‧天官書》中的五官圍合

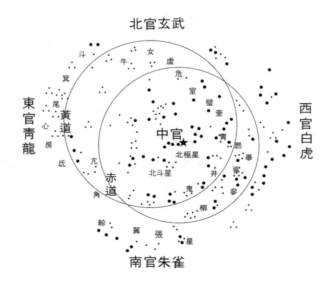

圖 2-2　南官中主要星官的圍合

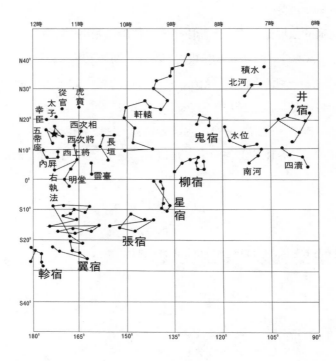

　　《天官書》記載了南官的一百三十五顆星（圖 2-2）。南官七宿中的星座是朱鳥的形狀，朱即紅也，它代表的是五行中的火、紅。從漢代畫像石上看，朱鳥的原型應該是鶴鶉，只是後來為了美觀，把它演變成朱雀鳳凰。因此，也可以把南官七宿分成鶉首、鶉火、鶉尾。在南官七宿的圍合中，權、衡是主星。井宿屬於鶉首，主水事，周圍有代表水的星官——北河、南河、四瀆、積水、水位。《晉書·天文志》認為鶉首是天的南門。井宿中的八星呈「井」字形，由於有井的形狀，它表示水，周圍都是主水的星官。因此，風水文化中門前有水、水聚財的理念應該是來源於此。鬼宿是祭祀的天廟。柳宿主木草，是鳥嘴，代表天上掌管膳食的官員——廚宰。星宿是朱鳥的頸。張宿是嗉囊，是天上宴

請賓客的地方。翼宿是歡迎賓客的樂隊,是天上的樂府。軫宿是車,它的東南是天庫樓眾星,這些是天上的車隊。

南官七宿的弧形像一張弓,藩臣十二星位於這張弓中。藩臣十二星是指太微垣中的東垣(東上相、東次相、東次將、東上將、東執法)和西垣(西上相、西次相、西上將、西次將、右執法)。位於東西垣中的是天帝的南宮,即主星——衡,也就是太微,是日、月、五星三光入朝的宮廷,五帝座位於其中,周圍有太子、幸臣、從官、虎賁、內屏等星官。權以軒轅十四星為主,比擬為黃龍,因它位於五帝座的旁邊,所以是後宮之屬。因此,南官七宿是一個圍合的組織。

三、秦始皇施政中的風水思想

1. 推行陰陽五德學說

公元前 221 年,時年三十九歲的秦王嬴政建立了秦帝國,年富力強的他一上台就推行《呂氏春秋》中的陰陽五德學說 [15]。

秦始皇把陰陽五行之徒杜撰的五百年前秦文公打獵獲黑龍的故事搬出來,以此說明秦早就有水德之瑞。宣佈秦代替周就是水德代替火德,因而秦政權是合法的,是符合五德終始規律的。

秦始皇在政治生活的各個領域實行符合水德的措施。以每年十月為正月。之所以以十月為歲首,這是因為在曆法上,十月、十一月和十二月為冬季,五行屬水,而十月是一個天地和合的月份,象徵秦國肇始於水德,運數無窮,以達千世乃至萬世 [16]。

水德色尚黑，官員百姓的着裝、旌節、旗幟都是黑色的。以水對應的數位六為規格，符、冠都是六寸，車輿六尺，六尺為步，乘六馬。改河水（黃河）的名字為德水。

水主陰，陰主苛法刑殺。因此，秦始皇推行嚴厲的法令，實行酷刑。

在焚書坑儒時，規定涉及陰陽五德學說的卜筮、醫藥等內容的書籍不在燒毀之列。

因此，在秦始皇的強權推動下，陰陽五德學說很快在民間生根發芽，成為下層社會小民趨吉避凶、敬鬼事神的法術。在睡虎地秦簡《日書》中就記載了許多關於出行、建除、問病、解夢、殺豬宰羊、立木建房等日常生活必須注意的日子時辰的吉凶，表明陰陽五行學說已經完全左右了人們的日常生活，人們每天的起居行為都要以《日書》的規定為依據 [17]。

2. 建立「圍合式」的中央集權制度

首先，樹立皇帝至高無上的權力。改戰國時期國君的稱號「王」為「皇帝」，自稱「始皇帝」。把皇帝的命令稱「制」和「詔」。規定只有皇帝才能自稱「朕」，只有皇帝的大印才能稱「璽」，皇璽上刻有「受命於天，既壽永昌」的字樣，表示皇權是神授的。

其次，在以秦始皇為中央的周邊建立了強大的政權組織，形成了層層圍合的「侯門深似海」的格局（圖 2−3）。皇帝的周邊依次是三公（丞相、太尉、御史大夫）、九卿（奉常、郎中令、衛尉、太僕、廷尉、典客、宗正、治粟內史、少府）、郡、縣、鄉、里、亭、什、伍等政權組織，使一切權力緊緊地握在皇帝的手中，並使古代民眾的生存只能依賴於皇帝的眷顧。於是，秦帝國的人民被迫「團結」在以秦始皇為中心的政權周圍。這種由此確定的秦之政體，為歷代政治家所津津樂道，對中國兩千多年來的政權組織產生了重要影響。

圖2-3　以秦始皇為中心的政權圍合制度

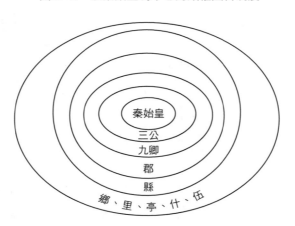

3. 推行包含「天圓地方」內涵的統一措施

戰國時代，因諸侯割據而使各項制度很不統一。秦始皇為了消除諸侯割據的隱患，推行了帶有「天圓地方」內涵的統一措施。

首先，統一文字，推行方塊隸字。秦始皇採納李斯的建議，用秦文字作為統一的標準文字。頒佈李斯寫的《倉頡篇》、趙高寫的《爰曆篇》、胡母敬寫的《博學篇》作為文字教育的讀本，這種標準文字稱秦篆或小篆，只用於詔令和刻石等正式場合。初期的隸書是秦篆隸書的簡易寫法，是把篆字的圓轉弧形筆劃改為方折筆劃，從而擺脫了古文的象形成分而普及起來，奠定了近代方塊漢字形體結構的基礎。很顯然，這是受「天圓地方」觀念的影響。

其次，統一了貨幣，推行外圓內方的秦半兩錢。秦半兩錢外圓內方的造型是「天圓地方」宇宙觀的具體表現（圖2-4）。這種貨幣形式的統一使用，使我國主要貨幣銅錢的形式固定下來，並沿用了兩千多年，直到清王朝滅亡才告結束，而且這種貨幣形式還影響到受風水文化影響的日本、朝鮮等鄰國。

圖 2–4　外圓內方的秦半兩錢

四、秦始皇踐行中的風水思想

1. 秦始皇崇神慕仙的活動

　　秦始皇深受道家思想的影響，對長生不老的追求達到了近乎狂熱的地步。齊魯之地是戰國時代文化發達的地方，由於臨海的緣故，修仙的方士和海上傳說也特別多，因而神學思想也很迷人。秦始皇即位三年，就開始到泰山封禪，並把在泰山上一棵避雨的大樹封為五大夫。齊人徐福上書，說大海中有蓬萊、瀛洲、方丈三座仙山，山上有仙人和長生不老的靈藥，於是秦始皇就派他率

五百童男女入海求仙人。此外,還派韓終、侯公、石公求仙人不死之神藥。因仰慕成仙,改自己的稱呼「朕」為「真人」。秦始皇相信望氣者所說的五百年後金陵有「王氣」的言論,不惜「東遊以壓之」,改金陵為秣陵,並鑿斷地脈,也就是「龍脈」,類似的事情還在雲陽、丹徒、徐州、廣州等地做過[18]。同時,秦始皇還立廟祭祀東、西、南、北四帝以及北斗、南斗等。

2. 萬里長城使秦疆域形成「圍合」態勢

秦統一六國後,把原來各國在內地修建的長城拆毀。但為了抵禦匈奴的侵擾,從公元前 214 年開始,派蒙恬等人在原戰國秦燕長城的基礎上,修築了一條西起臨洮、東到遼東的長達一萬餘里的城防。它在歷史上是北方遊牧民族和漢族的分界線,與西部的黃河、南部諸山、渤海、東海和南海構成了一個圍合的空間[19],為保障內地人民安定的生產和生活起了積極的作用。

在修築萬里長城的過程中,還出現了關於「龍脈」的小插曲。秦二世與趙高等人密謀奪取皇位,令督修萬里長城和兩千里馳道的守邊大將蒙恬自殺。蒙恬在臨死之前說:「恬罪固當死矣。起臨洮屬之遼東,城塹萬餘里,此其中不能無絕地脈哉?此乃恬之罪也!」[20]蒙恬關於「地脈」的言論是風水文化中龍脈的最早記錄。

3. 都城咸陽和秦始皇陵墓的仿星學佈局

秦國由於秦孝公任用商鞅變法成功,於公元前 350 年遷都咸陽,後歷代皆都於此。在秦王嬴政對六國的用兵中,每攻破一個國家,便仿照這個國家的宮殿在渭河北岸的咸陽北部山坡上修建,以至渭北「自雍門以東至涇渭,殿屋復道周閣相連」。

圖 2–5　秦咸陽城佈局的天人合一

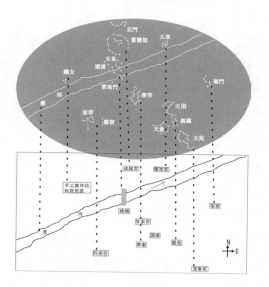

公元前 221 年，秦滅六國，便開始着手擴建帝都。次年，「作信宮，已而更命信宮為極廟，象天極」。同時，在渭南又興建了諸廟、章台、興樂宮、上林苑等宮殿。公元前 212 年，在上林苑開始修建了新的朝宮——阿房宮。阿房宮氣勢恢宏，「覆壓三百餘里，隔離天日」。接着又「令咸陽之旁二百里內，宮觀二百七十，復道、甬道相連」。於是，咸陽的整個佈局就是「周馳為閣道，自殿下直抵南山，表山南之顛為闕，並為復道，自阿房宮渡渭，屬之咸陽，以象天極絕漢抵營室也」。

《三輔黃圖》記載了咸陽城的規劃思想：「因北陵營殿，端門四達，以則紫宮象帝居，渭水貫都，以象天漢，橫橋南渡，以法牽涉牛。」[21] 因此咸陽城是按照仿星學原則佈局的。從圖 2–5 可看出天地對應關係：咸陽宮—紫微垣，渭河—天漢（銀河），阿房宮—營室，信宮—南斗，橫橋—閣道星，宜春苑—天苑，蘭池宮—奎宿，手工業作坊區—織女，甘泉、章台諸宮—奎宿，廄苑—天囷等。

由於太陽神崇拜的原因，咸陽是坐西向東佈局的。

在每年十月黃昏時分，北極星巋然不動，營室星正當南中天，銀河居中東西橫跨；地上渭水兩岸的宮殿正好對應着天空中的星象：咸陽宮對應着紫微垣，渭水對應着銀河，阿房宮對應着營室宿，橫跨渭水的復道對應着天上的閣道星，周圍的宮殿也是燦若群星，拱衛皇居。此時咸陽城與天空星象融為一體，「天上群星與地上的宮殿交相輝映，時空達到了最完美的結合，這壯麗的景色充分體現了秦咸陽作為宇宙之都的磅礴氣勢，和大秦帝國與日月同輝、與天地同在的不可一世之風範」[22]。

在秦始皇即位時，就採用都城咸陽的模式修建陵園。陵園位於驪山北坡，前有渭河環繞，而且此地「其陰多金，其陽多美玉，始皇貪其美名，因而葬焉」[23]。因此，秦始皇的陵園也是按照仿星學原則佈局的，同時也輔以仿生學原則，即「上具天文，下具地理」的理念修築的。陵園呈南北向的長方形，陵墓葬在長方形墓園偏南的位置，整個陵園的方向是坐西向東的，這是源於太陽神崇拜的緣故。在墓園東部是三個兵馬俑坑，象徵着咸陽守衛東郭門一帶的屯衛軍[24]。據《史記·秦始皇本紀》記載，墓內有宮殿和百官位次，有金銀珠寶，有燃燒着的用人魚膏做的蠟燭，有用水銀灌注做成的江河湖海的模型，並由機械轉動而川流不息。墓頂鑲有用明珠做的日月星辰，以象徵天空星象[25]。

五、西漢長安斗城的仿星學佈局和渭陵的規劃

1. 漢代的斗星信仰

斗星指的是北斗星和南斗星。西漢長安城是根據北斗星和南斗星的形狀設

計的，這與當時的斗星崇拜有關係。

漢代人對北斗星的信仰主要體現在四個方面 [26]：一是北斗的定時作用；二是北斗與天上眾星相互聯繫，由北斗可以找到二十八宿；三是「斗為帝車」，這是在陰陽五行、天人感應思想影響下數術意義上的北斗觀念，也是秦漢北斗信仰中最重要的組成部分；四是北斗類似於後世的地獄閻羅，扮演了司命主神的角色，掌管人死後的靈魂。前三者是對先秦時期北斗信仰的繼承和發展。秦漢時期對北斗觀象授時的依賴不但沒有減弱，反而是加強了。秦始皇在以寶雞雍城為中心的秦地修建了百餘座祭祀北斗、南斗、二十八宿等的廟宇，因漢承秦制，在漢代北斗一直是立廟祭祀的對象 [27]。因此，《淮南子·天文訓》對北斗的授時作用記述得非常詳細。

山東省嘉祥縣漢代武梁祠有北斗帝車石刻畫像（圖 2–6），三個星組成車轅，四個星組成車輿，車下托有雲氣，天帝坐在車內，車的前後有人物車騎做請事狀 [28]。這既是漢代以北斗為帝車觀念的生動描繪，也是漢帝「以齊七政」的表白。晉代葛洪在《西京雜記》中記述了西漢初年人們視北斗為命運守護神的習俗。「又說在宮內時，嘗以弦管歌舞相歡娛，競為妖服以趣良時。八月四日，出雕房北戶，竹下圍棋，勝者終年有福，負者終年疾病。取絲縷，就北辰星求生命，乃免。」[29] 於是，對北斗掌管人靈魂的信仰後來演變為道教中北斗本命君的信仰。從王莽對北斗信仰的荒誕無稽，也可以看出秦漢時代對北斗的病態信仰。王莽視北斗為其政治上的守護神，為此隨身攜帶了親自監製的一件北斗狀的器物——「威斗」。在綠林軍攻破長安時，一邊根據天文官推算的北斗斗柄所指的方向，隨時調整自己的坐向，一邊口中念念有詞：「天生德於予，漢兵其如予何？」在逃跑時，仍然懷抱「符命、威斗」[30]。

　　至於南斗星，指的是北方七宿中的斗宿，南斗有六顆星，其形狀也很像北斗。「南斗六星為天廟，丞相、大宰之位，主薦賢良，授爵祿；又主兵，一曰天機。」[31]表明南斗在人間的地位僅次於北斗。「杓攜龍角，衡殷南斗，魁枕參首」，表明了當時天文觀測的方式是把北斗星與角宿、斗宿與參宿相聯繫起來觀察（圖2–7）[32]。此外，當時還存在「南斗注生，北斗注死」的民俗觀念。因此，在秦漢時期南斗也被立廟祭祀。

圖2–6　北斗帝車石刻畫像

圖2–7　南斗和北斗的相對位置

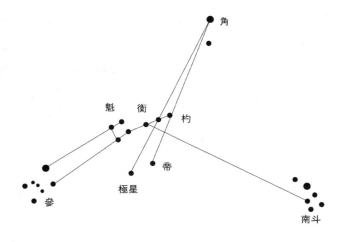

2. 長安城是「斗」形佈局

西漢長安城是在秦都城基礎上歷經漢高帝、漢惠帝、漢武帝的修建才初具規模。由於一切典章制度皆「漢承秦制」，都城的選址和規劃也不例外。《三輔黃圖》卷三載：「蒼龍、白虎、朱雀、玄武，天之四靈，以正四方，王者制宮闕殿閣取法焉。」這句話說的是長安城的選址理念，四靈對應的應該是關中平原周圍的地形。至於長安城的佈局，也是參考秦咸陽仿星學的特點，並結合當時對斗星的崇拜，把長安城設計為斗城。

據陳喜波等人研究，漢長安之所以被稱為斗城，是因蜿蜒曲折的北城牆西北段形如北斗，南城牆中部突出部分和東段曲折如南斗（圖 2−8）[33]。此外，未央宮是作為天空中的紫微垣來設計的，因為當時有未央宮就是紫微宮的說法[34]。在八卦方位中，乾代表西北、天，坤代表西南、地。紫微垣在天與乾對應，皇宮在地與坤感通。在地支所代表的方位中，未在西南，對應坤卦所在的位置。故「未央」即地之中央，所以未央宮地處長安西南隅，其含義是處於地之中央感通與天之中央的宮廷建築。再加上秦國祚短，劉邦不承認其為水德，認為自己才是代周而成為「以水德王天下」的正統，因此承秦制以十月為歲首。坤卦在曆法上代表着十月，未央宮位於長安城的西南，正是表達了漢代肇始於水德的用意。因此，漢長安城的規劃是通過天空中紫微垣、北斗星、南斗星來體現天人合一的理念，這樣就使皇帝在心理上能得到上天的庇護，達到長治久安的目的。

此外，武帝陵寢——茂陵出土的四靈畫像空心磚是四靈在建築上的最早實物，表明四靈護衛的理念已經深入人心了。

圖 2−8　西漢長安城的風水意象

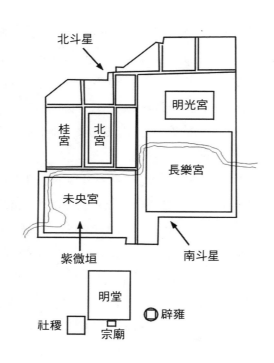

3. 渭陵的規劃

　　渭陵位於咸陽市渭城區周陵鎮新莊村東南，是西漢第八位皇帝漢元帝劉奭的陵墓。如圖 2−9 所示 [35]，渭陵位於山丘的最高處，東、西、南三面為山地和斷崖，只有北面為開闊地；西北的王皇后陵和東北的傅皇后陵的圍合態勢與其相同。陵園近方形，四周有夯土築成的垣牆，呈覆斗形的陵塚位於陵園之中。渭陵東北五百米左右是陪葬墓群，排列有序，東西四行，每行七座，當地群眾稱為「二十八宿墓」。

圖 2-9　西漢渭陵的風水意象

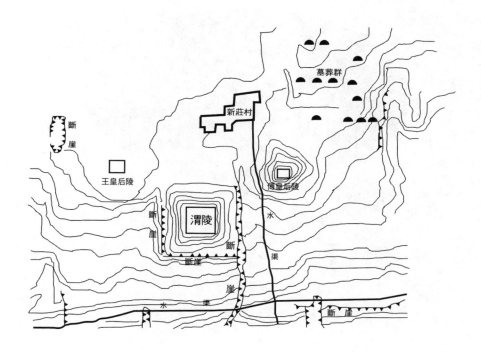

六、仿星學四靈選址模式的形成

　　從秦漢都城和陵墓的選址理念，到司馬遷在《天官書》中對五官以人間事物的命名和圍合的論述，表明了仿星學選址模式，即理想風水模式的形成。在圖 2-10 中可以看出，秦咸陽城和西漢長安城周圍的地形與天空中的四靈是對應的：青龍—秦嶺和黃河，白虎—隴山山脈，玄武—北山山脈和黃土高原，朱雀—秦嶺。當然，在這時形成的四靈選址模式還是比較粗糙的，這是因為沒有

圖 2-10　關中平原地形與星象的對應

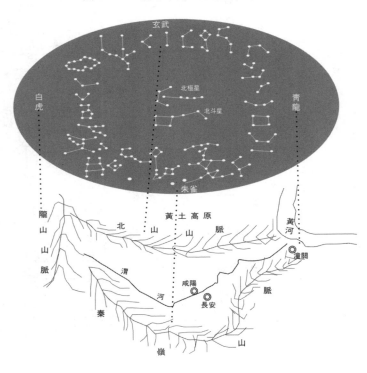

體現《天官書》中南官朱雀之首有水，即門前有水的思想，也就是說沒有體現風水理論中的「朱雀翔舞」，渭河沒有起到朱雀的作用。

　　在東漢都城洛陽的選址中，除了洛河和伊河的流向問題外，非常符合四靈仿星學選址模式（圖 2-11）。其中，洛陽比擬為紫微垣；嵩山等南北向的山形成青龍，並扼虎牢關天險；秦嶺向北延伸的山脈形成白虎，有函谷關天險；邙山與黃河形成玄武；洛河和伊河是朱雀；伏牛山是案山，與伊河形成伊闕關，形成了天地人合一的對應關係。當時對山脈的認識已形成了「三條四列說」，這些山脈正是後世風水師所說的龍脈[36]。長安和洛陽周圍的地形屬於「三條四列說」中的北條和中條。儘管這時已有了龍脈、王氣等理念，但還沒有把崑崙

山與這些山脈聯繫起來。此外，洛陽城不同於西漢長安城「坐西朝東」的佈局，而是「坐北朝南」的佈局，從此以後的都城基本上都採用這種坐向[37]（圖2-12）。這是在宏觀上體現了仿星學原則在城市規劃中的應用，具體到微觀上住宅的規劃也是如此。東漢末年思想家仲長統認為理想的住宅應該是這樣的：「使居有良田廣宅，背山臨流，溝池環匝，竹木周布，場圃築前，果園樹後……如是，則可以凌霄漢出宇宙之外矣。豈羨夫入帝王之門哉！」[38]可見，仲長統對民居的選址要求也是符合仿星學原則的。《葬經》中所說的「玄武垂頭、朱雀翔舞、青龍蜿蜒、白虎馴俯」就是對這種模式實踐的總結。從此以後，關於城市、村落、陵墓、園林等都是根據天人合一哲學理念指導下的仿星學原則規劃的，但由於在現實的自然環境中很難找到這麼理想的條件，於是就對這種模式進行了發展。儘管在先秦時期的城市選址也是山水圍合的形式，但僅是實踐經驗的總結，還沒有上升到天人合一的層次。

圖 2-11　東漢洛陽城與仿星學原則的形成

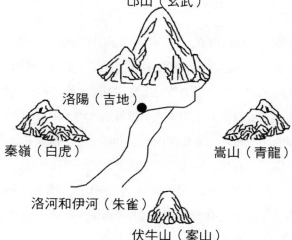

邙山（玄武）

洛陽（吉地）

秦嶺（白虎）　　　　嵩山（青龍）

洛河和伊河（朱雀）

伏牛山（案山）

圖 2-12　坐北朝南的東漢洛陽城

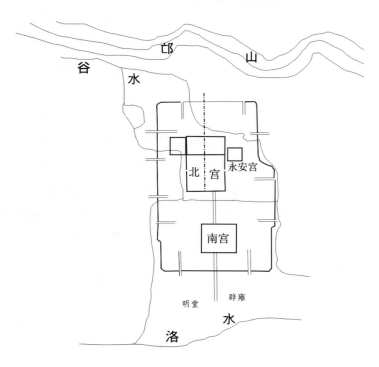

西漢末年五嶽地理方位的確立，特別是中嶽嵩山的確立，是仿星學選址模式完善的一個重要原因。五嶽之名早在先秦就出現了，但因諸侯割據，除東嶽泰山外，其他四嶽的名稱、實體與方位呈不確定狀[39]。西漢神爵元年（公元前61 年），五嶽之名落實到具體的實體：「東嶽泰山於博，中嶽泰室於嵩高，南嶽潛山於潛，西嶽華山於華陰，北嶽常山於上曲陽。」[40] 劉秀定都洛陽的原因有很多，洛陽因中嶽嵩山而被視為天下之中應該是一個重要的原因，因為定都於天下之中可以掌控四方。「中華」稱號的出現也與仿星學原則有關。「中華」的「中」指的是洛陽是天下之中，「華」指的是關中平原東部的西嶽華山。隨着仿星學原則的形成和完善，「中華」遂成為中國的代稱。

七、張良廟的規劃和石獅子

　　張良廟地處距離陝西省留壩縣城十七公里的紫柏山下，相傳漢初三傑張良功成引退之後在此修仙學道。東漢末年，張良的十世玄孫、「五斗米道」的領袖漢中王張魯在此為其修建祠堂，因張良曾被封為留侯，故名為留侯祠。

　　或許當年張良不但在現在張良廟所處的山坳中修煉，還在紫柏山的山頂上修煉，致使在山頂上和山坳中都建有留侯祠。因通向山頂祠堂的道路陡峭，清道光年間在山坳中擴建了新廟，也就是今天的張良廟。因此，從張良廟的形制可以看出東漢末年人們的風水眼光。

　　在選址上，張良廟位於柴關嶺南麓和紫柏山的東南方，兩山的圍合形成了玄武、青龍、白虎。源於柴關嶺的一條河流和源於紫柏山的一條河流不但形成了朱雀，而且對張良廟又形成了一種圍合。大門朝東，有紫氣東來之意。因此，這非常符合仿星學的選址原則。

　　此外，位於大殿院門口的兩個石獅子很特別，與我們平時在公司、政府等單位門口見到的不一樣（圖2–13）。平常的擺放是左青龍、右白虎的格局，左邊踩着圓球的是雄性，象徵着權力；右邊踩着小獅子的是雌性，象徵着子孫延綿不斷。而這兩個石獅子都是踩着圓球的，這是為甚麼呢？從這兩個石獅子的造型和被侵蝕的樣子，可以斷定它們應該是東漢時期的遺物。

圖 2−13　張良廟內的石獅子

　　獅子是隨着張騫出使西域後傳入我國的。由於獅子長相威武，於是就用石獅子放在門口鎮宅辟邪。在當時都是踩着圓球的，因為漢中武侯墓大門前的一對石獅子也是踩着圓球的。而諸葛亮去世距離東漢不過幾十年，因此也是遵循着東漢末年的傳統。

　　筆者通過仔細觀察這兩個石獅子後，發現從石獅子的背後看，可以發現它們生殖器的不同。左邊的石獅子是凸出的，應該是雄性的睾丸；右邊的是凹陷的，應該是雌性的生殖器（圖 2−14、2−15）。至明清時期石獅子的造型才成定局，右邊的圓球換為活潑可愛的小獅子，可能是圓球太生硬、缺乏親和力的緣故。

圖2-14 張良廟內的雄性石獅子

圖2-15 張良廟內的雌性石獅子

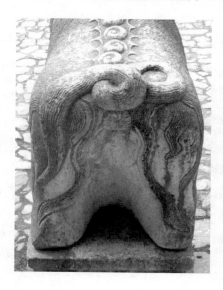

八、秦漢時期的風水思想和風水家

關於秦漢時期的風水論著，秦代有朱仙桃的《搜山記》，漢代有《堪輿金匱》、《宮宅地形》、《神農教田相土耕種》等，可惜這些作品都沒有流傳下來。因此，這時期的風水理論除了前面論述的仿星學選址模式和門前擺放石獅子外，關於其他的風水思想皆散見於史籍中。下面簡要介紹當時的風水思想和風水家。

1. 《黃帝內經》中的風水思想

《黃帝內經》中豐富的風水思想對風水理論的形成有重要的指導意義。具體來說，主要體現在以下兩個方面。

第一，提出了氣的理念。《黃帝內經》中篇目與氣有關的達十九篇之多，如《四氣調神大論》、《生氣通天論》等，因此書中關於氣的表述隨處可見。於是，有學者將這些氣分為同類之氣和異類之氣：同類之氣是指自體存在的主體和主導自然、客觀規律的氣，以及在此進程中所演化來的那些氣；異類之氣是指自體存在的氣的主體部分以外的氣，以及由主體部分的氣運化異常或異常氣運化所產生或形成的氣[41]。

第二，提出了九宮的概念。九宮本來是中國古代數學家發現的一個有趣的數位排列方式，被讖緯家利用，與八卦相配，空出一個「五」為中心，宣稱「太一行九宮」，於是成了一個神秘的概念。這個概念又為道教和風水文化所吸收，使這個圖式變得更加複雜。

2. 《淮南子》中的風水思想

第一，提出了元氣的概念。《淮南子》構築了以老子自然觀為基礎，並以陰陽、四時、五行為框架的宇宙圖式，因而具有唯物主義的傾向[42]。天地在形成之前，只是一種飄忽不定的氣，這個階段是「太昭」。由太昭進一步發展就是氣分化，「清陽」之氣因比重小而上升化為天，「重濁」之氣因比重大而下沉化為地。然後，再由天地產生陰陽、四時和萬物[43]。這種氣就是元氣。《淮南子》的元氣思想被董仲舒所接受後，不但成為風水文化中，也是哲學、醫學、天文學等領域非常流行的思想。由天地產生的陰陽二氣相互交融，「被德含和」，悠然暢遊在宇宙之中[44]。四時、萬物就是在這種和諧狀態下產生的。

第二，修仙和靈魂不滅的思想。由於劉安的門客中有大批為他煉製長生不老丹藥的方士，因此在《淮南子》中就不可避免地有神仙方術和靈魂不滅的思想。《淮南子》講述了王喬、赤松子通過養性、養生而成仙的故事，告訴人們選取吉地可以修煉成仙。成仙的方式是「抱素守精，蟬蛻蛇解」[45]。成仙後可以「吸陰陽之和，食天地之精」[46]，並「以游玄眇，上通雲天」[47]。因此，喪葬風俗中常把玉蟬放置在死者口中，以蟬脫殼成蟲的自然現象，寓意復活再生的祈願（圖 2–16）。

從「抱素守精，蟬蛻蛇解」的成仙方式看，神，即靈魂，是可以脫離身體而永存的，正所謂「神貴於形也」[48]，因此，神是獨立的，是與生俱來的。

從神不滅的觀念出發，認為神是決定人們禍福的重要因素。「有陰德者必有陽報，有陰行者必有昭名」，「內修極而橫禍至者，皆天也，非人也」[49]。這些思想對鬼福及人的陰宅風水有極大的推動作用，也與後來佛教中因果報應的思想產生了共鳴。

第三，干支與五行、月份發生了配對關係。陰陽五行的結合在《淮南子》中沒有體現出來，但把五行與天干地支相配，並與天象結合，在《天文訓》中

圖 2-16　含於死者口內的玉蟬

卻體現得淋漓盡致。「甲乙寅卯，木也；丙丁巳午，火也；戊己四季，土也；庚辛申酉，金也；壬癸亥子，水也。」此外，還把十二個月分配給地支，寅為一月，卯為二月，辰為三月，巳為四月，午為五月，未為六月，申為七月，酉為八月，戌為九月，亥為十月，子為十一月，丑為十二月。

在《天文訓》中還提出了「六府」的概念。「六府」即子午、丑未、寅申、卯酉、辰戌、巳亥，就是六衝。這是地支首次與五行結合起來，這些都是風水文化的重要理論基礎。

第四，提出了「宅不西益」的理念。所謂「宅不西益」，就是說房子建好後，不要朝西邊擴建。當時的房子大都是坐西向東的，根據「席南向北鄉，以西方為上」的禮節，西面為尊。否則，就是目無尊長。此外，西為玄武、靠山，而靠山是不能動的。《淮南子》記載了春秋時期魯哀公接受「宅不西益」的故事，這是因為若建「西益宅」有三不祥：「不行禮義，一不祥也；嗜欲無止，二不祥也；不聽規諫，三不祥也。」[50]。

此外，還提出了刑德、建除、堪輿的概念。

3.《春秋繁露》中的風水思想

　　《春秋繁露》是董仲舒思想的體現，其風水思想主要體現在以下兩個方面。

　　第一，提出了「厭勝」的概念。「厭勝」作為風水的術語，是由董氏第一次提出來的。「凡天地之物，乘以其泰而生，厭於其勝而死，四時之變是也。故冬之水氣，東加於春而木生，乘其泰也；春之生，西至金而死，厭於勝也。生於木者，至金而死；生於金者，至火而死。春之所生而不得過秋，秋之所生不得過夏，天之數也。」[51] 由五行「乘泰而生」、「厭勝而死」可知，「厭勝」之一就是討厭相勝，引申到日常生活中就是人們喜歡順的，而不喜歡逆的、相剋的。

　　漢代的厭勝主要是為了逃避太歲凶神，以詛咒制勝，壓服人或物，方法是根據五行原理[52]。太歲是先秦時期便於紀年而假想的行星，在漢代隨着風水文化的發展演變為地上的凶神。據漢代《移徙法》記載：「徙抵太歲凶，負太歲亦凶。」[53] 據王充對其的批判可知，包括「南北徙」、「起宅嫁娶」、「移東西」等活動都要避開太歲。公元前 1 年，漢哀帝因太歲正好壓服南方，就讓北來的單于住在了上林苑諸宮中最靠西的蒲陶宮[54]。民間流傳的「太歲頭上不能動土」的說法即來源於此。

　　第二，提出了「土」居中和「黃」為貴的理論。從董氏確定的五行次序中可知，土是居中的，是木、火、金和水的中心和重心。因此，「土者，天之股肱也，其德茂美，不可名以一時之事，故五行而四時者，土兼之也。金木水火雖各職，不因土，方不立，若酸鹹辛苦之不因甘肥不能成味也。甘者，五味之本也；土者，五行之主也。五行之主，土氣也，猶五味之有甘肥也，不得不成。是故聖人之行，莫貴於忠，土德之謂也」[55]。

　　「五行莫貴於土……五聲莫貴於宮，五味莫美於甘，五色莫盛於黃，此謂孝者地之義也。」[56] 由於土所對應的顏色是黃色，因此黃色就成為尊貴的顏色，

並被以後的封建政府確定為皇家專用色。

4.《乾鑿度》中的風水思想

　　《乾鑿度》是西漢末年緯書中保存完好的作品，它發展了先秦八卦的方位學說，並把八卦與五常相配。《乾鑿度》載：「太一取其數以行其九宮，四正四維，皆合於十五。」這個意思說的是《洛書》中的那個方陣。據 1978 年安徽阜陽雙古堆西漢汝陰侯墓出土的「太乙九宮占盤」，天盤是圓形的（圖 2–17）[57]。金春峰先生根據《乾鑿度》的內容把「太乙九宮占盤」進行改造（圖 2–18）[58]，圖中數字的排列就是「戴九履一，左三右七，二四為肩，六八為足」，各個方向的數字相加都是十五。可見，現在《洛書》中的方陣在當時是圓形的，這也符合天圓地方的觀念。

圖 2–17　太乙九宮占盤的天盤

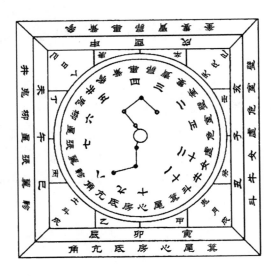

圖 2-18　漢代的九宮圖

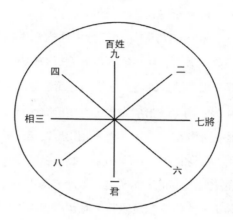

在解釋「太衍之數五十」時，《乾鑿度》認為，十個天干配合為五音，十二個地支配合為六律和六呂，天上還有二十八宿。十加十二加二十八為五十。於是，十五和五十就成為天地人共有的基礎。此外，在孟喜卦氣說的觀點基礎上，《乾鑿度》明確肯定了八卦或六十四卦是一種固定的結構，道德人倫和天地變化都由其決定。

5.《論衡》中的風水思想

《論衡》是王充為駁斥風水文化而寫的著作，因而從中可以看出當時流行的風水思想。

第一，圖宅術和五音姓利說。圖宅術是隨着讖緯的發展在西漢末年興起的一個住宅風水流派，是以神靈預言的形式告訴人們如何擇日建宅。關於圖宅術的內容已佚失，但從王充在《論衡・詰術》中的引述可窺其端倪：「宅有八術，以六甲之名數而第之，第定名立，宮、商殊別。宅有五音，姓有五聲。宅不宜

其姓，姓與宅相賊，則疾病死亡，犯罪遇禍」，「商家門不宜南向，徵家門不宜北向」。由此可知，圖宅術與五音姓利關係密切。

所謂五音姓利，是根據五姓和住宅五行屬性的相生相剋原理來規劃住宅的，即要求戶主的五姓所屬五音與住宅方位的五行屬性相一致。把五姓與五音相聯繫起來的方法是，根據姓氏的發音推斷出是商（金、西）、角（木、東）、羽（水、北）、徵（火、南）、宮（土、中）中的哪一種屬性，然後根據五音所對應的日期和地形開始修建。其中，五音相對應的是五種地形：東高西低之地為角地，徵居之吉；南高北低之地為徵地，宮居之吉；西高東低之地為商地，羽居之吉；北高南低之地為羽地，角居之吉；四方高中央低之地為宮地，商居之吉[59]。例如，中國第一大姓李屬於徵音，應選擇東高西低的地形；徵是南方火，因木生火、火剋金，故大門應朝向生的東方。

第二，關於符鎮。符鎮是理氣風水的重要手法。在漢代出現了三種符鎮的方法，其中厭勝在前面已經介紹過，下面介紹其他兩種[60]。

其一是「解除」。所謂解除，就是為消除災禍而舉行的驅逐凶神惡鬼的祭祀活動。風水著作《移徙法》認為「解除必去凶」，而且「解除之法，眾多非一」[61]。例如，在房屋修建完畢後，做一個象徵鬼神的土偶人，讓巫師禱告，用來禳解土神，這就是「解除」的一種儀式──「解土」。這種儀式逐漸演變為一種民俗流傳至今，現在開工動土前的奠基儀式就是從「解除」發展來的。

其二是鎮墓獸、鎮墓文和買地券。鎮墓獸是古山神的造像，一角者為天鹿，兩角者叫辟邪。鎮墓文即墓地撰文，其目的是為死者安寧和生者平安。買地券又稱券別、地券、地契，是以地契的形式放在墓室中的一種物品，目的是使死者在陰世的生活能夠得到保障（圖 2–19）。

圖 2-19　東漢建初六年的玉製買地券

6. 樗里子是「葬地旺說」的先驅

樗里子是戰國時期秦惠文王的異母弟。由於他在西漢是作為後世陰宅風水師鼻祖的身份成名的，因此把他歸結於漢代風水師的行列。起因是他在戰國時期的預言在漢代實現了。樗里子是秦國的名將，為人滑稽多智，秦人稱之為「智囊」，為秦國的霸業立下汗馬功勞。在他去世之前曾預言：「後百歲，是當有天子之宮夾我墓。」[62] 果然不出他所料，在西漢長安城的佈局中，長樂宮在樗里子墓東面，未央宮在西，武庫正對他的墓。在講究墓葬吉凶的秦代，韓信因選擇「高敞地」葬母而富貴[63]，漢初征西將軍李仲翔因對墓地吉凶不以為然而

戰死在狄道東川[64]。於是，樗里子預言的實現就使以前潛在的「葬地旺說」流行起來。

7. 孟喜和京房

　　孟喜，東海蘭陵人（今山東蒼山縣人），是西漢末年獨樹一幟的易學家。他「得易家候陰陽災變書」，以陰陽災異解說《周易》[65]。在宣帝時，孟氏易被列於學官，與施仇、梁丘賀並稱漢初三大家。據唐僧一行關於孟喜的研究，孟喜是以坎震離兌分別對應四方四時，用二十四爻對應二十四節氣，並根據《月令》加入了七十二侯，占驗吉凶。

　　京房，東郡頓丘人（今河南清豐西南），是西漢今文易學、京氏之學的創始人。他發展了《周易》的象數，提出了納甲、八宮、世應、飛伏、五星四氣等占驗的方法[66]。他以「風雨寒溫為侯，各有占驗」，而且「房言災異，未嘗不中」[67]。所謂納甲，就是把十天干與八卦相配，並與五行、方位相聯繫，其得名因天干以甲為首。方法是乾納甲，坤納乙，甲乙為木，表示東方；艮納丙，兌納丁，丙丁為火，表示南方；坎納戊，離納己，戊己為土，表示中央；震納庚，巽納辛，庚辛為金，表示西方；乾納壬，坤納癸，壬癸為水，表示北方。

　　孟喜和京房撰述很多，但大多佚失，只有《京氏易傳》三卷倖存。關於孟喜的易學思想，只能依靠唐僧一行的研究才能瞭解。他們對於風水的貢獻是把《易經》納入陰陽災異系統，用六十四卦與一年中的每一天相聯繫，用每天的天氣變化作為論述災異的依據。這就把八卦神化了，從而把個人見解依附卦氣的變化即災異提出來。因此，孟喜和京房是探索理氣風水的先驅者。

8. 青烏子和《青烏先生葬經》

青烏子是東漢末年很有影響的風水師[68]，東漢應邵在《風俗通》中有記載。《風俗通》原書二十三卷，現存十卷。而關於青烏子的記載，恰好在遺失的部分。據宋朝陳彭年增訂《廣韻》引《風俗通》稱：「漢有青烏子，善葬術。」金代丞相兀欽仄注釋了《青烏先生葬經》，他在序文中說：「（青烏）先生漢時人，精地理陰陽之術，而史失其名。晉郭氏《葬書》引經曰為證者，即此是也。」由此可知，今傳《青烏先生葬經》是漢時青烏子所作。由於青烏子在南北朝時期的影響很大，因而有很多關於他的文獻。北周庾信在《庾子山集》云：「青烏甲乙之占，白馬星辰之變。」於是，就使風水有了青烏的別稱。

此外，關於秦漢時期的風水思想如擇日、「宅不西益」等在前面已介紹過。在漢代風水還有形法的稱呼。

九、風水文化中神秘色彩的出現

1. 建立在陰陽災異之上天人感應論的過度渲染

儘管武帝「獨尊儒術」，但儒生並沒有佔據政權要津，董仲舒也沒有被重用。武帝也不相信陰陽災異的天人感應，以至於董仲舒講災異差一點被殺。武帝乃至隨後的昭帝崇尚的仍然是「鐵血」統治，這是由諸侯叛亂等嚴峻的政治形勢決定的，致使儒家思想被當作國家的願景。

及至宣帝因陰陽災異論以平民的身份登上皇位，再加上當時嚴峻的政治形勢，必須依靠儒術以緩解矛盾。於是，宣帝大力宣傳災異祥瑞，以至於災異譴

告成了朝廷上下的時髦觀念[69]。例如，在本始元年（公元前 73 年），宣帝下詔因「鳳凰集膠東」而大赦天下。諸如此類的記載在《漢書》之中很多。由於宣帝的示範作用，天人感應的神秘色彩如星星之火，迅速在意識形態佔據主導地位。同時，儒生開始擔任要職，「獨尊儒術」在政權上得到了體現，這對以後歷朝的選官制度產生了深刻的影響。

由於宣帝營造了研究災異的良好學術氣氛，《易經》被納入陰陽災異系統，孟喜和京房就是這方面的翹楚。隨後，著名的經學家、文學家劉向在《洪範五行傳論》中把災異按照五行分類。

總之，由於易卦和五行被引入陰陽災異系統後，為了納吉避凶，這些學說又被應用到城市規劃和建築設計上，因此就使風水文化開始出現了神秘的色彩。

2. 讖緯的氾濫

讖是上帝對人間吉凶禍福的預言。緯是相對於經而言的，是對經書作神學性的解釋，並把這種解釋託付於孔子。讖緯的內容涉及天文、曆法、地理、神靈、災異、文字、驅鬼等。陳勝、吳廣就是用「魚腹丹書」和「篝火狐鳴」的讖語製造輿論而發動起義的，說明讖語在普通民眾中有深厚的基礎。

讖緯之風是西漢末年開始氾濫的。一是由於當時的社會矛盾非常尖銳，反對和忠於劉氏政權的勢力紛紛利用讖緯作為爭權奪利的工具；二是由於陰陽五行被過度渲染，並被用來解釋今文經學，從而使其迅速政治化和庸俗化。於是，讖語和緯書頻出。保存至今的易緯有《乾鑿度》和《乾坤鑿度》。王莽就是利用讖緯篡權的。王莽首先散佈上天用讖文要他代漢，後又利用長安的無賴之徒製造的《天帝行璽金匱圖》和《赤帝行璽某傳予黃帝金策書》，偽託高祖遺命，令王莽稱帝[70]。劉秀也是利用讖緯登上帝位的，並宣佈「圖讖於天下」，把讖

緯定為國憲。因此，讖緯的氾濫使風水文化從此正式穿上了神秘色彩的外衣。

讖緯之風對風水文化的發展起到了巨大的推動作用。其一，是把西漢二百年中的術數思想作了一次整理，使其更加系統化[71]。整理的成果集中反映在緯書《乾鑿度》中。其二，在哲學思想上，發展了元氣論和宇宙生成圖式，認為元氣是神學和自然宇宙生成論的基本觀點，提出了天地和人生以「八卦為體」的新觀點[72]。其三，讖緯用陰陽五行論解釋《易經》、《尚書》、《詩經》、《春秋》、《禮記》五經，並視為天書。儘管有神化之嫌，但在文化和思想領域使其成為主流，推動了風水文化的發展。

3. 王充思想中的神秘色彩

王充（公元 27 至約 97 年），會稽上虞人（今屬浙江），東漢時期傑出的思想家。王充生活的時代，神秘主義盛行，王充在所著的《論衡》中對此進行了批判。在目前的風水論著中，都把王充當作我國歷史上反風水的先驅[73]。誠然，王充的思想充滿了理性的光芒，是思想界的一支清醒劑，但由於王充本身具有的宿命論思想，在對鬼神迷信等神秘主義批判時，又加深了風水文化中的神秘色彩。具體來說，體現在以下幾個方面[74]。

從元氣自然論上看，王充認為天上的日月星辰和地上的一切生物都是由元氣構成的；物種的不同是因構成氣的不同所致，因而氣決定人的命運。鬼怪也由氣形成，是自然產生的，故「鬼神，陰陽之名也。陰氣逆物而歸，故謂之鬼；陽氣導物而生，故謂之神」[75]。因此，王充的元氣論中有神秘主義的成分。

在無神論的批判上，由於方法論的錯誤，在被迷信者反駁時，王充常常感到束手無策。例如，王充提出問題：「今鐘鼓無所懸着，雷公之足無所蹈履，安得而為雷？」迷信者反駁道：「如此固為神。如必有所懸着，足有所履，然

後而為雷，是與人等也，何以為神？」王充只好說：「神者，恍惚無形，出入無門，上下無垠，故謂之神。今雷公有形，雷聲有器，安得為神？如無形，不得為之圖像；如有形，不得謂之神。」[76] 這就等於承認了神的超人性。

從命定論的邏輯推演上，王充認為人的疾病死亡、榮華富貴等都是由氣所決定的，因此「富貴若有神助，貧賤若有鬼禍。命貴之人，俱學獨達，並仕獨遷；命富之人，俱求獨得，並為獨成。貧賤反此，難達難遷，難得難成」[77]。這就徹底否定了人的主觀能動性，把導致人命運不同的氣歸結為神秘的星象：「至於富貴所稟，猶性所稟之氣，得眾星之精。眾星在天，天有其象。得富貴象則富貴，得貧賤象則貧……貴或秩有高下，富或資有多少，皆星位尊卑小大之所授也。」[78] 這種認識後來直接成為星象推命的理論基礎。

總之，王充是以自然論作為批判的武器，他只反對人格神的觀念，而不反對泛神論基礎上的鬼怪觀念。他在《論衡·道虛》中承認神仙的存在，認為凡是能輕舉飛升入雲中的仙人，都是由於飲食與一般人不同的緣故，而食氣就能成仙升天了。這就使反對神秘主義的王充，無意之中加深了風水文化中的神秘主義色彩。後世風水中神秘主義的盛行和氾濫也佐證了王充的失敗。

4. 道教的興起助長了風水的神秘性

漢武帝時期，道教在西漢初年黃老之術興起的基礎上，確立了「道─陰陽─五行」的圖示，「太一」是蘊含了「道」和「陰陽」的最高神，其下又添設了比附五行、物色、五方的神祇[79]。道教的產生不但促進了風水文化的形成，而且加深了風水的神秘性。下面介紹道教中常用的儀式和法器對風水的影響。

符籙是道教中的儀式，是將神力以符號的形式附着在規定的「文字」或圖案上，並書寫在紙、絹、木、石等特定物品上；這是從風水文化中的「厭勝」衍生來的[80]。

　　桃木具有驅鬼避邪的功能，是道教常用的物品。在先秦時期就有在門戶上立桃梗以驅鬼避邪的習俗。到了漢代，就發展到製成桃人或桃符來辟邪。東漢時期，「縣官以臘、除夕飾桃人，垂葦茭，畫虎於門，皆追效前事，冀以禦凶也」[81]。這是用桃木刻神荼和鬱壘以辟邪。東漢許慎注《淮南子·詮言》曰：「鬼畏桃，今人以桃梗徑寸許，長七八寸，中分之，書祈福禳災之辭。」寫上了「祈福禳災之辭」的桃板就是桃符了。反過來，道教中的符籙又被應用到陰宅和陽宅中，成為風水文化的重要內容[82]。例如，在北方農村還保存着春節在大門上方插桃枝的習慣。

　　鏡子是道教中的法器，道士在煉丹和作法時都掛上它，這是因為鏡子的反射功能被認為很神秘。「鏡子是天意象徵」的觀念經讖緯家宣揚而越發神秘[83]。《尚書考靈曜》載：「秦失金鏡，魚目入珠。」[84]即失去了金鏡就會失去天下。而劉邦之所以獲得天下，是因為他「有人卯金刀，握天鏡」[85]。後來，鏡子就被風水文化所吸收，具有鎮宅化煞的作用，成為居家的風水寶物。

　　隨着道教煉丹術的發展，東漢時期已經認識到黃金的性能。《周易參同契》上篇說：「金性不敗朽，故為萬物寶，術士伏食之，壽命得長久。」道教認為吃同類的東西可以相互轉移能量。儘管這個想法在今天看來很可笑，但佩戴黃金首飾和擺放黃金風水物的習俗成為風水文化的重要內容。

注釋

1　本部分關於天人合一思想的研究根據《風水文化在現代城市規劃中作用》和《中國古代風水規劃中的仿星學原則及其啟示》改編。前文是顏廷真2010年5月22日在北京大學城市與環境學院作的講座；後文是顏廷真提交給中國古都學會2010年年會暨古都大同城市文化建設學術研討會交流論文，中山大學曹小曙教授和廣東東莞規劃局楊景勝高級工程師對此文也有貢獻。

2　《史記‧秦始皇本紀》。

3　李澤厚：《中國古代思想史論》，天津社會科學院出版社，2003年，第303頁。

4　《春秋繁露‧官制象天》。

5　《春秋繁露‧必知且仁》。

6　《漢書‧五行志上》。

7　《春秋繁露‧同類相動》。

8　《春秋繁露‧五行之義》。

9　趙文潤：《中國古代史新編》，陝西人民出版社，1989年，第244－245頁。

10　《漢書‧西域傳》。

11　《史記‧大宛列傳》。

12　《後漢書‧班超傳》。

13　據陳遵媯研究，今本《史記》把五官稱為五宮，「宮」字實係「官」字之誤。

14　陳遵媯：《中國天文學史》（第二冊），上海人民出版社，1982年，第264－265頁。

15　《史記‧秦始皇本紀》。以下關於秦始皇的活動，若沒有說明，皆引於此。

16　據陳喜波研究，《詩經‧國風‧鄘風》中有「定之方中，作於楚宮」。《爾雅‧釋天》：「營室謂之定。」《集傳》：「此星昏而正中，夏正十月也。」因此，秦國就以這個天地和合的十月作為每一年的歲首。

17　張文立、宋尚文：《秦學術史探賾》，陝西人民出版社，2004年，第350－351頁。

18　《秦會要補訂》卷十二，中華書局，1959年。

19　俞孔堅：《理想景觀探源——風水的文化意義》，商務印書館，1998年，第25頁。

20　《史記‧蒙恬列傳》。

21　《三輔黃圖》卷一。

22　陳喜波、李小波：《中國古代城市的天文學思想》，《文物世界》，2001年第1期。

23　《水經‧渭水》。

24　楊寬：《中國古代都城制度史研究》，上海人民出版社，2003年，第100頁。

25　辛氏《三秦記》，引自《太平御覽》八百三，中華書局影印本，1995年。

26　張黎明：《漢代的北斗信仰考》，《北京科技大學學報》（社會科學版），2009年第2期。

27　《史記‧封禪書》；《漢書‧郊祀志下》。

28 朱存明：《漢畫像的象徵世界》，人民文學出版社，2005年，第216－217頁。

29 （漢）劉故撰，（晉）葛洪輯：《西京雜記校注》卷3，上海古籍出版社，1991年。

30 以上引自《漢書‧王莽傳》。

31 《史記‧天官書》。

32 盧央：《中國古代星占學》，中國科學技術出版社，2008年，第106頁。

33 陳喜波、韓光輝：《漢長安「斗城」規劃探析》，《考古與文物》，2007年第1期。

34 辛氏撰：《三秦記》，載劉緯毅：《漢唐方志輯佚》，北京圖書館出版社，1997年。

35 李宏濤、王丕忠：《漢元帝渭陵調查記》，《考古與文物》，1980年創刊號。

36 王玉德：《神秘的風水》，廣西人民出版社，2009年，第27－28頁。

37 楊寬：《中國古代都城制度史研究》，上海人民出版社，2003年，第104、127頁。

38 《後漢書‧仲長統傳》。

39 闕維民等：《世界遺產中的中國五嶽》，《人文地理》，2009年第4期。

40 《漢書‧郊祀志》。

41 駱傳祖、劉明智：《試分類〈黃帝內經‧素問〉一書的氣》，《中醫藥理論研究》（人文社會醫學版），2008年第10期。

42 金春峰：《漢代思想史》，中國社會科學出版社，1987年，第221頁。

43 《淮南子‧天文訓》。

44 《淮南子‧俶真訓》。

45 《淮南子‧精神訓》。

46 《淮南子‧泰族訓》。

47 《淮南子‧齊俗訓》。

48 《淮南子‧詮言訓》。

49 《淮南子‧詮言訓》。

50 《淮南子‧人間訓》。

51 《春秋繁露‧天地之行》。

52 何曉昕、羅雋：《中國風水史》，九州出版社，2008年，第83頁。

53 《論衡‧難歲篇》。

54 《漢書‧匈奴傳下》。

55 《春秋繁露‧五行之義》。

56 《春秋繁露‧五行對》。

57 安徽省文物工作隊等：《阜陽雙古堆西漢汝陰侯墓發掘簡報》，《文物》，1978年第8期。

58 金春峰：《漢代思想史》，中國社會科學出版社，1987年，第360頁。

59 李少君：《圖解黃帝宅經》，陝西師範大學，2008年，第114頁。

60 何曉昕、羅雋：《中國風水史》，九州出版社，2008年，第82－83頁。

61 《論衡‧解除》。

62 《史記‧樗里子甘茂列傳》。

63　《史記・淮陰侯列傳》。

64　《管氏地理指蒙》卷四。

65　《漢書・儒林傳》。

66　林忠軍：《象數易學發展史》（第一卷），齊魯書社，1994年，第77頁。

67　《漢書・京房傳》。

68　關於青烏子的身份，有黃帝、商周、秦、漢時的地理學家四種說法，本文因東漢應邵《風俗通》有記載，故認為其為漢人。

69　金春峰：《漢代思想史》，中國社會科學出版社，1987年，第322頁。

70　《漢書・王莽傳》。

71　顧頡剛：《秦漢的方士與儒生》，群聯出版社，1955年，第129頁。

72　金春峰：《漢代思想史》，中國社會科學出版社，1987年，第351頁。

73　洪丕謨、姜玉珍：《中國古代風水術》，上海古籍出版社，2008年，第275−287頁；何曉昕、羅雋：《中國風水史》，九州出版社，2008年，第208−211頁。

74　金春峰：《漢代思想史》，中國社會科學出版社，1987年，第478−484、第490−503頁。

75　《論衡・論死篇》。

76　《論衡・雷虛篇》。

77　《論衡・命祿篇》。

78　《論衡・命義篇》。

79　葛兆光：《道教與中國文化》，上海人民出版社，1987年，第68頁。

80　葛兆光：《道教與中國文化》，上海人民出版社，1987年，第81、97頁。

81　《風俗通義》卷八。

82　亢亮、亢羽：《風水與建築》，百花文藝出版社，1999年，第130−139頁。

83　葛兆光：《道教與中國文化》，上海人民出版社，1987年，第105−106頁。

84　《太平御覽》卷七一七引。

85　《文選》卷五五《廣絕交論》李善注引。

第三章

魏晉南北朝時期風水理論的
鞏固與傳播

人們的地理視野因地圖的繪製和《水經注》等地理著作的出現而擴大。在意識形態領域出現了儒釋道並立的格局，佛教和道教文化對風水理論的鞏固和傳播起了推動作用。管輅和郭璞是當時著名的風水家。鄴城和統萬城的規劃，北魏馮太后永固陵等陵墓的修建，六朝時代南京和溫州的規劃中的風水之美，表明了風水文化在黃河中下游地區的鞏固和在南方地區的發展。此外，山水文學、藝術作品中的風水意境推動了山水園林的發展，使古代旅遊初現端倪。

一、魏晉南北朝人的地理視野

三國鼎立時，三方共同的疆域略比東漢末年稍大。西晉統一後，其疆域大致與東漢末年相當。東晉十六國時期，東晉以江淮以南地區為根據地，與四川的成漢和北方少數民族政權進行拉鋸戰，而北方各國控制區仍不出西晉的北部疆域範圍。南北朝時期，南方仍延續東晉疆域，其中劉宋前期面積最大。北魏統一北方後，面積最大時超過十六國時期任何一個階段北方國土的總面積，但後因分裂而變小。

從版圖的變化看，基本上與漢代類似，但人們的地理知識卻比以前增加了。《晉書·地理志》的內容涉及西晉、東晉和北方十六國，但多是對九州或分州的歷代建置有較多的敘述，偏遠地區極少注明地理資料，以後朝代的地理誌都與之類似[1]。因此，只有從南方新經濟中心的形成和地理圖書的編繪兩個方面來反映人們自然地理知識的變化。

三國時期南方吳蜀政權的建立，促進了南方的發展，並使其有足夠的財力與黃河流域的曹魏政權抗衡，儘管這一時期全國的經濟重心仍在黃河流域。

　　西晉末年的戰亂使中原人民大量南遷，「中州士女避亂江左者十六七」[2]，南遷最遠的到達了閩廣。在南遷的人群中，有很多北方名門大族，他們帶領宗族、賓客等千家萬戶整鄉、整縣、整州同遷，有的把北方家鄉的地名也一同帶來，當然也把北方的風水文化帶來了。同時，他們也帶來了先進的耕作經驗，促進了農業生產的發展。太湖地區已趕上和超過了西漢時農業最發達的關中平原；長江中下游荊州和揚州的發展也與太湖地區類似；長江上游的成都平原雖也為地方割據政權所爭奪，但遭到破壞的程度遠比中原地區小，因而仍被稱為「沃野天府」。於是，位於長江流域的建康、江陵、成都成為全國最繁榮的城市，一個新的經濟中心在長江流域形成了[3]。因此，長江流域農業的開發增加了人們對周圍山水狀況的認識。

　　西晉統一後，為了政治和軍事的需要，使「大晉龍興」得以傳諸萬代，必須重新繪製更為精確的地圖。於是，裴秀組織人馬以《禹貢》為依據，對古代九州的範圍和西晉十六州的山嶽、河流、城邑等考訂，繪製了《禹貢地域圖》十八篇、《地形方丈圖》一副，並創立了「製圖六體」的理論[4]。對於植物分佈的認識，當時已注意到南嶺是薦菁種植的分界線[5]。

　　北魏酈道元以《水經》為藍本撰寫了《水經注》，系統地介紹了黃河、長江、淮河等主要水系一千二百五十二條河流的源流脈絡和水利開發，並以水道為綱，記載了流域的地形、水文、氣候、土壤、植被、城邑、歷史人物、神話傳說等自然和人文概況[6]。

　　此外，還有《三巴記》、《華陽國志》、《丹陽記》等區域地理著作。這些著作開闊了人們的地理視野，增長了人們的地理知識，對於風水理論的發展和傳播具有重要的意義。

二、意識形態中的玄學、佛教和道教與風水

1. 魏晉玄學的出現與風水

　　西漢確立的儒學在東漢末年出現了弊端。一是繁瑣的說經，往往一經之說，就有百萬言的解釋；二是以讖緯附會經書，使儒學變得荒誕離奇。更重要的是，對於漢魏之際動盪的政局，被統治階級奉為圭臬的儒學難以解決思想文化戰線混亂的局面，宇宙觀的天人合一理念受到了挑戰。於是，儒學走向與道結合的玄學化道路，玄學由此成為社會的主要思潮。

　　「玄」字出於《道德經》，是深遠莫測之意。「玄學」之稱約起於西晉，但源於曹魏正始年間。玄學家奉《周易》、《老子》、《莊子》為「三玄」，以道家思想解釋儒家典籍。玄學有三派代表人物[7]。一是曹魏正始年間以何晏和王弼代表的「貴無派」，用道家思想解釋儒家經典，公然對儒家名教的神聖地位提出挑戰。二是曹魏末年以嵇康和阮籍為代表的「放達派」，即竹林七賢，他們批判儒家的名教觀念。三是以裴頠和郭象為代表的「崇有派」，他們批判其他兩派，並調和儒道，維護儒家名教。

　　儘管玄學內部觀點不同，但他們的人生觀是消極和頹廢的，已經喪失了儒家「天行健，君子以自強不息」的進取精神。於是，許多知識分子選擇隱居的生活方式，以追求放達的個性解放。例如，一時「洛陽紙貴」的西晉文學家左思曾說到：「巢林棲一枝，可為達士模」，「何必絲與竹，山水有清音」。知識分子的這種人生觀促進了風水理論的發展，在城市規劃上打破了由宇宙觀天人合一思想決定的仿星學四靈模式的類似嚴格正方形的格局，產生了「道法自然」的園林佈局，這也是對儒家名教神聖地位的批判和發展。此外，後世風水理論中把「玄」字形作為理想的朱雀形狀，也是受了玄學的影響。

此外，受西漢天人合一宇宙觀的影響，特別是中醫理論的啟示，把大地山川比擬為人體。「地以名山為輔佐，石為之骨，川為之脈，草木為之毛，土為之肉。三尺以上為糞，三尺以下為地。」[8] 受上古神話傳說的影響，認為昆侖山以北地下有八玄幽都；泰山是天帝之孫，主召人魂魄，可知人壽命長短。

2. 道教的形成與風水

東漢中後期，由先秦發展演化來的黃老道家思想與民間的太平道和五斗米道相互融合，形成了傳統道教。由於它一開始就是農民的宗教，因而在民間迅速發展起來，東漢末年的黃巾起義就是依靠太平道組織起來的。其教義是讓人永遠地享樂，要錢它能點石成金，要女人它能教你房中御女合氣之術。於是，隨着玄學的興起，從下層百姓到士族大姓信奉道教的人很多，葛洪和寇謙之是主要代表人物。特別是葛洪所著的《抱朴子》一書把道教和儒學結合起來，因而被歷代統治階級奉為道教經典。因此，道教的形成和發展為風水文化提供了新鮮血液。下面以風水中常用的鏡子、壽桃和寶劍為例說明與道教的關係。

鏡子的功能比在東漢時期得到了發展。從鏡子有可鑒物並發射光線的功能，認為鏡子是「金水之精，內明外暗」，人們想像出來的鏡子可以控制危害人的鬼怪，並反射不好的煞氣。葛洪在《抱朴子內篇》卷十七記載，妖魔鬼怪能變為人形來害人，但在鏡子面前就會現出原形，於是入山的道士都在背後掛上一面鏡子，以防備他們的侵襲。

道教從桃木可辟邪的功能出發，認為蟠桃是「久服之身輕有光明，在晦夜之地如月出也，多服之則可以斷穀」[9]，即能成仙。因此，蟠桃就成為風水文化中長壽的象徵，被稱為「壽桃」。

佩劍也是道教文化的產物。據說漢高祖劉邦是手提寶劍斬蛇起兵而得天下的，於是寶劍就成了天意的代表。得之就能得天下，失之就會失天下。例如，在

西晉惠帝時，曾被劉邦使用過的寶劍卻變龍飛騰而去，於是天下大亂；而這時崛起的劉曜，在隱居時曾有一童子贈送給他一把寶劍，於是他就當上了皇帝[10]。於是，寶劍就成了道士的法器，用來驅鬼辟邪就順理成章了。葛洪在《抱朴子內篇》卷十七記載了「涉江渡海避蛟龍之道」的方法，是佩了寶劍就能使「蛟龍、巨魚、水神不敢近人」。因為劍是神旨和威力的雙重象徵，所以它就成為了家居風水的擺件，人們常常把它掛在客廳以辟邪。由於劉邦是軍人出身，而且劍有殺氣，因此在現代家居風水中，只有軍人、警員等方可在家中掛劍。

3. 佛教的形成與風水

佛教是東漢時期從印度經西域傳入中國的。佛教主張慈悲為懷，清靜無為，與老莊道家思想頗有互通之處。因此，佛教在剛傳入時，是融合了老莊思想扎根的，後來隨着魏晉以來時代風尚的變化而崛起，並在南北朝時期形成了與儒道兩家互補的文化格局。佛教文化中守護的靈物——龍、龜、虎或獅子、孔雀與風水中的四靈有異曲同工之處。因此，佛教的發展不但使道教理論趨於完備，也為風水的傳播提供了新的生機，特別是寺廟的選址、佈局和建築都是在風水文化的指導下完成的。下面就風水擺件中的如意和石獅子舉例說明。

如意，梵語稱阿娜律，是從印度傳入的佛具。據說是僧侶在講道時，常把要點記在上面，以備遺忘。在中國製作的如意具有兩種功能，一是用作癢癢撓，二是文官上奏時寫上備忘的笏，因使用方便而得名。隨着道教的興盛，把象徵祥瑞的靈芝和祥雲元素納入其中[11]。魏晉南北朝時期，如意得到了普遍的使用，成為了帝王及達官貴人的手中玩物。在明清時期，如意從實用品演變為風水擺件。

獅子是隨着張騫出使西域後傳到我國的，因相貌威武而在門前放置石獅子辟邪。佛教傳入中國後，因據說佛祖出生時作獅子吼狀和文殊菩薩的坐騎是獅

子，獅子就被尊為靈獸，成為鎮宅辟邪的動物。於是，石獅子的形象隨着佛教的興盛逐漸融入到風水文化中。此外，安置石獅子的台座被稱作須彌座，須彌即須彌山，是印度古代傳說中世界的中心。

此外，因道教和佛教深受統治者的推崇，致使寺觀建築很多，如東晉全國有一千七百六十八座寺廟，北魏全國有三萬座寺廟[12]。俗話說「天下名山僧佔多」，寺觀都是建在風水寶地上的。

始建於西晉北京門頭溝區的潭柘寺就處在一個典型的風水寶地中。它是佛教傳入北京後修建最早的一座寺廟。原名嘉福寺，因寺後有龍潭，山前有柘樹，又得名潭柘寺。潭柘寺背靠寶珠峰，周圍有九座高大的山峰拱衛環護，圍成了一個半圓形的馬蹄形，可謂是「一峰當心，九峰環立」。潭柘寺在北京歷史上佔有重要地位，民間素有「先有潭柘寺，後有幽州城（北京城）」之說。據說明代修建北京城時，設計師姚廣孝就從潭柘寺的建築和佈局中獲得了不少靈感，如坐北向南的佈局、模仿大雄寶殿修建太和殿等。

此外，佛教徒中的很多高僧都是學識淵博、思想深邃之人。他們為了把深奧難懂的佛經變得通俗易懂，不但擁有豐富的五經、四史和諸子百家的知識，還具備很高的文學修養和藝術欣賞能力。例如，東晉名僧支道林不僅是《莊子》學說的權威，具有玄談家的風範，還是文壇上的寵兒，謝安、王羲之、許珣等當代名流都曾與他遊山玩水[13]。

三、風水宗師管輅和郭璞的傳奇故事

儘管戰亂頻仍和社會動盪的局面導致民不聊生，但是人們的思想和精神獲得了極大的自由和解放。想說甚麼就說甚麼，想幹甚麼就幹甚麼，沒有人管你。

春秋戰國是這樣，魏晉南北朝也是如此，因此促進了包括風水在內的文化、藝
術獲得了極大的發展，從而為風水走向興盛奠定了基礎。幾次大規模的移民促
進了漢文化的傳播，而漢文化的傳播過程也就是風水文化的傳播過程。於是，
在這樣的背景下誕生了管輅和郭璞兩位帶有傳奇色彩的風水宗師。

1. 魏國的管輅

　　管輅（公元 210–256 年），字公明，今江蘇徐州人，三國時期魏國著名的
風水家。在八九歲時就喜歡觀測天象、研究術數，成年後因精通占筮、相地而
被後世奉為風水宗師。管輅一生著述甚豐，主要有《周易通靈訣》二卷、《周
易通靈要訣》一卷、《破躁經》一卷、《占箕》一卷。由於管輅名氣太大的緣
故，晚唐作品《管氏地理指蒙》托其名下。因此，民間流傳了他許多相人、相
地的傳奇故事 [14]。

　　據說管輅在列人典農王弘直家裡看到從申位吹來一股高三尺的旋風，在
院子裡晃動了一會就停下來。於是，王弘直就問管輅這預示着甚麼。管輅說
不久從東方將有馬吏至，恐怕父親要哭兒子。次日，膠東吏來報王弘直之子
去世。王弘直問他原因，管輅說：「那天是乙卯日，是關於長子的徵候。木
落於申處，斗建申，申破寅，這是死喪的徵候。日到中午起風，這是馬的徵
候。離為文章，這是官吏的徵候。申未為虎，虎為大人，這是父親的徵候。」
有雄野雞飛來，棲息在王弘直裡屋的鈴柱頭，王弘直因這事很不安，讓管輅
算卦，管輅說：「到了五月您必定升遷。」當時是三月，到了那時，王弘直
果然當上了渤海太守。

　　毌丘儉是三國時期魏末名將，他在發動反對司馬師的兵變失敗後被殺，
並被誅滅三族。據說管輅隨大軍西行經過毌丘儉之墓時，「倚樹哀吟，精神
不樂」。別人問他是甚麼原因，他說：「林木雖茂，無形可久，碑誄雖美，

無後可守。玄武藏頭，蒼龍無足，白虎銜屍，朱雀悲哭，四危以備，法當滅族。不過二載，其應至矣。」後來，果然應驗。管輅對於毌丘儉墓地四象的預言應該源於漢代仿星學的四靈格局，並為《葬書》中四象地形說的形成奠定了基礎。

2. 晉代的郭璞

郭璞（公元 276–324 年），字景純，河東聞喜縣人（今山西省聞喜縣），晉代著名的文學家、訓詁學家，曾注釋《爾雅》、《方言》、《楚辭》、《山海經》等典籍。西晉末年戰亂將起，郭璞躲避江南，歷任宣城、丹陽參軍。晉元帝時期，升至著作佐郎，遷尚書郎，又任將軍王敦的記室參軍。公元 324 年，力阻駐守荊州的王敦謀逆，被殺，時年四十九歲。郭璞因精通堪輿之學，晚唐作品《葬書》曾托其所著，因而被後世尊為風水祖師，在民間留下了許多占卜、相地、選址的傳奇故事 [15]。

郭璞避亂時來到廬江太守胡孟康家裡做客，當時江淮一帶人民安居樂業，因而胡孟康無心南渡。郭璞通過占卜認為廬江必將面臨戰亂，但胡孟康不相信。不久，郭璞愛上了胡孟康家裡的婢女。他為了把她弄到手，就在胡府周圍撒豆，並作法使胡孟康產生有數千人圍攻其宅的幻覺。於是，胡太守急忙找郭璞幫忙。郭璞建議他盡快把這個婢女低價賣到東南二十里外的地方，方可平安無事。郭璞暗地裡派人把此女買下，並作法收回小豆。過了幾個月後，廬江果然淪陷。

在司馬睿鎮守建鄴時，王導請郭璞占筮，得咸卦之井卦。郭璞解釋道，東北方向帶有「武」名的郡縣可得到銅鐸，西南方向帶有「陽」名的郡縣井水會沸騰。不久，「晉陵武進縣人於田中得銅鐸五枚，歷陽縣中井沸，經日乃止」。

郭璞在為母親尋找墓地時，發現暨陽「去水百步許」的一塊地是風水寶地。

有人認為墓地離水太近,將會被水淹沒。而郭璞預測水將退去,後來果然如郭璞所言,「去墓數十里皆為桑田」。

此外,史籍中還記載了郭璞為城市選址的故事,如下文論述的溫州城的選址。郭璞是北方人,但他的傳奇故事大多都發生在江浙一帶,這說明了風水文化在南方的傳播。

四、風水文化在黃河流域的鞏固與發展

東漢末年軍閥混戰的結果形成了三國鼎立的局面。曹操統一了黃河中下游地區,並收降了北方遊牧民族烏桓。曹魏先建都於鄴城,後遷都於洛陽。曹魏政權重儒尊道,鞏固並發展了產生於黃河流域的風水文化。在西晉滅亡以後的一百三十年間,進入中原的匈奴、鮮卑、羯、氐、羌等民族在黃河流域先後建立過二十三個政權。他們尊孔重儒,學會了風水文化。例如,北魏孝文帝「生於平城紫宮」[16],表明北魏都城平城是仿照紫微垣修建的。孝文帝親政後,因洛陽風水極佳,遂遷都於此。下面以曹魏鄴城、統萬城和北魏永固陵為例說明風水文化在實踐中的運用。

1. 鄴城的規劃

鄴城位於今河北省臨漳縣內,是東漢末年以來黃河下游地區因戰亂割據而興起的政治中心。公元 204 年,曹操佔領鄴,因有據以為都之意,故着力經營。接着,曹丕定其為五都之一。由於鄴城是服從戰爭的需要而修建的,因此它是隨機應變、不按舊制的創新性規劃。儘管其風水區位不能與長安和洛陽相比,

但在曹操等人的經營下，也形成了頗具特色的風水區位。

從選址上看，鄴城所在地區是太行山餘脈丘陵向平原過渡的地段，因漳水等河流的沖刷，形成了一條寬十至十五公里的沖積洪平原。鄴城是太行山東麓南北大道上的重要交通樞紐，太行山諸孔道之一的滏口陘就是鄴的西大門和後方退路[17]，陸路交通發達，因而人氣很旺。正如左思《魏都賦》所說：「旁極齊秦，結湊冀道，開胸殷衛，跨躡燕趙。」但在戰爭年代，陸路運輸不如水運安全。於是，曹操就開挖了很多水渠，不但解決了因地下水位較高引起的土壤鹽鹼化問題，還使鄴城擁有了良好的風水區位（圖3–1）。從微觀風水區位上看，鄴城位於北部漳水弓內的吉地，弓的形狀就是玄武、青龍和白虎的組合，其他三面平原上的河流構成了朱雀。從宏觀風水區位上看，漳水是玄武，太行山是白虎，利漕渠—白溝是青龍，洹水、淇水、清水是朱雀。

圖3–1　鄴城的風水區位

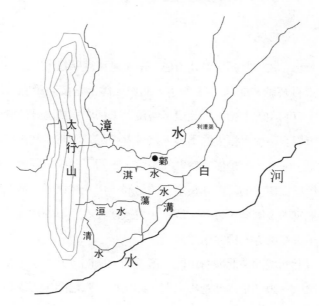

圖 3–2　鄴城的風水意象

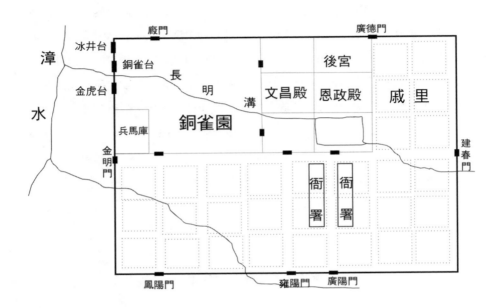

　　鄴城有南北二城，北城是曹魏所建，南城是東魏所建。下面只對北城佈局的風水文化進行解讀。如圖 3–2 所示，北城大體上是按照禮制原則佈局的。平面呈矩形，有明顯的中軸線，改變了兩漢以來都城宮殿區分散的佈局，對隋唐以後的城市規劃產生了很大的影響。據《鄴中記》等載，其規模是「東西七里，南北五里」。五、七是僅次於九的陽數，表明了曹操有稱帝之心。鄴城的創新規劃在於一反傳統的「前朝後市」的格局，用一條東西大道把城市分為南北兩部分，把宮殿、園囿、貴族、戚里（貴族居住區）等安排在北部，而把普通居民區、手工業區等安排在南部。

　　鄴城共有七個城門。北城有廄門、廣德門兩個門。北屬水，為玄武，故建二門，二為陰數。廄門是馬匹進出之門，即出征作戰之門，有肅殺之氣，連接

着銅雀園和西部練兵的玄武園。明清北京城安定門的含義即源於此。廣德門源於老子「上善若水」和孔子「水有五德」之言，有「以水為德」之意。南有鳳陽門、雍陽門、廣陽門三個門。南屬火，為朱雀，故建三門，三為陽數。三個門都有「陽」字，以壯軍民之士氣。鳳陽門有朱雀鳳凰之意。東為建春門。東屬木，主生發，代表春天。西為金明門。西屬金，顏色尚白，故亦稱白門[18]。

位於西北部的銅雀園是城內最重要的皇家園林，屬乾。銅雀台、金虎台和冰井台位於銅雀園的西北部，是乾中之乾，因而是鄴城的地標性建築。三台具有重要的軍事防禦作用[19]。冰井台在北部，屬水，內有冰、井。金虎台取「白虎」之名，有壯軍威之意。石虎佔領鄴城後，因避諱改名為金鳳台，而鳳是南朱雀。銅雀園外是玄武園，再向西就是太行山的重要孔道——滏口陘。曹魏引漳水從銅雀台入城中，稱之為長明溝，比擬為銀河，寓意水從天門來。

曹魏統一北方後，因洛陽的風水區位的確優於鄴城，因此在魏文帝曹丕稱帝後不久就移都洛陽，但鄴城仍為曹魏的陪都之一。後來，後趙、冉魏、前燕、東魏和北齊也定都於此。對割據軍閥來說，它是自保和擴張的根據地。

2. 統萬城的規劃

統萬城是十六國時期匈奴人赫連勃勃所建大夏國的都城，其遺址位於陝西省靖邊縣最北端的紅柳河（無定河）畔，處於毛烏素沙地和黃土高原的過渡地段，屬農牧交錯帶。筆者在十一年前參加了北京大學組織的對北方脆弱生態帶環境變遷研究的考察隊，目睹了統萬城遺址只有殘垣斷壁，周圍是流動和半流動的沙丘。統萬城的設計者匈奴人叱干阿利在規劃上充分吸收了中原的風水文化，並融入了本民族的文化，使得統萬城顯出了迷人的風水魅力。

在選址上，統萬城周圍大的地理格局是「背名山而面洪流，左河津而右重塞」[20]。「名山」是玄武，「洪流」是朱雀，「左河津」是青龍，「右重塞」

是白虎，這體現了仿星學選址原則的四靈模式。但因匈奴習俗是「以東為上」，因而此格局是「面東背西，左北右南」，是對「坐北朝南」格局理想風水模式的發展（圖3-3）。具體來說，「名山」玄武是寧夏與內蒙古交界的南北向山脈，史稱木根山；「洪流」朱雀是東側的紅柳河和遠處的黃河；「左河津」青龍是大夏疆域北部黃河東西轉向南北流的河段上的渡口，而最具有戰略意義的渡口是君子津（今內蒙古清水河縣喇嘛灣）；「右重塞」白虎是南部白於山、子午嶺等山脈和古長城上的重重城池要塞[21]。從統萬城周圍的微地形來看，它位於毛烏素沙地自然條件較好的低濕灘地及河谷地區，是「臨廣澤而帶清流」[22]、「土苞上壤」[23]。

圖3-3　統萬城的風水意象

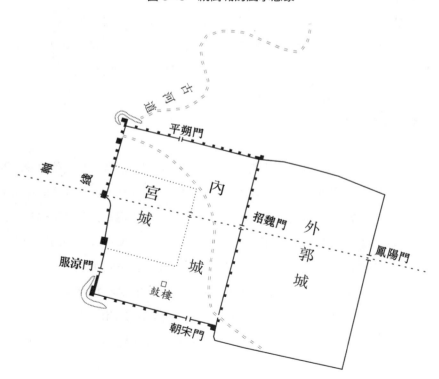

在佈局上，統萬城的佈局理念是「遵七廟之制，崇左社之規，建右稷之禮，御太一以繕明堂，模帝坐而營路寢，闉闍披霄而山亭，象魏排虛而嶽峙，華林靈沼……若紫微之帶皇穹」[24]，體現了禮制和仿星學的原則。從禮制原則看，內城和外城都呈長方形，並有護城河環繞；有一條東西向的中軸線，宮殿、路寢、社稷、鐘鼓樓是沿着這條軸線依次佈置的；四個城門的名字也體現了「遠交近攻」的外交策略，南門是低姿態的「朝宋門」，有「朝觀宋朝」之意，體現了赫連夏在漢化過程中仰慕劉宋禮儀、制度的文化心理，而其他三門命名為充滿火藥味的「招魏門」、「平朔門」、「服涼門」，矛頭直指北魏、南北涼和遠居漠南的柔然。從仿星學原則看，「模帝坐而營路寢」、「若紫微之帶皇穹」就是體現了「法天」的「遠取諸物」的原則。「模帝坐而營路寢」指的是模仿北極星的帝星來營造帝王的路寢；「若紫微之帶皇穹」一指的是仿紫微垣營造皇宮，二指的是內城西牆曲折的形狀和相間點綴的敵台、角樓來象徵天上的北斗星座[25]。此外，現已消失的穿越內城的古河道比擬為天上的銀河。

3. 陵墓的規劃

魏晉南北朝時期，由於政局動盪，社會秩序混亂，漢代的許多大墓被盜，所以帝王的墓葬也發生了變化[26]。曹魏時期因社會動盪陵墓屢被盜挖，就廢棄了陵寢制度，因此導致這一時期的陵墓少有發現，並影響了西晉陵墓的修建，被炒得沸沸揚揚的安陽曹操墓就是這個原因造成的。為了防止陵墓被盜挖，東晉的帝陵大多修建在半山腰的南麓，鑿挖墓穴，並不起墳。南朝的陵墓大體上沿襲東晉的制度，在山麓、山腰修建，即使起墳也不太高。但令人矚目的是陵墓的方向是根據山川形勢而定的，在陵前的神道上常放置了一對石麒麟（圖3-4）[27]或石辟邪，或一對石柱和石碑。在北方入居中原的少數民族仍沿用其風俗，多數採用潛埋方式而不起墳。

圖 3-4　南朝齊武帝景安陵前的石麒麟

　　北魏統一北方後，實行漢化政策，於是出現了一套鮮卑文化和漢族文化相
結合的陵墓制度。位於山西大同市鎮川鄉西北西寺兒梁山（北魏時稱方山）
的永固陵是北魏馮太后的陵墓（圖 3-5）[28]。方山山體高大平緩，海拔高度
一千四百二十七米，山頂呈南北向長條形，開闊平坦，東南西三面為陡崖。北
部的長城是玄武，西部御河是白虎，東部萬泉河是青龍，萬泉河外的采梁山是
外青龍和案山，位於前方山下的靈泉宮池是朱雀。陵園的方向是隨着山水的地
勢而定的，依山面水，其地理位置顯然深受風水文化的影響[29]。永固陵遺址位
於山頂的南部與中部。

　　萬年堂、永固陵、永固堂、思遠靈屠、靈泉宮池位於南北向的中軸線上，
這是受漢文化影響的結果。萬年堂即壽陵，屬於陪葬墓的性質。永固陵底方上
圓，高為 22.87 米。永固堂是祠廟。思遠靈屠是一座千佛堂，這是受佛教文化
影響的結果。

圖3-5　北魏永固陵的風水意象

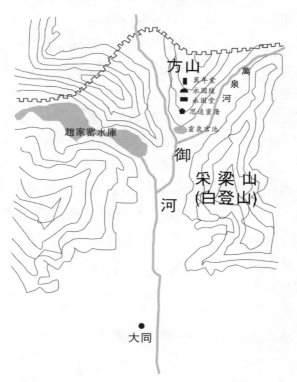

五、風水文化在南方的傳播

　　南方的人們在先秦時期就有「信巫鬼，重淫祠」[30]的習俗。這是因為他們遠離黃河流域的中原主戰場，較好地保留了殷文化的日神、山嶽等崇拜，因此早在春秋時期吳都和越都的城市佈局分別採取了仿生學和仿星學的原則。戰國時期楚國天文學發達，不但把北極星稱為太一（還有太乙、泰一等稱謂），把

它搬到天皇大帝的位子上，還出現了著名的星占家甘德。而北方的國家一般稱之為極星、北極或北辰[31]。這個太一神後來被漢武帝尊為天上的主神。江南文化中的神有兩個譜系[32]。一是在屈原《九歌》中描述的以天地為坐標系列安排諸神的形式。在萬神之神東皇太一之下有雲中君、大司命、少司命、東君天上四神和河伯、湘君、湘夫人、山鬼地下四神。另一個是以方位為坐標來安排的形式。在《山海經》中有南方祝融、東方句芒、西方蓐收、北方禺疆。

三國時期，劉備重用有道家文化背景的諸葛亮，在成都建立蜀漢政權。諸葛亮七擒孟獲，平定了南中的西南夷，促進了當地經濟發展。孫權聽從了諸葛亮關於建業（南京）是風水寶地的建議，遂建都於此，並征服了散佈在江南山區中的山越人。三國鼎立局面的形成，南京和成都成為風水文化在南方傳播的網點。西晉末年的戰亂使中原官民士人大量南遷，又大大提高了南方人的風水素養。南方濕熱的氣候使人易患病，因此對於風水選址更加重視。下面以南京和溫州為例說明風水文化在南方的傳播。

1. 六朝時代南中國的首都——南京的規劃

在東吳孫權遷都南京之前，此地曾出現過幾個規模較小的城邑。先秦時期南京地區的地位並不重要，因此吳國的冶城只是一個頗具規模的手工業作坊，越國的越城和楚國的金陵邑只用作軍事據點。秦漢時期經濟得到了發展，在此設置秣陵等縣[33]。三國時期，孫權最初在京口（鎮江）建都。諸葛亮到南京拜會孫權時，看到南京周圍的地形，認為是一個絕佳的風水寶地，禁不住驚歎：「鍾山龍蟠，石頭虎踞，此帝王之宅。」[34] 公元前 212 年，孫權遂遷都於此，改秣陵為建業，取建功立業之意。晉滅吳後改稱建鄴，後又避晉湣帝司馬鄴之諱，改稱建康（圖 3–6）。東晉和南朝皆定都於此，但變化不大。

選址上，根據諸葛亮對南京地勢「虎踞龍蟠」的評價，很顯然深受道家思

圖 3-6　六朝時期南京的風水意象

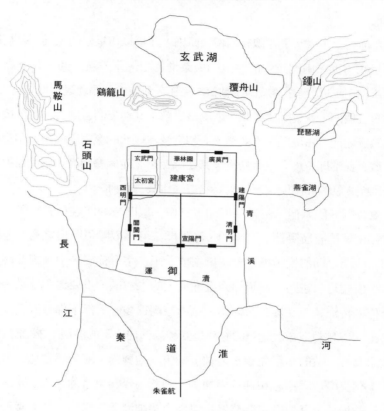

想影響的諸葛亮具有深厚的風水素養。北部的雞籠山、玄武湖、覆舟山一線形成了玄武，東部的鍾山、琵琶湖、燕雀湖一線形成了青龍，西部的馬鞍山、石頭山、長江一線形成了白虎，南部蜿蜒的秦淮河是朱雀。

　　此外，孫權開鑿東渠（青溪）引玄武湖水入秦淮河，在南面開鑿運瀆連接江淮以通船隻，開鑿句容中道「破岡瀆」，使秦淮河與太湖相通以利漕運。於是，青龍延長到青溪，運瀆又成為一道朱雀，破岡瀆把太湖之靈氣引來，

而且四靈由此貫通一氣，更有利於生氣的聚結。因此，南京是長江流域的風水寶地。

在佈局上，繼承了曹魏鄴城禮制原則，並輔以仿星學的原則。孫權所建都城略呈正方形，南門正中的宣陽門與秦淮河上的朱雀航之間，有一條筆直的「御道」相通，這是建業城的中軸線。孫權在都城中部偏北建宮城，有八個門，南部有五個門，五為陽之中數，取陽盛之意；其他三個方向各一門，按照四靈命名為蒼龍門、白虎門、玄武門。太初宮及其以北的皇家花園苑城和倉城分佈在宮城。孫皓即位後，在太初宮東修建昭明宮，並開鑿潮溝、城北渠引玄武湖水分別至太初宮和昭明宮，這兩條水道被比擬為銀河。

東晉開城門六個，南朝又增加了三個，城門皆取四靈和五行所示祥瑞之意，如南城門有廣陽門、宣陽門、津陽門三個，取陽氣旺盛之意。連接建陽門和西明門之間的橫街與中軸線御道成「丁」字形佈局，中軸線北端穿過建康宮，南端有朱雀門，並延伸到秦淮河上的朱雀航，重要建築都沿中軸線對稱分佈。特別是，受佛教的影響，城內寺廟很多，「都下佛寺五百餘所，窮極宏麗」[35]。佛教或道教建築的修建是對禮制佈局原則的發展。在禮制原則中，有左祖右社，敬的是祖先和土地神，是儒家的神靈。隨着儒釋道三教合一，風水文化又吸收了道教和佛教中的神。因此，作為皇帝的「天子」，為了神化自己的地位，又擔負起芸芸眾生與佛道諸神溝通的媒介，為君權神授中的「神」又增加了兩個「父親」。此外，南朝又修建了眾多的園林，如華林園、樂遊苑等，這些園林成為城市佈局的一部分，是城市產生生氣的源泉。

因此，從南京城的規劃可以看出，它是「周禮制城市規劃思想與自然結合理念思想綜合的典範」[36]，體現了四靈模式的仿星學原則和禮制原則「形勝」結合的理念，是運用風水理論規劃的經典之作。

2. 溫州古城的規劃

　　溫州古城始建於東晉明帝太寧元年（公元 323 年），是在郭璞的指導下選址而建的。溫州城的規劃充分體現了北斗星在風水文化中的寓意，成為一個地地道道的「斗城」[37]。「初，謀城於江北。郭璞取土稱之，土輕。乃過江登西北一峰，見數峰錯立，狀如北斗，華蓋山鎮斗口。謂父老曰：『若城繞山外，當聚富盛，但不免兵戈水火。城於山，則寇不入，斗可常保安逸』。因城於山，號斗城。」[38]

図 3–7　溫州斗城的風水意象

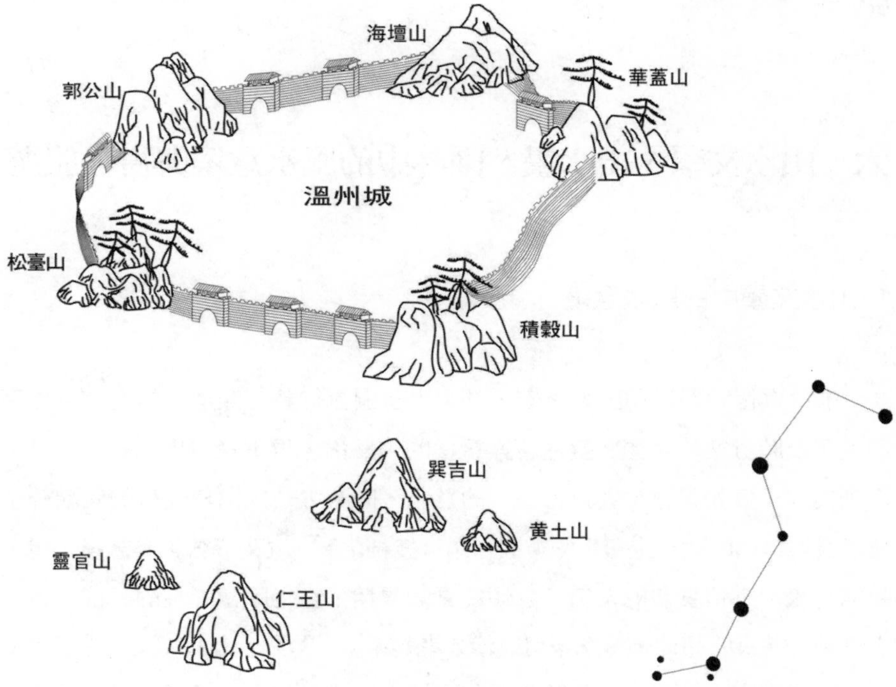

　　很顯然，郭璞充分考慮到當時的戰亂背景，把人們對北斗星的信仰與和平安康的憧憬同溫州的選址聯繫起來。溫州城以附近的九座山象徵北斗九星（圖3-7）。這九座山分別是：「華蓋山，在縣治正東，一名東山，城跨其上，郡城九斗山，此山鎮其口。……山回九里，遙望似華蓋，故名」；「松臺山，在縣治西，又名淨光山，城跨其上」；「郭公山，在縣治西北，城跨其上，晉郭璞登此卜城，故名」；「海壇山，在縣治東北，亦名東山，城跨其上」；「積穀山，在府治東南隅」；「巽吉山，在城東南二里，當郡治巽位」；「黃土山，在巽吉山側」；「仁王山，在城南五里」；「靈官山，在仁王山西」[39]。其中，「松臺、郭公、海壇、華蓋為斗魁，積穀、巽吉、仁王為斗柄，黃土、靈官為左右輔弼」[40]。城池就建在代表斗魁的四座山上，跨山而修，增加了城市的防禦功能。

六、山水文學、山水畫、園林中的風水意境與古代旅遊

1. 山水文學中的風水意境

　　由於這個時期政局動盪不安，社會上普遍流行着悲觀消極的情緒，因而滋生了及時行樂的思想，就連曹操這樣的「梟雄」也不禁發出「對酒當歌，人生幾何，譬如朝露，去日苦多」的歎息。同時，一些出身低微的知識分子難以實現自己的政治抱負，一方面通過《搜神記》、《列異傳》等志怪小說，藉描寫鬼魂宣傳真摯的友情，歌頌純真的愛情，宣揚除暴安良的豪俠氣概，表彰勤勞善良的品德，悼念冤魂為慘死者鳴不平[41]；另一方面，又產生了寄情山水、崇尚安逸的思想。及時行樂和寄情山水的思想形成了具有風水意境的

山水文學。東晉文學家陶淵明的《桃花源記》是這個時期山水文學體現風水意境的佳作。

陶淵明，今江西九江人，他是一位亦儒亦道、先儒後道的「田園詩人」。道教徒追求的最高目標，不是死後回到神的身邊，而是活着就要成仙。所謂「仙」字就是「人」和「山」的組合，而「俗」字是「人」和山谷之「谷」的組合。修道之人只有離開喧囂的常人居住的「山谷」，來到人跡罕至、環境優美的山中，才能成仙。在這種要求人與自然環境融為一體理念的支配下，陶淵明創作了《桃花源記》。

陶淵明寫道：「緣溪行……忽逢桃花林。夾岸數百步，中無雜樹，芳草鮮美，落英繽紛……林盡水源，便得一山。山有小口……從口入。初極狹，才通人；復行數十步，豁然開朗。土地平曠，屋舍儼然。有良田美池桑竹之屬，阡陌交通，雞犬相聞。」其結構是「走廊＋豁口＋盆地」的高度理想化的山間盆地景觀模式[42]，這在中國的山區是很常見的。筆者之所以認為陶淵明模式是對風水理論的發展，是因為他把儒家倫理觀念物化的都城和住宅院落的「一正兩相」的對稱格局，注入了「道法自然」的玄學理念，使原來方正的形制變為略似橢圓或葫蘆狀的形制，從而把仿星學的四靈風水原則體現出來。這個模式對山水畫、山水園林和當今的旅遊規劃具有重要的啟示作用。

2. 山水畫中的風水意境

這個時期的山水畫儘管仍是人物畫的附庸，但已開始獨立出現了。由於山水畫和風水都以山川自然作為觀照物件，在哲學上體現了「天人合一」的宇宙觀，因而在着意表達上都相吻合[43]。魏晉以前的畫家也是風水地理圖的畫師，如東漢張衡曾繪製《地形圖》，南朝梁的畫家張僧繇校對重繪了《山海經圖》。風水講究氣和勢，而氣韻和勢韻又是繪畫的最高法則。

3. 園林中的風水意境與古代旅遊

　　古代旅遊，更確切地說是遊玩，主要是對統治階級而言的，如春秋時期楚國的章華台和吳國的姑蘇台、秦漢的上林苑等是供帝王休閒的場所。只是到了南北朝時期，隨着私家園林和寺觀園林的興起，旅遊的意義才普及到以名士為代表的知識分子。

　　東漢以前是園林的生成期，園林的總體規劃比較粗放，審美性也比較差，直到魏晉才完全達到藝術創作的境地。山水園林包含着濃厚的風水意境。第一，從中國園林最早的雛形文字「囿」和「圃」的字形看，其周邊的方框表示一定地段範圍內界限、藩籬或牆垣，方框以內是栽培的植物或畜養的動物[44]。因此，這兩個字的字形與仿星學的風水模式相同。第二，山水園林與山水文學、山水畫的意境是相同的，是根植於玄學思想土壤中的一根藤上結的三個瓜。例如，東晉的謝靈運是最早寫作山水文學的詩人，他在其代表作《山居賦》中描述了謝家在會稽有包括「南北兩居」的大型莊園[45]；陶淵明辭官歸隱，經營着小型園林，過着「採菊東籬下，悠然見南山」的田園生活。這個時期的園林有皇家園林、私家園林和寺觀園林三種形式，下面以北魏洛陽皇家園林華林園為例說明其中的風水意境。清華大學周維權教授根據《洛陽伽藍記》和《水經注‧穀水》復原了華林園的佈局（圖3-8）[46]。北魏華林園是模仿南朝建康華林園而建的，這是一個黃河流域向長江流域學習風水的典型。華林園—宮城—衙署—銅駝大街構成了城市南北向的中軸線，相對於南部的宮城等建築而言，類比人工山水而建的華林園類似北部的雞籠山等，是鎮山。

　　華林園的佈局符合仿星學的四靈原則（圖3-9）。景陽山是玄武。景，日光也，故「景陽」有陽氣充足之意，寓意把昆侖山之氣引於此。華林園的中軸線也是洛陽城的南北中軸線，以景陽山主峰為終點，清暑殿、苗茨堂、苗茨碑位於中軸線上，臨危台與臨澗亭、羲和嶺與姮娥峰分佈在中軸線兩側。

圖3-8　華林園在洛陽城中的位置

圖3-9　華林園的風水意象

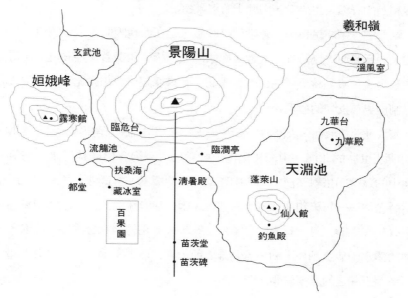

圖 3-10　明代石刻王羲之蘭亭修禊並作曲水流觴之會局部

　　東部的羲和嶺是青龍。羲和在神話傳說中是駕駛太陽的車夫，也用來代指太陽，屬陽性、男性，羲和嶺之「嶺」象徵着男人健壯的臂膀；五行中屬木、溫暖和煦的春天，主生發，因此上有溫風室。

　　西部的姮娥峰是白虎。姮娥就是嫦娥，是在西漢因避諱文帝劉恆之名而修改的，表示月亮，屬陰性、女性，姮娥峰之「峰」象徵着女性高挺的乳房；五行中屬金、涼爽的秋天，主斂受，因此上有露寒館。羲和嶺比姮娥峰位置高，是禮制中男尊女卑的體現。

　　玄武池、扶桑海、天淵池「三海」是朱雀。「三海」是皇家園林中的模式，如明清北京城的北海、中海和南海。蜿蜒的「三海」給園林帶來了靈氣。天淵池中的蓬萊山是對秦漢上林苑中蓬萊仙山的繼承。玄武池、扶桑海之間是舉行當時習俗——修禊和曲水流觴的地方，因此建有流觴池。所謂修禊和曲水流觴，就是在農曆三月上旬「巳日」這一天，人們相約到水邊沐浴、洗濯，並在彎曲的溪水中放置酒杯，酒杯流到誰面前，誰就取下來喝，可以除災去邪。這個習俗因王羲之的蘭亭修禊而聞名。

東晉永和九年（公元 353 年）三月三日，大書法家王羲之召集了四十一位名士在浙江蘭亭溪上修禊，作曲水流觴之會（圖 3–10）。這些名士分坐於曲水岸邊，盛滿美酒的觴藉着宛轉的溪水順流而下。當觴在某人之前停下時，他必須即席賦詩。於是，大家即興寫下了許多詩篇，編成了詩集《蘭亭集》，王羲之乘興作千古不朽的《蘭亭集序》。曲水流觴也因之而流芳，它給人的味覺、聽覺和嗅覺以優美、雅致的享受，使其從此成為文人飲酒賦詩的集會和建築設計的思路。上海浦東機場二號航站樓的競標方案之一就是受曲水流觴的啟發而設計的 [47]。

注釋

1　王成組：《中國地理學史》，商務印書館，2005年，第92頁。

2　《晉書·王導傳》。

3　王育民：《中國歷史地理概論》（上冊），人民教育出版社，1987年，第367–369頁。

4　《晉書·裴秀傳》。

5　嵇含：《南方草木狀》卷一。

6　王育民：《中國歷史地理概論》（上冊），人民教育出版社，1987年，第15–16頁。

7　趙吉惠：《中國儒學簡史》，湖南人民出版社，2004年，第170頁。

8　張華：《博物志》卷一《地》。

9　《抱朴子內篇》卷十一。

10　《異苑》卷四。

11　月生編，王仲濤譯：《中國祥瑞象徵圖說》，人民美術出版社，2004年，第1頁。

12　羅宏曾：《魏晉南北朝文化史》，四川人民出版社，1988年，第253頁。

13　《高僧傳》卷四。

14　《三國志·魏書·方技傳》。

15　《晉書·郭璞傳》。

16　《魏書‧高祖紀》。

17　郭黎安：《魏晉北朝鄴都興廢的地理原因述論》，《史林》，1989年第4期。

18　酈道元：《水經注》鄴城。

19　黃永年：《鄴城和三台》，《中國歷史地理論叢》，1995年第2期。

20　《晉書‧赫連勃勃》。

21　丁超、韓光輝：《論赫連夏政權定都統萬城的地理背景》，載陝西師範大學西北環發中心編：《統萬城遺址綜合研究》，三秦出版社，2004年。

22　《元和郡縣志》卷四，夏州朔方縣條。

23　《晉書‧赫連勃勃》。

24　《晉書‧赫連勃勃》。

25　鄧輝、夏正楷、王瑋瑜：《利用彩紅外航空影像對夏國都城統萬城的再研究》，《考古》，2003年第1期。

26　楊寬：《中國古代陵寢制度史研究》，上海古籍出版社，1985年，第39-45頁。

27　《南京丹陽六朝陵墓的石獸》，《說文月刊》，1939年第5-6期合刊。

28　大同市博物館、山西省文物工作委員會：《大同方山北魏永固陵》，《文物》，1978年第7期。

29　王雁卿：《北魏永固陵陵寢制度的幾點認識》，《山西大同大學學報》（社會科學版），2008年第4期。

30　《漢書‧地理志》。

31　王暉：《商周文化比較研究》，人民出版社，2001年，第64頁。

32　葛兆光：《道教與中國文化》，上海人民出版社，1987年，第62頁。

33　王育民：《中國歷史地理概論》（上冊），人民教育出版社，1987年，第526-529頁。

34　（唐）許嵩：《建康實錄》卷三引（晉）張勃《吳錄》。

35　《南史‧郭祖深傳》。

36　李德華：《城市規劃原理》，中國建築工業出版社，2010年，第15頁。

37　陳喜波：《「法天象地」原則與古城規劃》，《文博》，2000年第4期。

38　嘉靖《溫州府志》卷一《城池》。

39　光緒《永嘉縣志》卷二《輿地二‧山川》。

40　乾隆《溫州府志》卷四《山川》。

41　羅宏曾：《魏晉南北朝文化史》，四川人民出版社，1988年，第393-404頁。

42　俞孔堅：《理想景觀探源——風水的文化意義》，商務印書館，1998年，第46頁。

43　陳鈉：《山水畫起源和風水地理圖》，《美術學報》，2009年第4期。

44　周維權：《中國古典園林史》，清華大學出版社，2008年，第3頁。

45　《宋書‧謝靈運傳》。

46　周維權：《中國古典園林史》，清華大學出版社，2008年，第94頁。

47　何曉昕、羅雋：《中國風水史》，九州出版社，2008年，第240-243頁。

第四章

唐宋時期風水理論的形成

　　隨着各郡風俗物產地圖的彙編，《元和郡縣圖志》等地理著作的撰寫，兩宋誌書的編纂，人們的地理視野在廣度和深度上都得到了拓展。在隋唐宇宙論天人合一觀復興的基礎上，周敦頤提出了「理氣」的觀點，張載在此基礎上提出了人性論的天人合一思想，二程、朱熹和陸九淵發展了這種思想。在這種哲學思想的指導下，唐代《葬書》、《撼龍經》、《雪心賦》、《博山篇》等作品的問世，標誌着形勢派的形成，其中楊筠松、卜應天等人是代表性人物；而唐代《黃帝宅經》的問世標誌着理氣派初露端倪，北宋末年賴文俊《催官篇》的問世標誌着理氣派的形成。於是，在唐宋時期城市、陵墓、園林建設上也體現了不同時代的風水特色。

一、唐宋人的地理視野

　　因北方、西方和西南各族力量的發展，隋統一後的疆域較南北朝小。進入唐朝後，唐初的疆域與隋末差不多，但隨着唐朝進入全盛時期，疆域也超過西漢全盛時期的版圖，東到庫頁島，西至鹹海，北到東西伯利亞北部，南抵越南中部。五代十國時期，已不及唐時之盛。在北宋時期，除了向西擴展到中亞錫爾河和阿姆河之間，各族政權的大體疆域與五代十國相同。在南宋時期，各族政權的大體邊界與北宋相同。

　　在疆域隨着軍事力量的消長變化的同時，人們的自然地理知識隨着農業的開發也增加了。隋煬帝楊廣曾下令全國各郡編製風俗物產地圖，據《隋書‧經籍志》記載，有《諸郡物產土俗記》一百五十一卷、《區宇圖志》一百二十九卷、《諸州圖經集》一百卷。特別是京杭大運河的開鑿，使人們更加瞭解了運河沿岸的地理概況。

　　進入文風極盛的唐朝後，《括地志》、《隴右山南圖》、《古今郡國四夷述》、《元和郡縣圖志》等地理著作紛紛出籠。對於中國的山系格局，唐僧一行提出兩大山系說，楊筠松提出了四派說。特別是晚唐宰相李吉甫的《元和郡縣圖志》很有代表性。全書按唐制分為十道四十七鎮，每鎮有圖，山地、河流敘述得很詳細。

　　宋朝政府為了「便觀覽而資問答」的需要，數次大規模詔修誌書。宋代誌書大致可分為圖經總集、九域誌、輿地記、地方誌四種類型。地方誌的編纂，使人們對周圍地形的瞭解不亞於今天我們所掌握的地理知識。據統計，北宋編修的地方誌有一百三十八本，南宋有三百五十四本[1]。北宋有二十三個路，「路」相當於現在的行政區劃「省」，平均每個「省」有六本地方誌。南宋有十七個路，平均每個「省」有約二十九本地方誌。所修的方誌集中在相當於今江蘇南部、浙江的兩浙路最多，相當於今福建、廣東、廣西的福建路、廣南東路、廣南西路次之，其他各路又次之。這與當時人民南徙和此地開發與經濟文化迅速發展的大背景相吻合，也使人們的目光從黃河流域轉移到長江流域和珠江流域。很可惜的是，這些書籍大部分佚失，流傳下來的只有三十多種。此外，南宋朱熹提出了中國三大龍說，即三支山系說。

二、人性論天人合一思想的形成

　　帶有鮮卑族血統的隋唐統治者，目睹南北朝綱常淪喪、儒釋道並立的局面，為了鞏固政權，都着手恢復和發展宇宙論天人合一觀的儒學。不過隋朝享國僅三十八年，只起到了承前啟後的作用。但因隋唐統治者的尊佛重道，漢儒的宇宙論天人合一觀始終未能在意識形態流域佔據支配地位，而柳宗元、劉禹

錫繼承並發展了荀子「天人相交」論的天人合一觀點也是曇花一現。特別是唐末藩鎮割據、五代大將篡奪君權等行為不符合漢儒天人合一思想界定的遊戲規則，使權力高度集中的北宋統治者感到必須建立新儒學，要求人們「理氣」以「正君心」，維護封建統治。於是，人性論的天人合一思想就應運而生了。

1. 周敦頤把道教理論引入到儒學

周敦頤是宋明理學的開創者，朱熹尊其為「宋儒之首」，他的作品《愛蓮說》是家喻戶曉的名篇。因道教在唐代一直佔據着重要地位，因此周敦頤就把道教思想引入到儒學中。

他在《太極圖說》和《通書》中指出，宇宙萬物的本源是太極；由太極的動靜產生陰陽二氣，並進而產生水、火、木、金、土五氣，這五氣的轉換造就了萬物；再用這種宇宙觀解釋封建制度、論證「五常」的合理性。由於這個太極是指不同於宗教的神或上帝的另一個獨立存在的精神本體，因此要求人們加強內心的修煉。此外，周敦頤最早提出了理學中「理氣」的觀念，即太極為理、陰陽五行為氣[2]。這對風水理氣派的形成有促進作用。

2. 張載提出了人性論的天人合一思想

張載是北宋道學思潮中氣學派的代表人物。張載在批判佛道超越本體論的虛無主義思想的同時，又借鑒他們的思想，提出了「天人一氣」的觀點。他認為，人的生死就是「氣」的聚散；「性」是不會死的，它可以超越人的生死而永恆存在；人性是由「天地之性」（宇宙萬物的普遍規律）和「氣質之性」（人的各種欲求等）組成的，前者存在於後者之中，而又支配着後者[3]。因此，「儒者則因明（認識）致誠（天道、理），因誠致明，故天人合一，致學而可以成

聖」[4]。這就指出了佛教否認現實世界存在的錯誤；第一次提出了「天人合一」的理念，不過這個「天」指的是「理」，是精神，是心性；要達到天人合一的聖人境界，必須通過研修儒家經典才能實現。

3. 二程、朱熹和陸九淵發展了天人合一思想

二程是指程顥和程頤兄弟倆，他們是北宋道學思潮中理學派的代表人物。他們是周敦頤的學生、張載的表侄。二程仍是秉承張載反對佛道否認客觀現實的觀點展開論述的。「釋氏有出家出世之說……既道出世，除是不戴皇天，不履后土始得，然卻又渴飲而飢食，戴天而履地。」[5]二程就是用心性論對佛教「既以為一切皆空又仍須穿衣吃飯」等常識進行批判，並把這種批判與宇宙論直接聯繫起來，使之上升到超常識的「天人之際」的高度[6]。儘管程顥不同意張載「天人合一」的提法，但他提出的「天人同體」說與張載是異曲同工。程頤與其兄不同，強調天道和人道的同一性。他們認為「心」和「天道」就是「理」，宇宙萬物和封建制度是由「理」創造的。對於如何達到所謂「天人合一」的境界，二程與張載的觀點一樣，認為都必須經過學習而自覺。

朱熹是南宋理學集大成者。他發展了周敦頤和二程的理學，鞏固並完善了「天人合一」思想，提出了「天人一理」的觀點。他說：「未有天地之先，畢竟是先有此理」，「有是理，後生是氣」[7]。也就是說，宇宙萬物和社會秩序是由先於事物存在的「理」決定的，「理」之外還有「氣」。

與朱熹同時期的理學家陸九淵提出了「天人一心」的觀點，不同意朱熹把「理」捧到天，而主張把「理」放在心中，並主張把禪宗的佛性修養理論改造為儒家的心性修養理論。

以上論述了人性論天人合一的形成與發展，這也是理學即新儒學在有宋一代的發展脈絡，但有趣的是，程朱理學在南宋並不為統治者所青睞，甚至還受

到打擊，直到元代才真正受到重視。隨着明朝王陽明「知行合一」的提出，宋明理學成為中國封建社會後期的統治思想，儒釋道三教合流，人性論的天人合一思想也隨之成為中國社會的最高哲學。宋儒的天人合一思想不是空穴來風，是為了統治的需要對孔孟思想進行了發展。首先是孔子提出了「仁」的觀念，確立了內在性的原則；然後孟子從性善論出發論述了達到「仁」的方法，就是要加強內在心性修養。因此，這是片面發展了孟子性善論的結果，其目的是以「內聖」控「外王」，用內修達到「治國平天下」。

因此，如果說宇宙觀天人合一思想直接導致了形勢派風水的形成，那麼人性論天人合一思想就是理氣派風水形成的直接誘因。理氣在新儒學中有調理氣息以加強內心修煉之意，在中醫理論中是指使用有行氣解鬱、降氣調中等作用的藥物，在風水中是指用陰陽五行、八卦、河圖、洛書、星象、六壬等調整在形勢派風水構架下的陰陽宅氣場。與理學中要求的「內聖」一樣，理氣風水也是追求陰陽宅的「內修」，以使主人平和而至聖。

三、形勢派和理氣派在唐朝分野的雛形

源於黃河流域的形勢派，又稱形法派、巒頭派[8]，其理論主要是根據山脈和河流的走向按照仿星學四靈模式選擇吉地。唐代以後的形勢派主要在江西一帶活動，形成了以後的江西派。楊筠松、卜應天、黃妙應等是其代表人物，《葬書》、《撼龍經》、《雪心賦》、《博山篇》等是其代表作。此外，楊筠松還發明了羅盤的地盤正針和天盤縫針。源於漢代中原圖宅術的理氣派，是依靠卦氣來達到趨吉避凶的目的，也稱屋宇派，因興盛於福建亦被稱為福建派。儘管理氣派的名字在唐代還未形成，但雛形已經出現了。風水流派中形勢派和理氣

派在唐代分野雛形的出現，是有深刻歷史背景的。

　　首先，與隋唐均田制的推行有關。在南北朝時期，部曲和莊客以個體農民的形式被限制在莊園領主經濟體系中。均田制的推行把下層百姓解放為自耕農，從而使少數士族集團失去了其在經濟上的壟斷地位，士族和庶族合流，並逐漸恢復了地主小農經濟並奠定了其在宋以後的長足發展。宋朝規定無論官田或私田均可買賣，從而鞏固了地主小農經濟。於是，逐漸富裕起來的廣大中小地主和農民是風水文化的最大消費者，他們為了能實現科舉高中做官的夢想，把大部分精力放在陰陽宅的選擇上，從而刺激了風水的發展，《黃帝宅經》、《葬書》等風水名著應運而生。其次，在意識形態上儒釋道共尊而漸以儒家為主，儒學重新獲得了正統地位，使漢儒的宇宙觀天人合一哲學理念受到重視，這是在唐代產生楊筠松形勢派的直接原因。佛教中的吉凶占驗、因果報應觀念和道教中的鬼神、神仙方術觀念與風水中的圖讖庇蔭思想結合在一起，使風水神秘成分得到加強，同時也使風水理論得到進一步的發展。第三，科舉制度的實施，一方面把《周易》等儒家經典作為考試科目，對這些經典的學習和思考，必然會提高讀書人的風水素養；另一方面，科舉高中者可以「朝為田舍郎，暮登天子堂」，不但能改變自己的命運，還能實現升官發財的夢想。於是，先秦時期萌發的由祖先崇拜而形成的遺體受蔭說和住宅吉凶決定人生命運的思想再次氾濫起來，這是唐代《葬書》和《黃帝宅經》出現的直接原因。此外，文樓、文塔、奎閣等風水地標建築也因科舉而大量修建。

　　隨着中國文化在唐代出現盛極一時的局面，風水理論也逐漸進入形成時期。下面以《葬書》、《黃帝宅經》、《撼龍經》、《雪心賦》、《博山篇》為例介紹風水流派分野的雛形。

1. 《葬書》是形勢派的基礎

　　托名東晉郭璞的《葬書》成書於公元 800 年之前的唐代[9]。它的出現奠定了風水文化、特別是形勢派風水的理論基礎，是風水文化進入繁盛時期和形勢派形成的標誌。《葬書》的具體內容體現在以下兩個方面。

　　首先，總結和重申了前人的觀點。第一，在先秦文獻《周易》和《管子》關於氣論的基礎上，強調了「乘生氣說」，在管輅五行論的基礎上認為「五氣行乎地中，發而生乎萬物」。第二，在先秦時期「鬼福及人」和秦漢時期「葬地旺說」的基礎上，重申了「遺體受蔭感應說」，認為「人受體於父母」，若父母死後的骸骨得到生氣，就能保佑子孫後代。第三，基於以前的都城規劃的實踐，總結了葬地選址的形勢說，認為「千尺為勢，百尺為形。勢來形止，是謂全氣，全氣之地，當葬其止」；並推斷出五種不可葬的地形，即不長草木的童山、不能延展氣的斷山、無土的石山、無氣勢的過山、獨來獨往的獨山。

　　其次，提出了創新性的風水學說。第一，提出了形勢派的仿星學四靈原則，認為「夫葬以左為青龍，右為白虎，前為朱雀，後為玄武。玄武垂頭，朱雀翔舞，青龍蜿蜒，白虎馴俯。形勢反此，法當破死。故虎蹲謂之銜屍，龍踞謂之嫉主。玄武不垂者拒屍，朱雀不舞者騰去」。這是間接受秦漢都城選址和直接受管輅學說的啟發。至於秦漢都城的選址，前面已經論述過，不再贅言。據《三國志·魏書·方技傳》載，管輅路過魏國大將毌丘儉的墳墓時，發現此墓「玄武藏頭，蒼龍無足，白虎銜屍，朱雀悲哭」，並斷定「四危以備，法當滅族」，後來果然應驗。後來的風水家應是根據管輅學說發展了《葬書》中的四靈地形說，從此四靈說成為風水理論中選址和識別地形的標準。第二，提出了「風水」的概念。圖 4-1 所示，文字豎排是古人的行文格式。「風」的篆體字外面結構是「幾」字，這個「幾」字形就構成了玄武、青龍和白虎，「蟲」字上面的一撇就是吹來的風，下面的「蟲」字就代表包括人類在內的動物（據說人就是

圖4−1 篆字「風水」與四靈地形說的關係

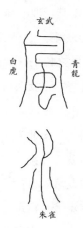

由蟲變來的[10]），正所謂「風動蟲生」[11]。篆字「水」位於下面，其形狀如同蜿蜒的河流，就是朱雀。「風」字西北角有缺口，符合後天八卦中有乾天之氣進入之意，筆者認為，《葬書》的作者正是根據風水的字形和意義提出風水概念的，並得出了得風藏氣的理論；風水方方正正的模式與「國」字相似，因此相術中所謂正人君子的「國」字臉其實就是一張風水臉。第三，提出了理氣派的方位說，運用陰陽法則和八卦理論講述方位的選擇，促進了宋朝理氣派風水的形成。

2.《黃帝宅經》是理氣派的基礎

《黃帝宅經》（以下簡稱《宅經》）的成書年代在唐代以前，是假托黃帝所做，這是學術界公認的事實。《宅經》記載了現已失傳的唐以前的二十九種宅書，是對以前人宅禍福關係和方位佈置的理論總結，故清代大學士紀曉嵐稱其是「在術數之中猶最為近古者」。因此書在選宅佈局方面非常重要，「可以

家藏一本，以誠子孫，秘而寶之」，虛生上人稱之為「中國陽宅風水第一書」[12]。下面在虛生上人研究的基礎上探索其合理內涵。

第一，關於陰性宅和陽性宅的劃分。《宅經》在序和總論中提出把宅「分為二十四路、八卦、九宮，配男女之位」，以使住宅陰陽和諧交感。

具體來說，「八卦」的運用是按照後天八卦劃出八個方位，再配上男女歸屬的卦位——乾卦（西北方，父親）、坤卦（西南方，母親）、震卦（東方，長子）、坎卦（北方，二子）、艮卦（東北方，三子）、巽卦（東南方，長女）、離卦（南方，二女）、兌卦（西方，三女）。八卦八個方位加上中央方位，合為九個方位。這九個方位與洛書九宮相結合，形成一宮坎、二宮坤、三宮震、四宮巽、五宮中、六宮乾、七宮兌、八宮艮、九宮離，這就是理氣風水中常用的九宮九星法。然後，十天干、十二地支與八卦結合，共同組成二十四路，即二十四山。這是羅盤構成的基本原則，表明羅盤已經運用到風水實踐中。由此看出，《葬書》的成書時間要比《宅經》早。

根據八卦中「乾將三男，震、坎、艮，悉屬於陽位。坤將三女，巽、離、兌，悉屬於陰位」的原則，在辰戌之間劃出一條界，東方、北方為陽宅，西方、南方為陰宅。這裡說的陰宅不是後世風水中的墳墓，為了區別開來，姑且按照男女性別稱之為陽性宅和陰性宅。陽性宅和陰性宅的具體劃分是「陽宅龍頭在亥，尾在巳；陰宅龍頭在巳，尾在亥」（圖4–2、4–3）。凡是從巽向乾、從午向子、從坤向艮、從酉向卯、從戌向辰就是入陽，反之就是入陰，若「重陰重陽則凶」。

每個人的命座所對應的方位佈局與吉凶關係都在圖上表示出來。若沖犯了陰性宅圖上的丙方，就會危及母親的健康和生命，其它類同。與現在住房佈局不同的是，在這兩個圖上都把廁所放在吉方，這是因為在農耕時代，積肥很重要，所謂「莊稼一枝花，全靠糞當家」。

圖 4-2　陽性宅

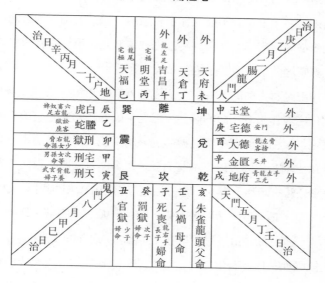

圖 4-3　陰性宅

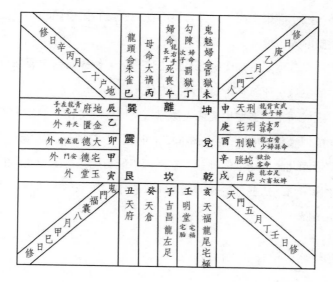

　　基於陰陽和諧劃分的陽性宅和陰性宅對我們的啟示是，在買房子是要注意「重陰重陽則凶」，就是說不要在你現在所居住房子的相同的陰向或陽向購置房產。否則，從陽性宅第二次搬到陽性宅就會無氣，第三次就會無魂，第四次就會無魄，魂魄消散就導致斷子絕孫。反之亦然。

　　第二，住宅是有生命的。其實，把住宅分為陽宅和陰宅，即陽性宅和陰性宅，就是把住宅看作是有生命的個體，這是中國傳統的大地有機生命活體思想的體現。《宅經》引用西晉干寶《搜神記》的話說：「宅以形勢為身體，以泉水為血脈，以土地為皮肉，以草木為毛髮，以舍屋為衣服，以門戶為冠帶。若得如斯，是事儼雅，乃為上吉。」就是說把住宅比喻為人的身體，泉水是血脈，土地是皮肉，草木是毛髮，房間是衣服，門戶是頭冠或腰帶，好的住宅就像是穿着得體的人一樣好看。這種思想早在《搜神記》之前的《博物志》就有記載。

　　人具有能動性，作為有生命的住宅也是有能動性的。吉宅能使有福之人錦上添花，無福之人可改變運程，因而人與宅是可以與天地溝通資訊的。

　　《宅經》提出了令人富貴的五實理論，即宅小人多、宅大門小、牆院完全、宅小六畜多、宅水溝東南流。具備五實的住宅就是着裝得體的人，反之的五虛就是衣衫不整的人，會「令人貧耗」。

　　與人們在舉行重要活動要選擇良辰吉日一樣，修建房屋也要擇日，而擇日要注意各月的生氣、死氣和土氣所沖的方位。

　　此外，關於居室的造型也要像人體器官一樣搭配得當。例如，不要在正南部建造外形酷似烏龜頭的廳，否則會向北沖射正屋；在東南方不能有高樓大樹，因為這不符合西北高東南低的理論；在南部不能有比較高的南北向的豎屋，因為這看起來像棺材。這些理論為明清風水文化中關於宅形吉凶圖示判斷標準的形成奠定了基礎。

3. 楊筠松和《撼龍經》

楊筠松，名益，字叔茂，號筠松，後人也稱為楊救貧，是形勢派風水的創始人。山東竇州人，生於唐文宗太和八年（公元 834 年），死於唐光化三年（公元 900 年）。楊筠松為唐僖宗朝國師，官至金紫光祿大夫，掌靈台地理事。楊筠松在地理堪輿學上具有極其崇高的地位，可以和孟子在儒學上的地位相當，其著作均為地理風水上的經典著作，所以楊筠松也被後人尊稱為楊公，著有《撼龍經》、《疑龍經》、《一粒粟》等。其中，《撼龍經》是形勢派風水鼻祖的代表作，此文整篇以七律歌謠的形式，讀起來琅琅上口，便於記憶。下面簡要介紹其觀點。

第一，提出了以昆侖山為祖山的龍脈格局。須彌山是古印度神話中的名山，在佛教中它是諸山之王、世界的中心。深受佛教影響的楊筠松，把中國西部的昆侖山稱為須彌山，並把它賦予為一個有生命的有機體。楊氏認為，昆侖山是世界的脊樑，像人的四肢一樣生出東西南北四個方向的山脈。其中，在南部一支形成的中國山脈中，有「九十九道灣」之稱的黃河像大腸一樣彎曲並橫貫東西，而長江和其他河流就像大地的膀胱一樣屈曲而行。在這些河流的灣部就是風水寶地，其中大者為國都，中者為郡縣城市，小者為鄉鎮駐地。

第二，提出了在山地和平洋擇穴的方法。對於山地而言，受仿星學四靈原則和漢唐長安城實踐的啟示，楊氏認為山峰都是與天上的星辰相對應的，但只有圍合有情、能聚氣的地形才是真龍，正所謂「星峰磊落是龍身」。

所謂平洋就是指平原地區，對於在平洋如何尋龍捉脈，楊氏認為：「平地龍從高脈發，高起星峰低落穴。高龍即認星峰起，平地兩旁尋水勢。」就是說山地之龍脈進入平洋地區後，就潛伏在地下變成了河流和湖泊，這些河流和湖泊也和天上的星辰相對應。「高水一寸即是山，低土一寸水迴環」，因此吉穴就在兩條河流之間。吉穴的形狀是「平中仰掌似凹窶，隱隱微微立邱阜」，即類似人的手掌。關於平洋水龍的思想，很顯然是楊氏受曹魏鄴城規劃的啟示，

把山地仿星學四靈圍合變化為河流圍合而已。

　　第三，提出了北斗九星體系。隨着天文學的發展，隋朝確立了天市垣的概念，天空中的三垣體系形成了。楊氏從天之四靈的觀念出發，認為北辰為中天之尊，三垣之星座恰似將相在四周呈圍合之勢；太乙星在明堂，形似傘狀的華蓋星在後，三台星在前。這即是萬裡挑一的帝王之局。居於三垣之外的是帝車北斗七星和輔弼星，即北斗九星。在唐僧一行撰寫的《梵天火羅》中，北斗七星中的天樞、天璇、天璣、天權、玉衡、開陽和搖光分別稱為貪狼星、巨門星、祿存星、文曲星、廉貞星、武曲星和破軍星，位於左右兩端的太陽和太陰是輔弼星。於是，楊氏把佛教中的這些稱呼和吉凶占驗引入到仿星學的四靈模式中，從「星峰」對應的觀念把構成四靈的山脈細化為貪狼星、巨門星、祿存星、文曲星、廉貞星、武曲星、破軍星、輔弼星，其中吉星是貪狼星、巨門星、武曲星、輔弼星。

　　北斗九星體系還被以後的理氣派用作理氣的法寶。因此，從這個意義上說，楊氏不但是形勢派的開創者，而且也為理氣派風水的產生和發展作出了貢獻。

　　楊氏在論述破軍星時，指出了中國地形與人才形成的關係。他認為，中國的祖山昆侖山是枝腳不齊的破軍山，在西北綿延幾千里，那裡的人們從小學習騎射，因而「風俗強悍人粗頑」。龍脈延展到甘肅一帶，因山峰尖削如刀，所以此地文風不盛。龍脈到了關中平原一帶才形成風水寶地，但「自古英雄出西北」，此地依然是武將頻出，文風不盛，因而「西北龍神少人識」。龍脈的一支出熊耳山後，進入廣闊的華北平原，潛伏於地下的龍氣在齊魯大地躍出地面，形成具有「鍾靈氣」的東嶽泰山，因此「聖賢多在魯邦中」。龍脈的另一支經過雲貴和兩廣，「直至江陰大海邊」，生氣聚集在東南部閩江和越江交纏護衛的海門，因而那裡不但有眾多富可敵國的商人，而且文人和武將也是層出不窮。

　　具體到龍脈中的某一座山而言，其形狀、特點、五行屬性、吉凶如表4-1、圖4-4所示。

表 4-1　九星所對應山峰的概況

名稱	吉凶	五行	特點	備註
貪狼星	吉	木	有十二種形狀，其中圓而直似竹筍為正形。有腳之山謂之乘龍，可出文官；腳下有橫拖延伸的叫帶韌，可出武將。要注意前面的水口外須有羅城、捍門、羅星關攔氣脈。羅星要方而尖。	由廉貞火星演化而來，可做玄武，結乳穴。
巨門星	吉	土	山體方正高昂似插入的笏板，山頂平整。兩旁有護衛山，案山、羅星似方正的屏風。	龍脈在行進中偶似貪狼和武曲，可做玄武，結窩穴。
祿存星	凶	土	山體形似一面鼓，頂圓多枝腳。前面若有秀峰是「祿」，為吉。孕育四靈。若枝腳像帶有劍芒的螃蟹或蜘蛛，主出武將；若圓秀，可出文官；若整體呈覆釜狀，可出富商。	近似武曲，九星行龍中都含有它，常做水口砂山，結梳齒、犁頭穴。
文曲星	凶	水	山形長而山頂有起伏，如蛇形一般。山勢在平地如蛇行，半山頂似蛾眉相連綿為吉，主出宮嬪后妃；家中之男因此女可富貴。若在平地突出成雄闊之勢，男子會相貌出眾得功名，女子主家權利勝過自己的父翁。	夾雜在九星之中，特別是廉貞星之上，是龍脈綿延的動力，常做水口砂山，結穴於平地，若在高處穴似掌心。
廉貞星	凶	火	又名紅旗山、聚講山，山體高大頂尖。主出武將；若分出只有一重圍合的支脈可出富豪；若生出貪狼、巨門、武曲，且山頂有雙天池，可封侯拜相；若在廉貞星自身處立穴，主凶，會亂倫弒君。	是眾星之祖宗山，常做水口砂山，結梳齒、犁頭穴。
武曲星	吉	金	山形頂圓而中部微方，似倒扣的鐘或鍋，高者為鐘是標準形，低者為鍋是輔弼形。根據護衛山的重數，可出宰相、郡守、縣令等官。	貪狼、巨門常有武曲作輔弼，常做水口砂山。
破軍星	凶	金	山形頂圓而腳不齊，山峰前高後低如敗軍之旗，兩邊有陷坑。	除了廉貞星外，與其他星峰相配可變凶為吉，結穴似戈矛。
輔弼星	吉	木	左輔星像古人的頭巾，前高後低，前小後大；右弼星是無形的，其形態隨着其他八星峰高低而決定。	左輔結穴似燕窩。

圖 4–4　北斗九星與山峰的對應和剝換

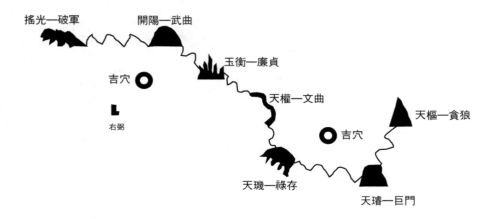

　　楊氏認為，龍脈應該是按照貪、巨、祿、文、廉、武、破北斗七星的順序周而復始地出現和剝換的。剝換即蛻變，是風水術語，是龍脈通過跌斷的方式在前行時不斷變換星峰，以卸去粗笨之形，結出鮮嫩之穴。圖 4–4 是龍脈剝換的一個周期，在這個周期中出現了兩個弓形吉穴。或許是受北斗七星有兩個弓形吉穴的影響，楊氏才由此把北斗九星與地面上的山峰對應起來。

　　此外，楊氏還提到了幾個風水術語。捍門是指水口兩旁對峙的山。羅城是指捍門與眾山拱衛羅列形成如城郭一樣的山。羅星是指城外水中突起的小山，好的羅星是立在水邊，或一邊是水一邊是岸，這樣可使龍脈相連，其形狀最好與主山形狀相似。鬼山是指主山（玄武山）後面起支撐作用、長度較短、稍低矮的小山，若山形像瓜謂之賜帶鬼。官星是指朝山背後拖曳的小山，是朝山餘氣所結，正好與鬼山對稱。若山形迴轉向着穴場謂之侍從官。金玉盤是指穴場前橫亙着的案山，若案山重數多預示着富貴多。

4．卜應天和《雪心賦》

卜應天，字則巍，號昆侖子，又稱濮都監，是與楊筠松同時代的風水大家。他世居今江西贛州，曾被推薦入朝當太史卻拒絕赴任，反而入道門。因自許「心地雪亮，透徹地理」，因而將其著作取名《雪心賦》。《雪心賦》是形勢派風水的經典之作，明代地理學家徐試可對其評價頗高，認為此書可與《葬書》、《催官篇》等名著相提並論。卜氏以賦的形式，在論述了山水氣脈之法和龍虎砂水穴審度之道的同時，對當時初露端倪的理氣之法頗有微詞，如「既明倒杖之法，方知卦例之非」，「三吉六秀，何用強求，正穴真形，自然默合」，「山若欹斜破碎，縱合卦例何為」。此書的主要內容如下。

第一，提出了「生旺休囚，機運行而不息」的思想。表示生命周期「旺相休囚死」的理論源於此，是風水文化和命理學的術語。生旺即王之意，是指一年之中每一季必有一個方位（時間）處於生命的鼎盛時期，只有處在生旺方（時）才是吉方（時）。相即宰相之意，相對於生旺而言是次旺狀態。休指休息狀態。囚指衰落之狀。死指毫無生氣的狀態。

第二，強調圍合中的情意。首先是賓主要有情有意。賓指朝案山和龍虎砂山，主指來龍主山。卜氏認為：「賓主趨迎者，情意相孚。右必伏，左必降，精神百倍。前者呼，後者應，氣象萬千。」這就指出了賓山必須對主山有敬拜和服從之象，才能互有情意，賓主和諧，這是把禮制思想擬人化的結果。其次，是山水之間相聚要有情有意。卜氏指出：「山聚處，水或傾斜，謂之善；水曲處，山或散亂，謂之無情……水若屈曲有情，不合星辰亦吉；山若欹斜破碎，縱合卦例何為。」也就是說，山水要符合聚合之意，與星辰不合也可以，這同樣把山水賦予了禮制因素。

根據山勢形態結合人情義理進行象徵比附、喝形取類，像文筆、誥書、席帽之類的山形可出文官，像旗幟、兵器之類的山形可出武官。

第三，提出來龍五星變化的規律。卜氏指出了龍脈變化的形態：「細看八國之周流，詳察五星之變化。星以剝換為貴，形以持達為尊。」八國即八個方向，五星即把行進中的龍脈按照五行分為金、木、水、火、土五種形態。金星山圓潤，土星山方正，水星山柔曲，木星山呈柱狀高聳而頂圓，火星山尖削。五種山在行進中若依次是相生的關係，則是節節生旺，龍脈由老剝換為嫩，可在威嚴端正、鶴立雞群的嫩山之處點穴。嫩者，好比充滿朝氣和活力的年輕人，有旺主之功能，是富貴之地。

龍脈在行進中出現相剋的關係，如木穴被金所剋，周圍須有火星山或水星山，因火剋金或水生木可解圍。選定星形山後，還要看後龍及來脈，才能定穴之好壞。「三吉鍾於何地，則取前進後退之步量。劫害出於何方，則取三合四沖之年應。遇吉則發，逢凶則災。」就是要看後龍的三吉、三合、四沖的情況。三吉指九星中貪狼木星、巨門土星、武曲金星，三合指天干三合和地支三合，四沖指天干、地支四沖。在方位上，各星山應與五方同，如「木之妙無過於東方……火之炎獨尊於南位」。還有一種情況是處於相剋的位置，但有時是因所居方位使剋力減弱而為吉穴。例如，木星山為穴，坐南向北，而南方有金星山，儘管金剋木，但金處為南方火位，火又剋金，減弱了金剋木之力，故為吉穴。

第四，關於水流、龍虎砂山和明堂。卜氏認為，「水口之砂，最關利害」，因而穴場之水是「交鎖織結之宜求，穿割箭射之當避」。交鎖織結指河流相交、環繞、屈曲或匯聚的四種形態，它們在明堂呈「之」或「玄」字形，為吉水。穿割箭射之水宛如尖角煞，使堂局破碎，為凶水。若要富貴，必須陰宅玄武前後有水纏，而陽宅後禁有水纏；青龍、白虎也要水繞；天門要寬闊，地戶要緊鎖。反跳水、反弓水因無情意而為凶水。水口附近應建有壇廟。

龍虎砂山的長度要適當。若龍比虎長會招致「長房敗絕」，虎比龍長會招致「小子貧窮」，護不住穴位是「漏胎」。「可喜者龍虎身上生峰」，若龍虎砂山上有山峰聳立，則更是錦上添花。「無龍要水繞左邊，無虎要水纏右畔」，

可用水龍代替龍虎砂山。此外，砂山上不能有交叉的道路，因為交叉的道路是交劍煞。

明堂應像手掌一樣的地形以便聚水，穴前後應有官鬼支撐，若穴後有凹陷便是空亡。

第五，強調擇日點穴的重要性。儘管卜氏對理氣頗有微詞，但對擇日還是非常推崇的。卜氏指出：「立向辨方，的以子午針為正；作當依法，須求年月日之良。山川有小節之疵，不減真龍之厚福；年月有一端之失，反為吉地之深殃。」可見，選擇時辰非常重要，否則即使是吉地也會遭殃。只有知道「何年興，何年廢」，才能避免「地雖吉而葬多凶」。

第六，關於陽宅的風水。卜氏用形勢派理論具體而微地論述了陽宅的風水，這與當時園林的興盛和中小地主階層的崛起有關。卜氏指出陽宅「最要地勢寬平，不宜堂局逼窄。若居山谷，最要藏風；如在平洋，先須得水。土有餘當闢則闢，山不足當培則培。」陽宅要選在地勢寬平、藏風得水的地方，周圍環境可通過人工製造出良好的風水格局，如可在門前修築池塘、溝渠，宅內排水系統修成四水歸堂的天井格局。可把院牆、籬笆、溝塹、道路看作砂山和流水。陽宅不要修建在寺觀附近，否則氣脈會受到幽靈的干擾。

在與陰宅的關係上，卜氏指出：「先宅後墳，墳必興而宅必退；先墳後宅，宅既盛而墳自衰。」如果先建陽宅後建墳，陽宅之氣會被墳侵佔，導致宅運衰退。反之，先建墳後建陽宅，特別是墳的位置在陽宅之後，墳能把集結的正氣輸送到陽宅，使陽宅昌盛。

5. 黃妙應和《博山篇》

黃妙應，俗名黃文矩，字子熏，別號涅槃、慧日，福建泉州莆田人，是唐末福建高僧。黃妙應以禪師的身份從事堪輿活動並配以讖語，兼用理氣派理

論，是福建歷史上最早、最著名的形勢派相地大師，從而把形勢派的理論發展推至高峰。黃妙應在民間具有很大影響，不僅他在世時人們對他的話深信不疑，即使離鄉背井、傾家蕩產也在所不辭，而且在他死後被尊為仙師。《博山篇》是黃妙應撰寫的關於南方山水地勢的風水作品，它是理氣派形成之前形勢派發展的休止符，也是宋代理氣派形成的先聲。此書被收集在《古今圖書集成》。它對風水理論的發展貢獻如下。

第一，提出了實地考察的具體方法，並用楊筠松的九星龍脈說對山龍由老變嫩的剝換進行了發揮，認為剝換是蛇蛻皮、蛹化蝶的過程。

第二，提出了三吉六秀、八貴天星之說。山龍應「審星宿，問方隅，亥、艮、兌、巽、丙、丁、辛、庚、巳之龍吉，法宜插。壬、子、癸、震亦中」。

第三，據五行說提出了五種正體穴星說。雖然砂星在吉方，但是否就是吉旺之星，還要看五行的生剋制化。只有旺星在吉方，並且符合砂與砂五行生剋制化的要求，才是吉利之地，這是形勢派與理氣派綜合運用的結果。

第四，把明堂分為穴前的小明堂、龍虎砂內的中明堂、案山內的大明堂，並根據紫白九星說提出了「堂氣」的概念。

第五，強調陽宅中門的重要性，所謂「門中正，家道成」，否則會給家族帶來災禍。

四、《催官篇》是形勢派和理氣派分野的標誌

北宋時期人性論天人合一思想在意識形態領域的確立，不但使在唐代受到沉重打擊的五音姓利學說重新獲得了官方的重視，而且也呼喚着新的風水理氣作品的出現，在這種情況下《催官篇》就應運而生了。

　　《催官篇》是宋代理氣派風水大師賴文俊所著，是以風水助官貴之意。賴文俊，又稱賴布衣，今浙江麗水人，生活在北宋末年。曾在福建建陽為官，因好相地之術而棄職浪遊。他與福建開山宗師王伋同為理氣派奠基人，羅盤的人盤中針也是他設計的。儘管《催官篇》是在楊筠松形勢派理論體系下展開的，而且還存在一些文句不通甚至錯誤的現象，但賴氏提出的方位理氣之法，是風水文化發展的重要里程碑，標誌着理氣派從實踐到理論的成熟。因此，《四庫全書》術數類收錄了此書以及他人的注釋，紀曉嵐對此給予很高的評價：「其言雖頗涉於神怪，而於陰陽五行，生剋制化，實能言之有理。」今人盧生上人對此書的研究最為精深[13]，下面在此基礎上作進一步的研究。

　　第一，提出了二十四天星的理論體系。基於人性論天人合一的哲學理念，賴文俊把楊筠松物質實體的星峰對應上升到所謂「精神」方位與星辰對應的層次，把羅盤之地盤二十四山與天空的三垣二十八宿對應，創設了二十四天星，以使陰宅和陽宅的方位與天之吉星對應，進而達到人之內心「理氣」的目的。因此，賴氏的二十四天星理論是從漢儒宇宙觀天人合一理念發展來的，這就說明了理氣派風水與形勢派風水從一開始就是緊緊地結合在一起的。

　　賴氏運用先天八卦、九宮圖和京房納甲說，劃分了二十四山中的陰龍和陽龍（圖4−5）。首先，賴氏把九宮數字的排列與先天八卦結合，發現屬陰的二、四、六、八這四個偶數，分別與先天八卦的巽、兌、艮、震對應。然後，再運用納甲說，兌納丁，兌的三合局是巳酉丑；巽納辛；艮納丙；震納庚，震的三合局是亥卯未。於是，兌（酉）、巽、辛、艮、丙、未、丁、巳、丑、震（卯）、庚、亥十二個方位構成了羅盤上的陰龍，而其他十二個方位就是陽龍。

　　賴氏認為，在立坐向時，相鄰的兩個坐山必須是雙陰或雙陽為吉，因為這樣是陰陽純淨，否則為凶。陰龍是從左向右逆時針旋轉，稱左關局；陽龍則與之相反，是右關局。

圖 4-5　二十四山中的陰龍和陽龍

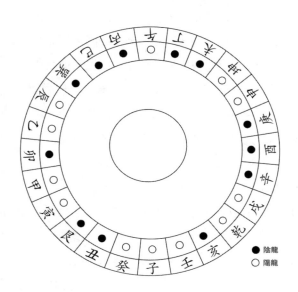

● 陰龍
○ 陽龍

　　根據「獨陰不生，孤陽不長」的理論，賴氏指出，震、巽、艮、兌四卦的上下爻都是陰陽關係，是吉方；其納甲方也是吉方。於是，提出了表 4-2 中的吉方理念。

　　第二，論催官之龍。在十二個陰龍所形成的祖山中，以亥、艮、兌（酉）、巽天星四貴入首之龍形成的龍勢為玄武，是最尊貴的。這是因為亥龍對應天皇星（紫微星）、艮龍對應天市星（陽樞星）、兌龍對應少微星、巽龍對應太乙星（太微星、陽璇星）。此外，這四龍與三吉六秀之方的龍勢形成的垣局，更是吉上加吉。例如，以艮—兌、兌—艮、艮—巽、巽—艮、亥—丙、艮—丁等走向的龍勢為祖山，必將出文韜武略之人，大富大貴，人丁興旺。

　　在十二個陽龍為祖山的格局中，其吉凶關係如下。

　　在以頓跌起伏的午龍為祖山的格局中，與壬方砂水是一個坐南向北的垣

表 4–2　八卦中的吉方

類別	方位
天星四貴	亥、艮、酉、巽
三吉	震、庚、亥
六秀	巽、辛、艮、丙、兌、丁
帝都明堂	亥、巳

局，但要注意在辰方、戌方、亥方不能有超過午壬方的高大山體，否則會有剋妻之災。

在以精俊清秀的壬龍、子龍、癸龍為祖山的垣局中，因坎卦屬水，故來龍應精俊磊落。壬龍午砂是坐北向南的吉局，離為君位，有坎離交媾之象，主出公侯。若子龍單行高聳，產婦會生出六指嬰孩。

以坤龍為祖山，因坤是無生氣的老陰，又兼鬼氣，主出孤寡尼僧。以乾龍為祖山，因乾是無生氣的老陽，又居肅殺之位，主出無嗣。以辰龍、戌龍為祖山，不吉，但可暫富。若安墳，將招致少小亡故之災。以甲龍、寅龍為祖山，不吉，但可暫富，主出跛、瘋、盲之人。

基於祖山應純陰或純陽為吉的理念，亥龍、艮龍要直行，而在庚酉辛、寅巳丙、壬子癸之間的山龍須逶迤曲折。由於在現實情況下，山龍是綿延行進的，不是單純的一個亥龍或其他方位的龍，那麼是在祖山的中軸線，還是在中軸線左側或右側落穴呢？其要領是「千里來龍只看龍頭八尺」，從「龍頭八尺」判斷，若是亥龍、艮龍等吉龍，就在中軸線上落穴。若是乾龍、亥龍並行，就用七三分金法，即七亥三乾，穴右落亥處。若是亥龍、壬龍同行（原文「壬亥雙行從左落」是錯誤的），就用七亥三壬，穴左落亥處。其他祖龍落穴之法以此類推。

第三，論催官之穴與砂。賴氏在書中按照從大吉、吉到凶的順序論述了

二十四山形成的二十四個穴位，以及與砂水組合對人前程的影響（表 4-3）。
需要說明的是，穴位中的「亥」是指亥龍形成的穴，山向中的「壬丙」指的是
壬山丙向，其他類同。

表 4-3　二十四穴的吉凶禍福

順序	穴位	山向	砂與人之前程
1	亥	壬丙、乾巽、癸丁	吉星之合，出文才武略之人。墓葬接氣時要稍偏左加乾氣，乾氣從右角進入。
2	艮	癸丁、壬丙、子午、甲庚、乙辛、乾巽、卯酉	吉星之合，出文才武略之人。因巽納辛，若山峰靈秀出文官。兑主人丁財富，故可速富。艮巽為木剋土，若垣局一般會「夭折虧天年」。
3	辛	乾巽、酉卯、坤艮	因巽納辛，主科考及第，穴靠左，生氣從右邊進。卯向左氣入穴，但不能加多，否則只能出相貌英俊的巡警等小官。艮向一般難以富貴，但若垣局好，也能大貴。
4	巽	乙辛、巳亥、坤艮	辛向可能成為皇帝的姻親。
5	卯	甲庚、乙辛	出鎮守邊關的大將，或文武官員。
6	庚	酉卯、坤艮	可榮華富貴。
7	丁	坤艮、巳亥	主出貴人，可長壽，避免午氣間雜其中。
8	丙	巳亥、坤艮	可發財致富，也出貴人。
9	酉	坤艮、乾巽、酉卯、癸丁	主出文才官貴，少年科第之士，隱逸、高壽、清貴之人。但酉卯有「氣沖腦散之患」。
10	午	丙壬、丁癸	主出公侯之類的大官，並能快速致富。若丙氣雜入可致火災。
11	壬	子午、艮坤、辛乙	主出官員、英俊之士。
12	子	子午、艮坤	用分金之法防南北相沖，可富貴。偶會生出六指之孩，但田產較多。
13	癸	艮坤、子午	主出風流好色之徒，若搭配得當，也可富貴並出英俊之士。
14	坤	丁癸、子午	若關鎖嚴密，可迅速發達，否則不可立穴。
15	乾	庚甲、辛乙	若山勢奇特、垣局頑固，可暫富，否則不可立穴。
16	戌	辛乙、庚甲	雖可富但有殘疾之患。

順序	穴位	山向	砂與人之前程
17	寅	艮坤、寅申	若垣局完備可速富，否則不可立穴。
18	甲	巽乾、艮坤	穴位多半不吉，若垣局完備可福氣無窮。
19	辰	巽乾、艮坤	所結之穴多半帶異氣，若龍脈精奇、關鎖嚴密可試用。
20	未	坤艮	挨左帶丁山，可榮華富貴。
21	申	庚甲、丁癸	若前有曲水，垣局關鎖完備，可家資豐盈。
22	巳	巳亥	可榮華富貴。
23	丑	壬丙、癸丁	若有丙、丁向配合可多田園，也會大富大貴。
24	乙	艮坤	有富貴之象，但有招贅之應。

　　第四，論催官之水。水在風水中的意義主要是聚財，若與砂山相配才是完備之局。賴氏運用五行生剋關係論述各方位來去之水的吉凶。

　　（１）關於吉水。三陽是指巽、丙、丁三個方位。賴氏指出：「催官之水唯三陽，水朝砂秀官爵強。」巽對應天上的五尚書，若有砂無水，只能富貴；若有水無砂，只能致富而不能顯貴；若砂水相配，可中魁元、當駙馬；但要注意與艮的相剋。丙、丁方是南極壽星光臨之處，有水可長壽富貴，若與砂水相配可顯貴。

　　辛水流至巽位，可招財進寶、女人漂亮、男人科考及第。若辛方砂山破碎似鵝頭，主出風流淫慾之女。

　　震庚兩方有水可巨富，若有高山相配可出將帥之才。若有癸申之水流入可有災。若卯位有水但山形破碎，則有淫奔之禍。若震龍剝換至坤位，則有刑戮之災。

　　艮位有水入朝堂，則有萬貫家財。

　　巳位為財寶水，亥位為財祿水，若有水入堂，可家財優厚。

　　癸、午、壬三方有來水，可出公卿之貴。

　　（２）關於凶水。丑未方有來去之水皆為凶，特別是水入震坤位，主出和

尚、道士、寡婦、尼姑和蕩婦。這是因為丑未屬土，與水相剋。

坎水對離龍，發達快但完蛋也快。

辰方有水不吉，因其屬土，若對兌龍，主出兔唇、說話模糊之人；若對坎龍，全家則有殺戮之災。

丑、未、辰、戌構成四金之水，是四墓庫的方位。因四方屬土，若水充盈，則相剋有災。

申、寅方來去之水在陽局是吉利的。若在震龍中，申來之水流至坤申向，有刑禍之災。

離壬方有來去之水，主背井離鄉。

乾亥方有來去之水，出瘋盲之人。特別是乾亥、乾戌有雙行之水則更凶。

三合局若引水不當也有災。例如，在寅午戌組成的三合火局中，若這三方有水將招致火災；但若有兌氣介入，因兌屬金、金生水，就能扼住火災。

此外，還要注意陰局和陽局不能相破，不能陰龍見陽水或陽龍見陰水，必須是純陽或純陰為吉。

五、唐宋時期都城規劃中的風水文化

1. 唐長安城的規劃

唐長安城除了大明宮外，幾乎繼承了隋大興城的全部。隋大興城是由宇文愷制定規劃和高熲總領大綱修建的，他們巧妙地利用龍首原南麓的六條高坡與乾卦爻辭之間的關係，賦予了長安城天人合一的理念。唐宰相李吉甫指出了選址原則：「隋氏營都，宇文愷以朱雀街南北有六條高坡，為乾卦之象，故以

九二置宮殿，以當帝王之居，九三立百司，以應君子之數，九五貴位，不欲常人居之，故置玄都觀及興善寺以鎮之。」[14] 其實，這六條高坡在今天仍然清晰可辨（圖4–6）：（1）九一高坡大致從今西安城西北的紅廟坡向東去，沿龍首原南麓穿過自強東路以北的二馬路；（2）九二高坡即今西安城北牆一線，大致沿四百米等高線呈東西走向；（3）九三高坡即今西安城內的東西大街一線，與四百一十米等高線吻合；（4）九四高坡大致從小雁塔折向東北；（5）九五高坡就是今興善寺公園與草場坡一線；（6）九六高坡是從大雁塔折向東北去的高地[15]。

　　從圖中的城市佈局可以看出與周易爻辭之間的關係。宮城是帝王之居，位於九二高坡，是「見龍在田，利見大人」，體現了皇恩浩蕩的思想。皇城中央官署位於九三高坡，是「君子終日乾乾，夕惕若，厲無咎」，體現了要求官員勤勉不懈怠的思想。寺廟位於九五高坡，是「飛龍在天」，體現了與神靈溝通的思想，這也是佛教文化影響的結果。

　　位於東北部的大明宮是全城的制高點，登高遠眺，可一覽無餘。其位置是後天八卦之艮位，代表山；其名字也源於乾卦《象傳》中的「大明終始，六位時成」，「大明」即太陽[16]。

　　唐長安城的一百零八坊包含豐富的文化內涵。一百零八是三十六和七十二之和，三十六由太陰六六之數構成，七十二是天九地八這兩個最大的陽數和陰數之積，具有天地交泰、陰陽合德、至善至美的意義[17]。在里坊佈局上，南北十三坊象徵着「一年有潤」，皇城之南的東西四坊象徵着四季平安，南北九坊「取則《周禮》九則之制」[18]。

　　長安城的佈局還明顯受到《周禮·考工記》的影響。符合儒家禮制的中軸線——朱雀大街從南到北經過明德門、朱雀門、承天門，但正對北城牆卻沒有大門。這是因為一是避免子午相沖而不能聚氣；二是正北是「坎」位，屬水，「坎入於陷則凶」，這與堅如磐石的玄武是相背離的。因此，皇城以南的

圖 4-6　唐長安城的風水意象

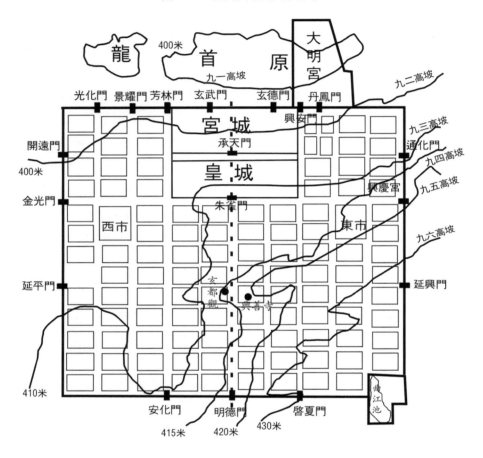

三十六坊也是不開北門的。

　　除了中軸線上的宮城和皇城不在中央外，太廟、社稷壇、市坊都遵循周禮之制，對稱分佈在中軸線兩側。儘管北部有七個門，但有三個門是南北貫通的，再加上東西向的三條橫街，實際形成了九經九緯的局面[19]。

　　此外，長安城中建有大量寺觀，據《唐兩京城坊考》記載，寺院共一百零

七所，道觀三十九所。這是佛道對風水文化影響的結果。

為了保護城市供水、宮苑用水和漕運河道，開鑿了龍首渠、永安渠、清明渠和曲江四條水道，並與滻河、渭河聯繫起來。這些水道起到了聚氣的作用。東南部的曲江池是公共活動的場所，位居後天八卦之巽位，象徵着大唐人才輩出。

長安城的規劃體現了融合儒釋道文化的以形勢派為主、理氣派為輔的風水特色，為城市建設提供了規範，因而被渤海國上井龍泉府、日本平城京和平安京、新羅慶州所借鑒。

2. 北宋東京城的規劃

北宋東京城是在後周都城基礎上擴建而成的。趙匡胤陳橋兵變後之所以要定都開封，是因為出生於洛陽的他篤信「擇天下之中而立國」的傳統。在唐玄宗時期，勘測到開封的嶽台是大地之中，從而動搖了「洛陽地中說」在意識形態中的壟斷地位。再加上江南已得到開發，開封地處漕運的中心，就理所當然地成為首都。關於東京城規劃中的風水因素，李合群、張獻梅等人已作了開創性的研究[20]，下面在此基礎上作進一步的探索。

在選址上，東京城的風水外局一反長安、洛陽那種標準的背山面水、左右圍護的仿星學垣局，而是利用平洋風水理論，開挖、疏浚河道，營建圍合態勢（圖4-7）。這顯然是受楊筠松「平地龍從高脈發」、「平地兩旁尋水勢」、「低土一寸水迴環」的影響。從大的地貌單元看，東京城北以黃河為玄武，其他三面為汴河、五丈河、蔡河、金水河圍繞並流經城內，增加了城內生氣；城內有三重護城河。金水河又稱天源河，它象徵着天之銀河，流經內城的水門稱天波門，為了讓金水河惠及百姓，後來又向南延伸，使「宮寺民舍，皆得汲用」[21]。汴河和蔡河的出水口皆為後天八卦之巽位（東南向），

圖 4-7　北宋東京城的風水意象

是吉位排水之向。巽為風，巽為入，水口在巽位象徵着宋朝文化昌盛。此外，為了彌補水道圍護的不足，還修建了堅固無比的皇城、內城、外城三重城牆。據考古研究，外城殘存西牆南段底寬 32.3 米，殘高將近 9 米。因此，這些河道和城牆形成了堅固的垣局。

　　在佈局上，北宋末年詞人周邦彥在《汴都賦》中直接道出了東京城的設計理念，即「天河群神之闕，紫微太一之宮，擬法象於穹昊」。宋徽宗時期學者張知甫更把皇宮稱之為「斗城」[22]。這就說明了東京城是按照仿星學原則佈局的。東京外城的形狀不是正南正北的方正形狀，而是近似菱形。據實測，外

城北偏東約 8 度 [23]。這是楊筠松所制定的「人盤」定位的結果。楊氏在風水實踐中發現地磁子午線與地理子午線之間存在夾角，於是在羅盤上加上一層方位圈，即人盤，此夾角是北偏東 7.5 度，這個偏角就是壬山丙向。北宋末年賴文俊的理氣說，應該是受東京城規劃的啟示。近似菱形的宋城「狀如臥牛」，保利門是牛頭，宣化門（南城牆中最東的一門）是牛脖子 [24]。從五行相剋的角度看，牛屬土，而土剋水。因此，這個夾角也起到了剋制水患的心理作用。

　　源於漢代的五音姓利說在唐宋時期非常流行，唐人呂才曾撰文批判這種理氣的不合理性。宋太祖姓趙，在五音中屬角音，利於壬方，即北偏西處，因而宮城位於內城的北偏西方位，對應天之太微垣的方位。不僅宮城如此，位於今河南鞏縣的八座宋陵的所有寢宮都位於壬位 [25]。皇宮分為皇城和宮城，其周長分別是九里十三步和五里，這源於易經中的「九五」是帝王之數的理念。

　　宋太宗太平興國五年（公元 980 年），在東京外城北牆景陽門外置掌牧養官馬的左右天馻監 [26]，與東方七宿中的房宿對應，房宿又稱天馻。

　　宋真宗大中祥符二年（公元 1009 年），在內城西北方修建了玉清昭應宮，即道觀玉清宮，「建宮於宮城之乾地，正可以祈福」[27]。乾位是後天八卦的西北方，是天神之位，而玉清宮又是與上天溝通的場所，故在此修建。祥符九年（公元 1016 年），取象於天廟星之方位，修建了具有太廟性質的景靈宮。它之所以位於皇宮前御街東側，是因為「天廟星在太微南，宜於大內東南巳位建新宮，以合天廟之制」[28]。

　　宋徽宗政和五年（公元 1115 年），把皇城內左側的秘書省遷出，在原址上修建了供朝會、祭祀、慶典的明堂，其原因是明堂應「臨丙方近東，以據福德之地」[29]。

　　內城東北部的皇家園林——艮嶽是一座風水山。宋徽宗政和七年（公元 1117 年），道士劉混康上奏：「京城東北隅地協堪輿，倘形勢加以少高，當有多男之祥。」[30]在後天八卦中，東北是艮位，屬於山。於是，徽宗為了多子多孫，

就在東北部仿照臨安的鳳凰山建造艮嶽。艮嶽的修建並沒有給徽宗帶來好運，相反因勞民傷財導致了國家的滅亡。由此可見，道士在當時也是風水行當的從業者。

東門外夷門山和樊家岡一帶在後天八卦中屬震位，代表雷、長子，是少陽，五行中屬木，主生發。因此，規定不准在此取土和立墳，已有墳墓應立即遷走[31]。在宋神宗元豐年間開鑿護城河時，也考慮到震方代表雷，因而對於東部的護城河挖得很淺，致使北宋末年這一帶仍然是「濠水淺小，絕難保守」[32]。

由於宋朝統治者機械地運用風水理論，使東京城的規劃產生了問題。據李合群研究，東部的護城河因挖得很淺而不利於防守；負責養馬的天駟監位於外城北牆景陽門外，供養馬匹的草場卻在城南的朱雀門外，這給運輸糧草帶來了負擔；為了「以象河漢」，故意把金水河引過汴河，以貫穿皇城，阻礙了汴河漕運。這種做法與當時意識形態領域中人性論天人合一的思想有關。

3. 西夏興慶府城的規劃[33]

興慶府城即西夏國都城，治所是今寧夏銀川市老城興慶區。在唐代是懷遠縣城，北宋時期為懷遠鎮，西夏始稱興州，後升為興慶府。

在選址上，銀川平原戰略位置重要，「山川險固」，「背名山而面洪流，左河津而右重塞」[34]。西北部的賀蘭山是中國南北向山地、溫帶荒漠與溫帶荒漠草原、西北內流區與外流區的分界線，是寧夏三大天然林區之一。賀蘭山是一道天然屏障，易守難攻，但也交通便利。「西邊以賀蘭為障，礙口四十餘處，皆通人騎，往來其中。」[35]東面的黃河呈西南—東北走向，也是一道天然屏障。因此，賀蘭山和黃河就像兩個括弧把銀川平原包括起來（圖4-8）。

銀川平原自漢代始引黃河開渠灌田，是中國大西北最早開發的灌區之一，

圖 4-8　西夏興慶府城的風水區位

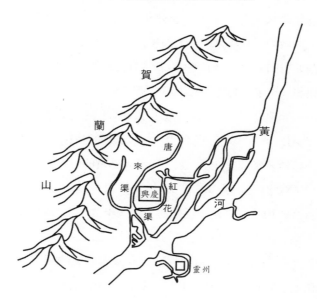

「河渠九十有一，惟漢（延渠）唐（來渠）最著」[36]。因此，「土田肥美，溝渠數十處，皆引河以資灌溉，歲用豐穰」[37]。

　　從大的風水格局看，寧夏平原不是一個標準的南北向的模式，而是西北—東南向的。賀蘭山屬於古代風水理論中的北部龍脈之一，是古代傳說中人界唯一能夠到達天界路徑的不周山[38]，其中部可以看作是玄武，呈弧形的兩側是青龍和白虎，蜿蜒的黃河是朱雀，興慶府城作為吉地位於其間。因此，賀蘭山和黃河不但作為天然的屏障保護着吉地，還為人們提供動植物資源和灌溉之利。

　　從小的風水格局看，西夏興慶府城四面為唐來渠及其支流紅花渠所圍繞，惟有西北一隅與外界相通（圖4-8）。它距東部黃河與西部賀蘭山以東的荒灘都有十餘公里[39]，位置適中，既可避免黃河的水患，又可防止賀蘭山山洪的襲擊；唐來渠和紅花渠又構成了天然的護城河和飲水渠源，使城市的防禦和供水

有了充分的保障。此外，興慶府城所在位置地勢較高，而周圍較低。城南每到
夏秋季節，茫茫渠水「流潦瀲灩，與路旁明水湖混為巨匯」而汪洋一片；城北
有金波湖和演武教場，教場常因「雨潦畜滯，妨教演之政」而重建[40]。因此，
興慶府城在南北方向上沒有發展的空間，只有在唐來渠和紅花渠之間東西向上
發展，這種格局奠定了元明清以來銀川城市的發展空間。

在佈局上，興慶府是處處仿照宋都東京在城內擴建宮城、營造殿宇[41]；而
且從西夏王元昊仿北宋創立了官制，其中設立「開封府」專管興慶府事務，西
夏王陵格局亦參照宋鞏陵建造[42]，並任用漢人為官的事實，可知興慶府城的規
劃佈局是運用了風水理論。

興慶府有宮城和外城兩重。護城河「池闊十丈，水四時不竭」[43]。外城呈
長方形，「周圍一十八里，東西袤於南北」[44]。明寧夏府是在興慶府舊城基礎
上修建而成的，故興慶府可依據明代方誌有關寧夏城的記載復原其輪廓和佈
局：寧夏城南北各兩門，東西各一門[45]。因此，興慶府外城是以東門清和門和
西門鎮遠門為橫軸，以北門振武門、德勝門和南門南薰門、光化門為縱軸對
稱分佈。此外，外城城門的名字也體現了勝利、威武之意，與選址的戰略意
義吻合。

「相傳以為人形」[46]表明城市平面佈局是「人」字形。「人」字形的佈局
到底是甚麼樣子呢？文獻沒有記載。由於以後的城市都是在興慶府舊城基礎上
修建的，可以從明清寧夏府城圖看出[47]，當時的政府中樞道署、都察院都位於
城市的西北或偏於西北的位置，表明宮城位於興慶府的西北部，這就是「人」
字形的「頭部」；那些酷似人的四肢、脖頸是主要幹道，寺廟、軍營、倉庫、
民舍、內學、太學等各種機構位於「腹胸」和「四肢」上（圖4–9）。這種規
劃佈局與西夏民族敬拜鬼神的社會習俗有關，因為西夏之俗「所居正寢，常留
中一間，以奉鬼神，不敢居之，謂之『神明』，主人乃坐其傍」[48]。

「人」字形的佈局也是借鑒了風水思想和中醫的穴位理論，而中醫的穴

圖 4–9　「人」字形銀川古城的風水意象

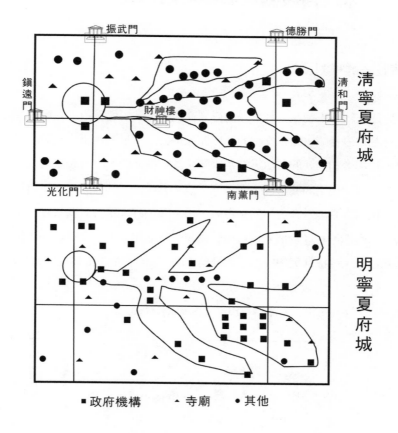

位理論也與風水有着密切聯繫。從圖 4–9 可以看出，這些建築也是基本上南北對稱分佈的。其實，人的四肢、軀幹、頭腦和心臟等就符合理想風水模式的特點，這是人體大的風水結構。從人體小的風水結構來看，每一個穴位就是小的吉地。

六、唐宋時期陵墓規劃中的風水文化

1. 唐乾陵的規劃

　　唐建立統一王朝後，社會經濟得到恢復和發展，儒釋道三教合一，陵墓建設也像都城一樣隨着風水文化的興盛深深地打上了形勢派風水繁榮的烙印。唐陵是沿用魏晉和南朝的方法，在半山腰南麓穿鑿而成，沒有起築墳丘。此外，唐陵的「寢」也不同於東漢，而是把「寢」分成三個部分修建：修建在墓室門頂上以供墓主靈魂遊樂之用的神遊殿，供上陵朝拜或舉行重要祭獻典禮之用的獻殿（即寢殿），以及供墓主靈魂飲食起居生活和宮人、官吏留守居住的下宮（即寢宮），這樣就更加突出了朝拜典禮的重要性[49]。下面以乾陵為例說明。

圖 4–10　《唐高宗乾陵圖》

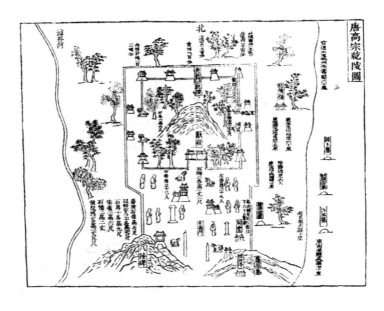

圖 4-11　唐乾陵的風水意象

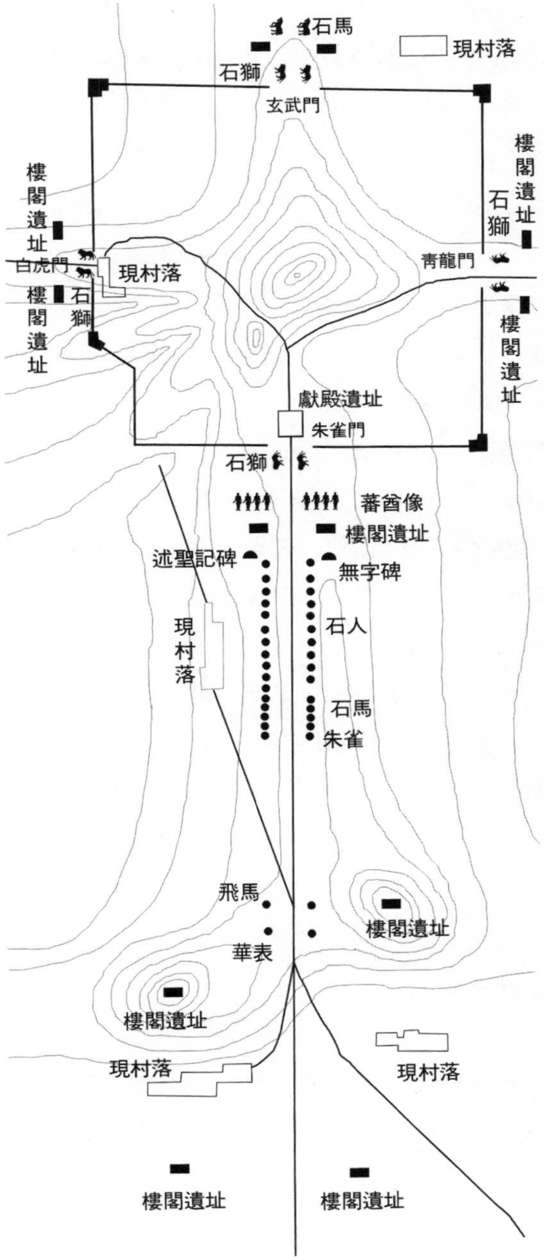

現村落

石馬

石獅

玄武門

樓閣遺址

石獅

青龍門

樓閣遺址

樓閣遺址

白虎門

現村落

樓閣遺址

石獅

獻殿遺址

朱雀門

石獅

蕃酋像

樓閣遺址

述聖記碑

無字碑

現村落

石人

石馬

朱雀

飛馬

樓閣遺址

華表

樓閣遺址

現村落

現村落

樓閣遺址

樓閣遺址

乾陵位於陝西乾縣梁山，是唐高宗與武則天的合葬之處。梁山地勢險要，泔河和漠水（今建乾陵水庫）在東西兩側環繞，自古以來就是東西交通的咽喉，漢張騫出使西域和唐代的絲綢之路都經過此山。梁山呈圓錐形，共有三峰，北峰最高，像人的頭顱，乾陵位於其上；南面兩峰較低，東西對峙，像女人的雙乳，故得名乳峰（圖 4－10、4－11）。

陵區仿長安城修建[50]。有內外兩重城牆，內城牆為方形，每邊中央設一門，即南有朱雀門、北有玄武門、東有青龍門、西有白虎門。中軸線司馬道穿越朱雀門，兩側是石獅子、石馬、鴕鳥、石碑等石刻群。供上陵朝拜或舉行重要祭典的獻殿位於陵墓之前的朱雀門內，供墓主靈魂飲食起居生活的處所和宮人官吏居住的寢宮位於陵墓南方偏西處。

關於乾陵的選址有一個有趣的傳說。唐高宗的舅父長孫無忌和太史令李淳風認為梁山的風水很好，就把它作為唐高宗陵寢之地。但袁天罡極力反對，一是梁山位於太宗昭陵之前，且與太宗龍脈隔斷，不利於江山穩固；二是梁山北峰居高，前有兩峰似女乳狀，整個山形遠觀似少婦平躺一般，主女人專權亂政；三是梁山北峰屬木，南二峰屬金，金剋木，土生金，整座山形龍氣助金，主江山必為屬金之人所控。在把梁山定為陵址之後，武則天果然當上了皇帝。當然，這個傳說可能是在武則天專權後附會的。

因梁山居都城西北，在八卦中是乾位，而乾為陽、為天、為帝，長安是人間帝都，居於乾位的梁山就是天上帝都，就命名為乾陵，已達到天地合一、乾坤相合的目的。

2. 北宋鞏縣宋陵的規劃

宋代取消了營建壽陵的辦法，規定應在死後才開始修建。按照禮制，死後七個月必須安葬，因此只有七個月的時間修建陵墓。北宋的陵寢制度大體上沿

圖 4-12　北宋永熙陵的風水意象

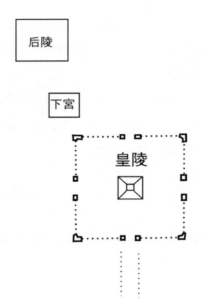

襲唐代，不同的是在平地上修建陵墓。北宋風水文化盛行五音姓利學說，根據姓氏的音屬而擇地[51]，因而體現了理氣派的特點。宋代皇帝姓趙，趙屬角音，利於壬、丙方向，即在東南高西北低平的地方擇地。開封附近沒有這種地勢，後來只好在兩百公里之外的河南鞏縣南部找到了這種地勢，於是就在這裡修建北宋的帝陵，造成了從南門進去越往北走地勢越低的局面。

　　北宋陵墓的寢宮同樣因風水而與唐代不同。此處以宋太宗趙光義的永熙陵為例說明（圖 4-12）[52]。永熙陵的上宮相當於唐代的獻殿，設在南神門以內、陵墓之前，這與唐代相同。受五音姓利學說影響，把壬、丙二方看作是吉地，因而在神牆外的壬地即皇陵西北方向修建下宮。而唐代的下宮修建在陵墓的南方偏西處。

3. 劉氏先祖墓的規劃

　　劉汾，字伯臨，生於唐宣宗大中二年（公元 848 年），自幼聰敏好學，二十三歲登進士第，初授兵部員外郎。因鎮壓唐末農民起義有功，官至銀青光祿大夫、檢校國子祭酒兼御史大夫、上柱國、尚書右僕射、鎮南軍節度使等職。後劉汾因家族突遭橫禍，遂隱居廣信府弋陽縣歸仁鄉新陂里（今江西省弋陽縣曹溪鎮）。唐昭宗天復元年（公元 901 年）冬去世，葬於弋陽縣新陂里歸仁鄉旗鼓嶺龍頭山內，墓為巽乾向外卯酉向（圖 4–13）[53]。

圖 4–13　唐末劉汾墓的風水意象

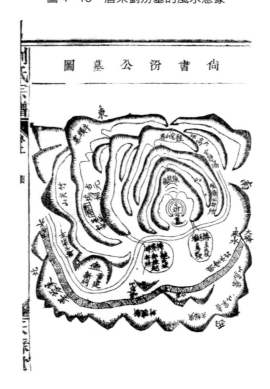

劉通，字時亨，生於唐懿宗咸通六年（公元 865 年），曾任散騎常侍，因其長子劉定被皇帝追贈為金紫光祿大夫。唐末避亂於廣信府，遷居鄱陽青塘源。天佑二年（公元 905 年），又遷居德安楊梅峰之硤石，並在陂溪北岸修建住宅。「陂溪之地在德安之西鄉南田寨，山水奇秀冠東南，東關九曲之水，南峙卓筆之峰，西擁樟山（原文是嶂山）之門戶，北倚高岡為禦屏。靈秀所鍾，戶齒日盛，俊乂盈庭……登第者九人，科甲蟬聯，為地著姓。」[54] 由此可見陂溪周圍風水之美。五代時期後唐明宗天成二年（公元 927 年），劉通去世，與妻王氏合葬於陂溪板林坑（圖 4–14）[55]。劉通的六世孫劉敏於宋太祖乾德五年（公元 967 年）出生，宋真宗祥符元年（公元 1008 年）去世，與劉通的曾孫劉日章等人葬在劉通之墓對面的樟山之下。

圖 4–14　五代劉通墓的風水意象

　　劉仕谷和劉仕琳是劉敏的次子、三子，曾由德安陂溪遷居武寧魯溪，後又遷至西流。死後二人同葬在十三都洞口石嶺下茶培嶺，墓為辛山乙向，因中間是留給長兄劉仕珩的，故名留穴塘（圖4–15）[56]。家譜中未有他們去世的日期，但可推測應在北宋初期去世。

圖4–15　北宋劉仕谷和劉仕琳墓的風水意象

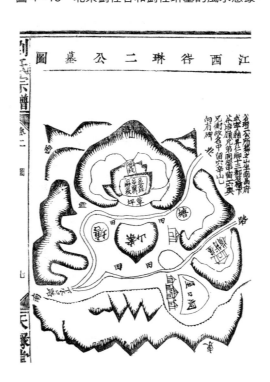

　　根據劉氏家譜記載的唐朝、五代至北宋時期劉氏先祖的墳墓概況，可以看出陵墓風水的發展脈絡。從唐末劉汾之墓可以看出，後有重重的生機勃發的龍脈，並剝換一吉穴；左右有青龍山和白虎山護衛；從東北流出的溪流是朱雀，在墓前作玉帶纏繞狀，並在西南流出，符合天門和地戶的原則；溪流前後之山為案山和朝山。墓為巽乾向外卯酉向，這個山向很特別，與當時羅盤剛出現、開始注意方向有關。這顯然是受當時形勢派風水興盛的影響，並帶有理氣派風水的痕跡。在五代劉通之墓中，基本是對唐末陵墓風水的繼承。但在北宋劉仕谷和劉仕琳的墓中，在講究形勢派風水的同時，加大了理氣的成分，明確了該墓為辛山乙向。對照賴文俊的《催官賦》，可知該墓應是辛山乙向的壬位，這個穴位主出官員、英俊之士。

七、園林風水與旅遊開發

　　在唐宋時期，隨着國力的強盛，園林建設進入全盛階段，使旅遊活動普及到大眾。例如，唐代曲江池就是一處供市民公共遊覽的園林（見第八章曲江地產部分），北宋東京城的瓊林苑、金明池、玉津園等園林每年定期向普通百姓開放。與風水流派形成相適應的是，唐代園林重形勢，宋代園林重理氣。下面選取四個園林來論述古代旅遊與風水的關係。

1. 仙遊宮的規劃

　　仙遊宮位於今陝西省周至縣城南十五公里處，是隋文帝所建的行宮，後因建靈塔安置佛舍利而改為佛寺——仙遊寺。在唐宋兩代文人墨客遊覽和詩文題詠的影響下，成為旅遊勝地。

　　唐朝大詩人白居易與陳鴻、王質夫二人曾同住仙遊寺數日，暢談唐玄宗和楊貴妃的愛情故事。白居易和陳鴻據此分別創作了名垂千古的《長恨歌》和《長恨歌傳》。元代以後，此寺屢毀屢建。

　　從仙遊宮發展來的仙遊寺之所以至今廣為世人矚目，是與其選址符合風水要求分不開的。如圖4-16所示，仙遊寺坐南向北位於黑水河岸邊的凸地上，即所謂的汭位[57]。玄武是南邊秦嶺支脈四方台和獅山。四方台向北延伸的陽山和月嶺構成了東西兩側的青龍和白虎，與玄武形成太師椅狀的山嶽空間，而且陽山和月嶺的得名也有日月同輝和陰陽平和之意。黑水河是朱雀，象嶺是案山。位於仙遊寺南北兩側起到護衛作用的獅山和象嶺的得名也與佛教有關。在佛教中，獅子被認為是一種有神力的靈獸，釋迦牟尼自稱「人中獅子」，佛坐的床叫做「獅子座」，文殊菩薩的坐騎是獅子；大象在佛教中被認為是力量最大的動物，因此普賢菩薩的坐騎是大象。

圖 4–16　仙遊宮的風水意象

2. 九成宮的規劃

　　九成宮位於今陝西省麟游縣新城區，原名仁壽宮，是隋朝建築大師宇文愷規劃設計的。隋亡廢毀後，唐太宗為了避暑養病，修復後改稱九成宮。

　　九成宮的宮牆有內外兩重（圖4—17）[58]。內垣之內為宮城，位於北馬坊河、永安河和杜水交匯處構成的岸邊凸地上。北部的碧城山為玄武，東西兩側的童山和屏山為龍虎砂，杜水為朱雀，南側的堡子山為案山。為了利於安全防衛，外垣沿山地分水嶺修建，把周圍制高點全部圈進來。內外城牆之間是苑林區。有趣的是，外垣呈葫蘆狀。葫蘆是風水物品，這應與佛教文化中須彌納於芥子的理念和道教中壺中天地及對葫蘆的崇拜有關。

　　正是由於九成宮的規劃寓風水文化與自然環境於一體而又不失皇家氣派，許多畫家以此作為創作仙山瓊閣題材的藍本，許多文人也為之留下了千古名作。中唐以後，九成宮被閒置起來，大批文人墨客更是方便地來此遊覽。唐代以九成宮為題材的詩畫對後世影響很大，以至於幾乎成為宋代以後文人懷古抒情的永恆題材[59]。

圖 4-17　九成宮的風水意象

3. 艮嶽的規劃

艮嶽是北宋東京城內東北部的萬歲山。宋徽宗聽信道士之言，認為在城內東北部築山可以多子多孫。於是，就仿照杭州的鳳凰山修建了萬歲山。因它在宮城的東北面，屬八卦的艮方，故得名艮嶽。

如圖 4–18 所示，艮嶽頗具風水意象[60]。萬歲山為玄武，萬松嶺及向南延伸的山地形成白虎，蕭森亭至極目亭的地勢構成青龍，南部的壽山為案山，大方沼和雁池是朱雀。

由於精於書畫的宋徽宗親自參與，主持修建工程的宦官梁師成「博雅忠蓋，思精志巧，多才可屬」，使艮嶽具有濃郁的文人園林意趣，成為歷史上最著名的皇家園林。但在修建過程中，為搜求江南的石料和花木，不惜破壞別人的風水，「不問墳墓之間，盡皆發掘」，勞民傷財，致使艮嶽建成不過四年，就因金兵攻陷東京而衰敗。

圖 4–18　艮嶽的風水意象

4. 浙江蒼坡村園林的規劃

　　蒼坡村地處楠溪江中游的浙江永嘉縣，是南宋時期九世祖李嵩邀請國師李時日設計的。它有迄今發現的唯一一處宋代農村公共園林，這是精通風水文化的李時日結合當地特殊的自然、人文環境建造的。

　　楠溪江中游地區山清水秀，氣候溫和，土壤肥沃，農業發達，早在東晉時期，著名的山水詩人謝靈運就駐足於此，南朝道士陶弘景也曾來此修煉，特別是每當北方發生戰亂時，此地就成為北方大族的避難所。在楠溪江流域，這些由出身仕宦之家的北方大族建立的村落本來就十分重視禮樂教化，再加上宋代比較寬鬆的文化政策，平民百姓也可以通過科舉改變命運，於是就形成了許多擁有公共園林的耕讀生活社區。其中，蒼坡村的佈局就是最典型的一個（圖4–19）。

圖4–19　蒼坡村的風水意象

　　據說李時日在考察了蒼坡村的地形之後，認為此地「火氣太旺」，四面都有火災隱憂。於是在佈局上運用五行風水說，在村子東部修建了兩個水池，並在四周引溪環繞以水剋火。村中街巷呈八卦形，以方形環狀的鼓盤巷為中心，向四方開了八條路。李時日以這兩個水池和村西的筆架山為依託，在公共園林的佈局上融入了「文房四寶」的文化內涵。

　　蒼坡村的公共園林沿寨牆呈曲尺形展開，長方形的東池和西池象徵着硯池，西池北岸的三條長條石象徵着墨錠，再往北的一條對着村西筆架山的街道即筆街象徵着毛筆，略近方形的村落好像一張鋪開的宣紙，於是，筆、墨、紙、硯「文房四寶」的意象就有了，這無疑會對村中的少年子弟有着潛移默化的教育意義。宗祠和仁濟廟是村民祭祀和修身養性之地。

　　蒼坡村把獨具匠心的園林放在東南巽位，是符合風水規劃要求的。巽位修建園林和寺廟具有鎮的作用，主文化昌盛、文人輩出，這與文峰塔之類的風水塔修建在東南的意義是一樣，反映了當地村民高雅的文化品位。

注釋

1　鄭利鋒：《宋代地方誌南北修撰異同論》，《史學史研究》，2009年第2期。

2　馮友蘭：《中國哲學史》（下），生活·讀書·新知三聯書店，2009年，第308頁。

3　李澤厚：《中國古代思想史論》，天津社會科學院出版社，2003年，第214頁。

4　《正孟·乾稱》。

5　《河南程氏遺書》卷一八。

6　李澤厚：《中國古代思想史論》，天津社會科學院出版社，2003年，第213頁。

7　《朱子語類》卷一。

8　北京大學博士陳喜波先生與筆者探討時認為，相對於理氣而言，形勢派應稱為理形派較合適，即選擇、整理成四靈格局模式。筆者認為言之有理，在此提出謹供讀者參考。

9　何曉昕、羅雋：《中國風水史》，九州出版社，2008年，第88頁。

10　伍皓：《從蟲到人：生命演化序列排出》，《新華文摘》，2002年第4期。

11　許慎《說文解字·風》。

12　虛生上人：《〈宅經〉心得》，江蘇人民出版社，2010年，第1頁。

13　虛生上人：《〈宅經〉心得》，江蘇人民出版社，2010年，第180-181頁。

14　《元和郡縣圖志·關內道》。

15　馬正林：《唐長安城總體佈局的地理特徵》，《歷史地理》第三輯，1983年，上海人民出版社。

16　李小波、李強：《從天文到人文——漢唐長安城規劃思想的演變》，《城市規劃》，2000年第9期。

17　楊希枚：《中國古代神秘數字論稿》，（台灣）《中央研究院民族學研究所集刊》，第33集。

18　（宋）宋敏求撰，（清）畢沅校正：《長安志注》卷七。

19　史念海：《中國古都和文化》，中華書局，1998年，第525-526頁。

20　李合群：《試論影響北宋東京規劃佈局的非理性因素——象天設都與堪輿學說》，《河南大學學報》（社會科學版），2006年第5期；張獻梅：《風水學對北宋東京佈局的影響》，《山西建築》，2007年第27期。

21　李燾：《續資治通鑒長編》，中華書局，1979年，第1633頁。

22　張知甫：《張氏可書》，載《叢書集成初編》，中華書局，1985年。

23　丘剛、孫新民：《北宋東京外城的初步勘探與試掘》，《文物》，1992年第12期。

24　徐夢莘：《三朝北盟會編》卷六六。

25　陳朝雲：《南北宋陵》，中國青年出版社，2004年，第22頁。

26　李燾：《續資治通鑒長編》，中華書局，1979年，第1264頁。

27　李燾：《續資治通鑒長編》，中華書局，1979年，第2042頁。

28　王應麟：《玉海》卷一百，中華書局，2005年。

29 《宋史》卷一百一。

30 李濂:《汴京遺蹟志》,中華書局,1999年,第54頁。

31 徐松:《宋會要輯稿》,中華書局,1975年,第7327頁;李燾:《續資治通鑒長編》,中華書局,1979年,第7917頁。

32 陳均:《九朝編年備要》卷三,(台北)商務印書館,1983年。

33 顏廷真、陳喜波、曹小曙:《略論西夏興慶府城規劃佈局對中原風水文化的繼承和發展》,《地域研究與開發》,2009年第2期。

34 乾隆《寧夏府志》卷二《疆域》。

35 乾隆《寧夏府志》卷二《疆域》。

36 乾隆《寧夏府志》卷二《疆域》。

37 (清)汪繹辰:《銀川小志‧疆域》。

38 高嵩、高原:《岩畫中的文字和文字中的歷史》,寧夏人民出版社,2007年,第74頁。

39 王天順:《西夏地理研究》,甘肅文化出版社,2002年,第138頁。

40 嘉靖《寧夏新志》卷一《水利》。

41 湯曉芳:《13世紀中興府的洗劫與復興》,載《中國古都研究》第九輯,三秦出版社,1994年。

42 《西夏書事》卷一一。

43 嘉靖《寧夏新志》卷一《城池》。

44 乾隆《寧夏府志》卷五《城池》。

45 嘉靖《寧夏新志》卷一《城池》。

46 乾隆《寧夏府志》卷五《城池》。

47 乾隆《寧夏府志》;嘉靖《寧夏新志》。

48 《夢溪筆談》卷十八《技藝》。

49 楊寬:《中國古代陵寢制度史研究》,上海古籍出版社,1985年,第49頁。

50 陝西省文物管理委員會:「唐乾陵勘查記」,《文物》,1960年第4期。

51 《宋會要輯稿》禮二九之二七。

52 郭湖生、戚德耀、李容淦:《河南鞏縣宋陵調查》,《考古》,1964年第11期。

53 《新冶劉氏合派大成宗譜》卷二《汾公行狀》,同治四年天祿堂活字本。

54 《新冶劉氏合派大成宗譜》卷三《總系‧一世至五世》,同治四年天祿堂活字本。

55 《新冶劉氏合派大成宗譜》卷二《圖》,同治四年天祿堂活字本。

56 《新冶劉氏合派大成宗譜》卷二《圖》,同治四年天祿堂活字本。

57 周維權:《中國古典園林史》,清華大學出版社,2008年,第141頁。

58 楊鴻勳:《中國古代居住圖典》,雲南人民出版社,2007年,第232頁。

59 周維權:《中國古典園林史》,清華大學出版社,2008年,第205頁。

60 周維權:《中國古典園林史》,清華大學出版社,2008年,第141頁。

第五章

元明清時期風水理論的成熟

　　儘管元代的版圖是中國歷代疆域之最大值，但因對風水文化的漠視，而使其並未隨着領土的擴張而廣泛傳播。其中，元大都城中的規劃為唐宋和明清風水文化的銜接起到了承上啟下的作用。明清時期各種地理著作的出現，特別是康乾時期兩次全國大範圍的地圖測繪工作和《一統志》的三次編修，使人們的地理知識大為增加。在哲學領域，程朱理學受到推崇，人性論天人合一思想發展成為王陽明的「天人一心」說和王夫之的「天人一氣」說。這種思想使風水理論走向成熟。繆希雍的《葬經翼》、蔣平階的《水龍經》、箬冠道人的《八宅明鏡》、《陽宅十書》、張覺正的《陽宅愛眾篇》等作品就是這種思想在理論上的體現，明清北京城、曹雪芹故居、十三陵、頤和園等規劃是這種理論在實踐上的體現。

一、元明清人的地理視野

　　元朝建立的大帝國，其疆域東起鄂霍次克海，西至額爾齊斯河，北達北冰洋，南至南海，超過了漢唐盛世。為了給元代的大一統樹碑立傳，元世祖下詔彙編了《大元一統志》。此書據元初的疆域範圍，收集了史書所載的地理建置沿革、山川源泉和各地人物。但因內容異常蕪雜，再加上民族矛盾的影響，此書流傳的年代極其短暫。後來，朱思本把元代政區劃分與《禹貢》九州結合起來，撰寫了《九域志》，論述了各地的地理概況。此外，朱思本還繪製了《輿地圖》二卷，但已失傳。

　　明統一後，建立了東起朝鮮、西至吐蕃、南至安南、北至大磧的封建帝國，其範圍雖不及元朝，但較之宋代，已擴展不少。也是出於宣揚大一統的目的，明政府彙編了《大明一統志》，對山川、湖泊、井泉、關隘、橋樑等詳細論述，

並在專名之下注明了部位與特徵。清初修纂的《明史·地理志》對各地的河流山川都有記載。明末王士性的《五嶽遊草》卷十一論述了全國的地脈、形勝、氣候，把中國東南部劃分為十四個自然區，並概述每個自然區的基本特點，提出了國內的山脈大勢，認為源於昆侖山的山脈向東有三條：北幹為陰山、賀蘭山、太行山至遼東一帶；中幹為祁連山、秦嶺、嵩山、泰山一線，另在其南還有一支脈；南幹由昆侖山經雲貴高原北部至湖南沅陵又分出三個支脈。儘管王士性的論述有許多錯誤，但對於南方東南丘陵地區山脈的認識有了提高，對過去認為南龍和中龍源於岷山的觀念有了改變。此外，明末潘季訓的《河防一覽》和徐霞客的地理論文與遊記反映了人們對黃河中下游地區的再認識和西南地區的認識。

清代在乾隆時期才形成一個幅員遼闊的大國，其疆域北至恰克圖，南到南沙群島，西至蔥嶺，東到庫頁島。再加上康乾時期兩次全國大範圍的地圖測繪工作、《一統志》的三次編修、顧炎武的《天下郡國利病書》和《肇域志》等、顧祖禹的《讀史方輿紀要》，使人們對國內的地理狀況有了相當深入的瞭解，主要表現為對自然地理要素和規律等方面的認識[1]。

對於全國山脈體系的認識，清初仍繼承了王士性的觀點。但隨着乾隆時期對新疆的勘測，對山脈體系有了新的認識，認為當時中國有三條主要的山脈體系。北幹為阿爾泰山、杭愛山、外興安嶺一線，中幹從昆侖山向東，經積石山、阿尼瑪卿山分為三個支脈，南幹是岡底斯山、巴顏喀拉山、橫斷山脈、南嶺一線[2]。

對於全國河流的認識，除了對黃河和長江的源頭有了正確的認識外，清初黃宗羲的《今水經》、清中期齊召南的《水道提綱》、陳登龍的《蜀水考》等對河流有詳細的論述，特別是《水道提綱》記載的河流達八千六百多條，對全國各地的河流基本上都有論述。

對植物分佈的認識，清初屈大均通過對榕樹生長特性的認識，把南嶺大庾

嶺作為我國植物分佈的第二條分界線；通過明代對塞北高原植被和清人高士奇對冀北山地西段植被的記載，已認識到冀北山地西段和中段是我國第三條植物分佈界線 [3]。

清末胡薇元在登峨眉山時，看到了植物垂直分佈的現象，山麓是常綠闊葉林，往上依次是針葉林、灌木叢、高山草地景觀。此外，對颱風和颶風也有了認識。

此外，方誌的纂修加深了人們對區域的認識。現存方誌達八千種以上，除去兩宋的四百九十二種，由此可見元明清三代的方誌之多。其中，元代因民族矛盾尖銳，其方誌沒有得到很好的保存。進入明代後，方誌的編纂長期風行，其中清修方誌不少於六千種，保存了當時人們對環境的認識。例如，明代正德《瓊台志》是關於海南島的作品，其最大特色是增加了氣候內容，不但說明了「地處炎方，多熱少寒」的特色和詳情，還說明了颶風的特徵和規律。

二、人性論天人合一思想的發展

元朝統一後，為了加強對漢人的統治，也尊崇程朱理學，恢復了科舉考試，考試的內容以程朱注解的四書五經為主。但元統治者仍懷有強烈的民族沙文主義心理，極力排斥漢文化，對科舉附加了種種苛刻的條件，使科舉取士的規模很小，幾乎斷絕了大多數知識分子的仕途。忽必烈對劉秉忠的信任，也是出於他對術數預測的能力。因此，在元朝近百年的歷史中，以程朱理學為主的漢文化始終沒有在主流意識形態佔據統治地位。但在明清時期，隨着程朱理學在意識形態佔據支配地位，形成了所謂宋明理學。宋明理學亦稱「道學」，在重視主觀意志，注重氣節道德、自我調節、發憤圖強，強調人的社會責任感和歷史

使命感等方面，對塑造中華民族性格特徵上有積極作用。但它宣導三綱五常，維護專制統治，扼殺了人的自然慾望和創造性。因此，宋明理學使人性論天人合一的思想得到了進一步的發展，形成了王陽明的「天人一心」說和王夫之的「天人一氣」說，體現在風水文化上是更加強調理氣。

1. 王陽明的「天人一心」說

隨着明朝的建立，程朱理學作為官方哲學開始佔據統治地位，明初的許多文化名人也都是程朱理學的學者。至明朝中葉，程朱理學陳腐的教條已不適應新的形勢，於是王守仁的主觀唯心主義哲學——心學就應運而生了。

王守仁，浙江餘姚人，號陽明子，世稱陽明先生，故又稱王陽明。他在鎮壓農民起義和平定叛亂的過程中，認識到「破山中賊易，破心中賊難」的道理。於是，他發展了南宋陸九淵的「天人一心」說，提出了心學的觀點，強調人是宇宙的核心，以反對朱熹理在心外的觀點。

在本體論上，他認為理存在每個人的心中，客觀世界是否存在，以主觀感知為條件。在認識論上，他把心中的理謂之「良知」，而良知是判斷是非的標準；人們修身養性，以封建道德準則束縛自己，反觀所得，即「致良知」；知行合一是致良知的方法之一，知與行在心中合一，萬事萬物之理都在自己的心中，無須一個向外求知的過程。王守仁提出的心學論佔據了主流意識形態的支配地位，儘管也有一些反對的聲音，但未能產生很大的影響。

2. 王夫之的「天人一氣」說

面對明朝江山易主的殘酷現實和明末基督教與西方近代科學的傳入，清初一些有識之士認為這是因宋明理學空談性命、脫離實際所造成的理論偏差引起

的。於是，他們以「國家興旺，匹夫有責」為使命感，要求拋棄程朱理學，依據經典重新詮釋儒家的意蘊，弘揚儒學的歷史主義精神，倡導經世致用，以喚起人們的民族意識。顧炎武、黃宗羲、王夫之就是清初儒家的代表人物，其中以王夫之在哲學上的貢獻最大，他發展了宋人張載的「天人一氣」說。

王夫之在樸素唯物主義的基礎上強調天道與人道的一致性，認為天道和人道都是一個生生不息和前後相繼的運動發展過程，兩者是在發展中逐漸統一起來的；提出了「天下惟器」、「理依氣說」、「太虛本動」、「靜由動得」、「行可兼知」等一系列新見解，標誌着中國傳統哲學發展到最高階段。

儘管王夫之等人的治學頗為努力，其經世致用的思想對知識分子來說是一針清醒劑，但在程朱理學佔統治地位的時代，無論是「天人一心」說還是「天人一氣」說，其實質都是屬於人性論天人合一思想的範疇。

三、風水理論的成熟和發展

1. 繆希雍和《葬經翼》

繆希雍，字仲淳，號慕台，別號覺休居士。海虞人（今江蘇常熟），明末著名醫學家，精通醫藥之學，治病多有奇效。現存醫學著作有《先醒齋醫學廣筆記》、《神農本草經疏》、《本草單方》。

繆希雍不但是位名醫，還精於風水之法，所著《葬經翼》就是把風水理論與中醫思想結合起來對《葬經》（即《葬書》）進行的繼承和發揮，是明末形勢派的代表作。他把山地比作人的身體，運用中醫的望、聞、問、切來尋龍捉脈點穴，指出有十種怪穴和八種病穴。更重要的是，繆希雍繼承了唐代風水大

圖 5−1　《葬經翼》中的大八字圖　　　圖 5−2　《葬經翼》中的天心十字圖

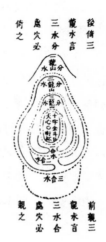

家楊筠松和卜應天關於風水穴是女性生殖器的觀點，並運用了許多暗示性的詞語進行了細緻入微的發揮，使女性生殖器的原型暴露無遺（圖 5−1、5−2）。

2. 蔣平階和《水龍經》

蔣平階，字大鴻，別號杜陵生。今上海松江人，明末清初地學家，曾為明御史，入清不仕。精於堪輿之學，在文學上也頗有造詣，是雲間詞派後期的重要人物。

在風水理論的研究上，蔣平階前承楊公風水之學，後啟玄空一派，所著《地理辨正補義》、《平砂玉尺辯偽》、《水龍經》等，對後世影響極為深遠，被人稱為「地仙」。其中《水龍經》是形勢派的代表作，蔣氏在書中把山龍點穴之法運用到他熟悉的遍佈江、河、湖、蕩的江南地勢中，並兼用長生十二宮理

論等理氣說。此書最大的特色就是用圖示的方式，把複雜問題簡單化，使讀者一目了然，這也說明了風水兩大派別已相互融合，並深深地普及到下層百姓中。此外，《水龍經》還有以下四個特點：（1）因幹龍一瀉千里，無法聚氣，因而須剝換到小水支流處，即由老到嫩後，只要水龍有屈曲、迴復、眷顧之意，就能立穴，並把水龍按方位分出玄武、朱雀、青龍與白虎；（2）水龍中蘊含着生氣，水與氣脈同行，而水又起到界止水龍聚氣的作用；（3）把中國水系分為三大幹龍，州府郡縣鄉村都位於水龍界止聚氣形成的吉地中，並與天上三垣對應；（4）把水龍按五行劃分，「土水厚重，金水圓清，木水挺直，火水飛騰」，而水星水屈曲，其中，金、水、土三星為吉，木、火二星為凶，但吉星若遇相剋，也會變凶，如木撞金城。

3. 箬冠道人和《八宅明鏡》

《八宅明鏡》是八宅派的扛鼎之作，是清朝箬冠道人把宋明以來理氣派關於陽宅風水的理論進行總結，並加上自己的實踐經驗編著而成，成為明清時期流傳和應用最廣泛的一部陽宅風水專著。它的影響極大，包括現今港台關於陽宅風水在內的論著，以及三合、三垣、九星、玄空等派別都繼承了《八宅明鏡》的理氣觀點並加以發揮。以前的風水理論側重於陰宅和城鎮，此時則側重於具體住宅的應用。當今論著中以虛生上人的《＜宅經＞心得》最為精闢，有興趣者可研讀，定會受益匪淺，筆者在此基礎上，結合自己的實踐經驗，簡要介紹其要點。

第一，關於東西四命和東西四宅。根據八卦的方位把住宅分為八種類型，即震宅、巽宅、離宅、坎宅、坤宅、兌宅、乾宅、艮宅（表 5–1）。按照五行屬性劃分，震巽為木，離為火，坎為水，是水生木、木生火，而且震為正東，故這四宅為東四宅，適合命卦屬震命、巽命、離命、坎命即東四命的人居住；

乾兌為金，坤艮為土，是土生金，而且兌為正西，故這四宅為西四宅，適合命卦屬坤命、兌命、乾命、艮命即西四命的人居住。生氣貪狼星和輔弼星屬木，在亥、卯、未年應驗；延年武曲星和絕命破軍星屬金，在巳、酉、丑年應驗；天醫巨門星和禍害祿存星屬土，應驗於辰、戌、丑、未年；五鬼廉貞火在寅、午、戌年應驗；六煞文曲水在申、子、辰年應驗。

表 5-1　東四命和西四命的吉凶

八門	東四命				西四命				含義
	震命	巽命	離命	坎命	坤命	兌命	乾命	艮命	
生氣	南	北	東	東南	東北	西北	西	西南	活力、財運
延年	東南	東	北	南	西北	東北	西南	西	健康、財運
天醫	北	南	東南	東	西	西南	東北	西北	無恙、財運
伏位	東	東南	南	北	西南	西	西北	東北	財運
禍害	西南	西北	東北	西	東	北	東南	南	官災、是非
六煞	東北	西	西南	西北	南	東南	北	東	災禍
五鬼	西北	西南	西	東北	東南	南	東	北	破財、招鬼
絕命	西	東南	西北	西南	北	東	南	東南	死亡

表 5-2　命卦與東四命和西四命的關係

甲子24，84	乙丑	丙寅	丁卯	戊辰	己巳	庚午	辛未	壬申
癸酉33，93	甲戌	乙亥	丙子	丁丑	戊寅	己卯	庚辰	辛巳
壬午42，02	癸未	甲申	乙酉	丙戌	丁亥	戊子	己丑	庚寅
辛卯51，11	壬辰	癸巳	甲午	乙未	丙申	丁酉	戊戌	己亥
庚子60，20	辛丑	壬寅	癸卯	甲辰	乙巳	丙午	丁未	戊申
己酉69，29	庚戌	辛亥	壬子	癸丑	甲寅	乙卯	丙辰	丁巳
戊午78，38	己未	庚申	辛酉	壬戌	癸亥			
中元	1924巽 1983坤	震 震	坤 巽	坎 艮	離 乾	艮 兌	兌 艮	乾 離	坤 坎
下元	1984兌 2043艮	乾 離	坤 坎	巽 坤	震 震	坤 巽	坎 艮	離 乾	艮 兌

注釋：「甲子 24，84」是指甲子年是 1924 年和 1984 年，下面依此類推，乙丑年就是 1925 年和 1985 年。在 1984 年前後出生的人，按照男上女下可分別找出對應的方向。如 1956 年出生的人，男屬艮位，女屬兌位。

那麼，如何確定一個人的命卦是東四命還是西四命呢？《八宅明鏡》給出了「男女命以三元起例」的方法，並運用九宮、排山掌訣可得出。但因以前的干支紀年與現在的公元紀年不同，轉換起來往往使人頭暈眼花，對古人來講這麼一個非常簡單的問題，就使我們當代人感到異常複雜。其實，對於我們當代人來說，特別是對於初學者而言，明白其中道理即可，不必花費很多功夫死記，通過查表即可直接獲得結果。如表 5−2 所示，男女命卦一目了然，這個表在網上就能找到，可以下載到手機上，需要時一查便知。例如，1956 年出生的男士，屬艮命，就要住艮宅；如果夫妻二人命卦不同，那該如何確定呢？在過去是以男人為主，大門和主臥以男人為主，廚房和床位則以妻子為主。因為男尊女卑，男人是一家之主，男人發達了，全家都沾光；否則他倒楣，全家都受連累。在當今社會，男女平等，筆者認為應該看房主是誰，就按照誰的命卦定，就是說誰買的房子就用誰的命卦。八種宅圖體現了游年歌訣的思想，其間的吉凶轉化是有規律的，這個規律引用了楊筠松創立的九星體系，並雜以先天八卦、後天八卦、五行相剋相生，與福元結合，以達到陰陽和諧的目的。

在此要明確福元的概念。福元，即福德、伏位、三元命，是把人的命相與建築的卦象進行統一規劃的設計方法。它是對《黃帝宅經》中「人宅相扶，感通天地」的理論總結。所謂起伏位，就是首先從哪一卦作為初始的命卦位置，然後其他八星以此點開始順次飛伏。找到了起伏位就是受福，也就得到了福元。

瞭解了命卦和八宅之間的關係後，如何確定起伏位、臥室、廚房等在住宅的位置呢？首先明確東四宅中震、巽、離、坎這四個相生的方位都是吉方，其他四方位是凶方。西四宅中坤、兌、乾、艮四個相生的方位都是吉方，其他四方位為凶方。而且震與離、巽與坎、坤與艮、兌與乾互為生氣方，適合孩子居住，也是陰宅棺槨放置的方位，如坤命卦之人死後的棺槨應放到艮位，並朝向坤位，正所謂「葬者，乘生氣也」。其他三個吉方可以佈置大門、臥室、書房

等，其他四個凶方可佈局貯藏室、廁所等。由表 5-2 可查出人的的福元。

其中，三元指上元（第一個甲子六十年）、中元（第二個甲子六十年）、下元（第三個甲子六十年），共計一百八十年，為一小周期，兩個一百八十年為中周期，三個一百八十年為大周期。這也是通常說的五百年緣分的由來。三元與洛書九宮相配，每二十年為一運，這就是所謂的三運九運。目前，地球正處在下元八運（2004-2023 年）中，吉利的數字是八和九，吉利的山向是乾山巽向、巽山乾向、丑山未向、未山丑向、巳山亥向、亥山巳向。

《八宅明鏡》指出了有五種游年起伏的方法：以年命、坐山、大門、向上、高房起伏位。儘管以年命起伏位是八宅派的基本理論，但在實踐中以大門和坐山起伏位應用較多，因為它們符合四吉方要高、四凶方要低的原則。以大門起伏位就是把大門作為起始點順次排列九星的辦法，把吉星找出來。例如，在巽宅中，是以大門為巽位。在實踐中這種方法較多地應用在現代的樓房中，特別是高層塔樓的選房和佈局。這是因為大門朝向西北、北、東北開，儘管符合八宅理論，從實用性來講，類似四合院之類的院落，不能有效地禦寒，而且也不符合審美觀點。而在現在的建築中，不但建築材料能避免這些缺點，而且人們的習慣是一回家就把大門關上，房間的納氣主要依靠窗戶，於是大門的作用就從屬於窗戶。

以坐山起伏位，就能有效地避免開西北、北、東北門的問題，體現了風水立向的根本原則，平房院落大多以此為據。例如，坐坎向離，就是從北部坐山順次飛伏，從而把坐向放在吉利的位置。

瞭解了以上這些理論，對於房間內部床、書桌等的佈局，可把上述理論細化到微觀，把房間分為九個部分，順次飛伏九星，就能找到吉方。

第二，關於陽宅的選址和佈局。「凡陽宅，須基方正，入眼好看，方吉。如太高、太闊、太卑小，或東扯西拉，東盈西縮，定損財丁。」這就道出了陽宅要方方正正、勻稱美觀，根據後天八卦對應的家庭成員，若缺角就會對家人不利。

對於陽宅周圍的環境，衙門、寺觀庵散發着陰氣，廁所散發着滯氣，屠宰場散發着穢氣，青樓妓院散發着邪氣，祭壇、古墓、橋樑、牌坊散發着殺氣，四邊曠野有蕩氣，空山獨家村有陰霾氣，酷似廉貞星火形的山和塔易引起火災，因此住宅不能與其相鄰，因為它們會奪走住宅的旺氣。

《八宅明鏡》繼承了《黃帝宅經》關於人與住宅虛實的觀點，並強調房間和樓梯須單數，因單數屬陽。

此外，對於門、路、灶、井、廁所、碓磨等陽宅六事的佈局，如表 5–3 所示。

表 5–3　陽宅六事的佈局

種類	內容
門	有大門、中門、總門、便門、屋門五種，要開在四吉方、坐山的青龍房，符合門外來水的法則。還要注意須落實到羅盤的地支上。門不能多開，不能對着衙門、廟門、城門、街道、屋脊。在後牆正中不能開門，但在邊角可開。門內外的路均要在吉方，大門外的路不能是下坡路。
灶	位於四凶方，但灶的火門要朝向吉方，建灶要擇日。灶不能在房屋後面，不能與井、門、廁所等相對，不能安置在房前五行屬土的四方和卯方，灶的尺寸要合天象。
井	在龍脈的生氣方挖掘，具體在甲丙庚壬四吉方，在申酉方挖掘是先凶後吉，也不能與灶、廁所相對。附近有古井為凶，不能在正門前、房子兩側安井。
香火神像	吉方牆壁正中安置，命宮伏位最佳，與住宅同向，勿逆向。神位後不宜有廁所、廚房、臥室、庫房，不能在橫樑下，不能被屋脊等沖射。祖宗牌位應放在神位右邊。
廁所	位於天干方位的四凶方，不宜在地支方位，不宜正對大門、床、書桌、神位，不能位於房子正中。
床	可四選一：命卦之四吉方、符合命卦的房間、符合坐山吉方、房內及閘合宜。須擇日安床。
房間	隔輩、同輩可依東西四宅法則分房而居。
天井	須端放平正、清潔，不能深陷缺角、潮濕污穢，不能擺設假山、噴泉和過多盆栽。
樓閣	樓房應蓋在後堂，作為正堂的玄武。正堂、正廳上面不能蓋樓房。

第三，關於修建房屋時的禁忌。「陽宅六煞」列出了需要注意的事項，如表 5-4 所示。

表 5-4　陽宅六煞概況

類別	意義
過頭煞*	前高後低，謂之過頭屋，出孤寡。
推車煞*	屋後兩旁有直屋。
招贅煞*	前後平屋中起高樓，二姓招郎。
埋兒煞	前正屋後邊，不論東西南北中央，或一間二間亂起；前後兩進，兩旁廂房，中堂如口字，四簷屋角相對。
扛屍煞	四邊多有屋，中間天井，出入又無牆門。
直射煞	屋後有直屋。
沖天煞	左右屋低，中高。
停喪煞	廳屋三間，中一間裝屏門，兩旁對一步者。
滴血煞*	不論前後，簷下水滴在階簷上者，主血症。
穿心煞	屋前如有樑木、搭板暗沖簷架者；山尖中開門。
自縊煞	屋後白虎方，另有一間橫屋。
暗箭煞	屋後如箭暗沖者。
投河煞	屋後青龍上有一間橫屋。
工字煞	廳後高軒又有正房如工字樣。
孤獨煞	不論前後門首，或楹柱，或牆垛，或屋尖當門者。
亡字煞	前後兩進有一邊側廂者。
金字煞	不論前後天井，兩旁如有山牆對照，在西方更甚。
墮胎煞	臥房前不宜堆假山、土山。
磊落煞	亂石當門。
懸針煞	床橫有柱，主損小口。
黃泉煞	在來水和去水方向上要避免庚丁與坤、乙丙與巽、甲癸與艮、辛壬與乾相見。

　　表 5−4 中帶＊的是筆者命名的。關於黃泉煞，也稱四路黃泉或八路黃泉，其原理是根據十二長生宮與坐山雙山配合而成。「黃泉訣」說：

　　　　庚丁坤上是黃泉，坤向庚丁不可言。
　　　　乙丙須防巽水先，巽向乙丙禍亦然。
　　　　甲癸向中休見艮，艮見甲癸凶百年。
　　　　辛壬水路怕當乾，乾向辛壬禍漫天。

　　庚丁與坤不可相見的意思是庚向或丁向住宅的去水處不能在坤位，這是因為坤位是庚向的臨官或丁向的帝旺，此處有水為吉，去水為凶。反之，坤向住宅的去水處不能在庚位或丁位。其他以此類推。地支三合局中有關於生、旺、墓的三向理論，可用來指示黃泉煞（表 5−5）。化解黃泉煞的方法可用碓磨阻擋，或者改變建築坐向。

表 5−5　黃泉煞概況

三合局		長生	帝旺	墓庫	墓庫方（去水處）
水局	申子辰	申	子	辰	乙、辰、巽、巳、丙、午
木局	亥卯未	亥	卯	未	丁、未、坤、申、庚、酉
火局	寅午戌	寅	午	戌	辛、戌、乾、亥、壬、子
金局	巳酉丑	巳	酉	丑	癸、丑、艮、寅、甲、卯

　　此外，還要注意屋大樑上不能有八字木，房前後翻軒不能作正面，門前道路不能是火字形，房門上不能看見轉軸，一家不能連開如品字形三門，不能兩門相對，門前不能雞口相對，前後屋簷不能相連，門前左右兩側不能有水塘，住宅前不能有密林和川字形路，住屋前後不能有寺廟，祿存方向不能有被藤纏繞的樹。

　　最後，還把東西四命與《黃帝宅經》中陰陽分界的思想糅合在一起，認為東四命的人應向東部發展，即入陽，西四命的人應向西部發展，即入陰，這個發展包括經商、求學、婚嫁等，才能一切順利。書中所涉及的擇日理論，因今日已沒有甚麼意義，也就不再贅言。

4.《陽宅十書》是清代陽宅風水理論集大成之作

　　《陽宅十書》的作者不詳，成書於清代中後期，是對以前陽宅風水理論的總結。此書結合具體的地理環境，詳細地論述了陽宅風水理論，並重點介紹了住宅選址和佈局的吉凶狀況。它以圖示的形式表述，可謂一目了然，這表明了陽宅風水理論已經普及到下層百姓中，從此風水已成為中國傳統文化的一部分，影響着人們的心理，並成為現今風水發展的理論基礎。此書內容與同時代作品多有交叉，特別是與《八宅明鏡》中的東西四命部分有交叉。下面簡要介紹此書的觀點。

　　第一，關於陽宅形狀和周圍環境。書中羅列了一百三十一種陽宅外形的吉凶示意圖，基本概括了當時住宅周圍可能出現的情況（表 5–6）。

　　第二，關於宅內的設計和佈局。陽宅內設計和佈局是形勢派理論在微觀上的應用，講求龍虎圍護、明堂寬平乾淨、房屋高低有序。此書以圖示的形式，簡明扼要地介紹了陽宅內形的吉凶（表 5–7）。

　　第三，關於截路分房法和穿宮九星法。表 5–2 就是用福元即人的出生年份為依據來確定東西四命住宅的佈局，是針對人口較少的家庭。若是對於人口較多的家庭，有的屬於東四命，有的屬於西四命，就要用截路分房法來解決。住宅的大門以家長年命為主，進入大門後，就用牆或閘根據各人的出生年份分隔成獨立的院落，然後用穿宮九星法進行規劃設計。

表 5-6　陽宅外形的吉凶

類別		吉凶
形狀	四角	方正;東南或東北缺,為吉。西北缺,為凶。
	東西牆	東牆比西牆長為凶,反之為吉。
	前後寬度	前窄後寬為吉,反之為凶。
四周地勢	圓丘	位於隆起的圓丘,住宅為橢圓形為吉。
	高低	西高東低;東南與西北高、西南與東北低;東南低、西南高;四周高,為吉。兩邊低下屋後高為凶。
	山水	東有丘或水;前後有山相夾;前有大山擋路;左前有水射午宮;西或西北有水塘;前近水邊;前後有塘;西邊有塘;門前有新塘、雙塘或三塘;前有水後有墳;東南有水塘,為凶。西南有丘或水;屋後東北或正北或西北有丘;東有水、西有路;南有水、北有山;屋後有山;左右有水環繞,為吉。正南、正北有丘,半吉。
	道路	僅東邊有路;兩邊有平行路;東北有斜路;四面都有路(井字形);門前有直路或川字形三條路對沖大門;門前兩側有斜路對沖;門前有平行路斜過;西北有路橫過;宅後有路直沖後門,為凶。僅西邊有路;門前有東西路不沖家門;東有水、西有路,為吉。
	墳林	前水後墳林;東有孤墳;四面密林(宜墓地);前後皆墳林;周圍有大片桑林;門前有獨樹、雙樹或畸形樹,為凶。西南有墳;前有林、西北或東北有丘;西有墳北有林(六十步內);前有林後有岡,為吉。
	其他	附近有廟宇(一百步以內);門前有土堆或大小石塊,為凶。房屋呈品字形,為吉。

表 5-7　陽宅內形的吉凶

類別		意義
單居形制	焦尾房	指年代久遠的房屋,在它前面又接着起了一棟房屋。
	露骨房	指蓋房不截房檐木,任憑其直露在外,主破財哭泣之事,老者多病。
	曬屍房	指蓋了多年都未完全蓋好,主家人多病而服藥無效。
	孤陽房	只有南房和西房,再沒有其他房。
	露肘房	房四角齊整,或上了木料不蓋合,主男人不利,特別是長子多臥病在床。
	癱患房	拆了一半又留了一半的房子,主官司不斷,對人口不利。

類別		意義
正房與側房	單耳房	主房東頭接小房，主人口六畜損傷。
	孤獨房	主房北房西側又接小房的，主家敗人亡。
	暗算房	在北房正房一側，如西側看過去又有一間西房（以上均與主房北房同朝向）的，主招賊破財。
	單側房	堂屋北房單側又接蓋不同朝向的側房，主有口舌災禍。
廂房與小房	青龍披頭	東頭房屋（為青龍）南頭連接小房。
	青龍插尾	北頭連接小房。
	玄武披頭	北房（為玄武）東頭插建小廈。
	玄武插尾	北房西頭插建小廈。
	白虎披頭	西房（為白虎）南頭插建小房。
	白虎畔邊哭	西房北頭插建小房。
	朱雀披頭	南房東頭接小房。
	朱雀插尾	南房西頭接小房。
	白虎探頭	白虎頭是正房，以及在右邊前端又有小房，剋幼男。
	青龍探頭	青龍頭房是正房，以及左邊前端又有小房，剋長房。
多重院落	丁字形	是在正房堂屋東頭又接着蓋了東側房屋，構成丁字形平面形狀，主惹官司、患病及發生火光之災。
	王字形	蓋了東西兩間房，之間又蓋了頂並連在一起的房屋，組合成王字房，主婦人、小孩有災。
	水字形	是堂屋的中宮位上有正房，前面兩邊又有同向的屋，構成水字形，水字形房屋主主人有服毒而死者，女人有小災殃。
	小字房	是指堂屋前中間有正房，主家人常服藥，多災殃。
	工字房	是在南北兩房中間修蓋東西房，主家人有腳腫病，女人多災。
	披孝屋	前低後稍高，接連披蓋，外形似披麻戴孝。
	停喪屋	在屋後蓋小屋，損人口。
	倉屋	在屋後蓋貯藏室，主家財不興。
	沖射	屋脊直射長房，主長子有災殃；若射右房則傷幼子；若兩屋脊齊來射，則全家家業浪蕩光；車門與門路直射，主家長橫死。
	天井	天井被屋宅四面夾合，天井有積水或亂石。
	車門	在屋後、子午艮坤四方開。
	其他	宅的東北角有小屋，中間高大而左右兩屋過低，中間屋高大而前後兩屋過低，前高屋後低屋，宅門蓋樓。

　　所謂穿宮九星法，也稱九星穿宮法、五行穿宮法、竹節貫井法，其中穿宮是指宅門之內的儀門，貫是貫串之意，井是天井。這是針對進深重疊有宅院的組合建築的設計方法。因此，在古代，官職越大的人家的宅院也就進深越多，這就是「深宅大院」或「侯門深似海」的來歷。在現代建築中，進深已很少見，此法常用來選擇樓層。

　　《陽宅十書》提出了十二個方位的穿宮九星法，吉星之處宜高大，凶星之處宜低矮；但貪狼木位於正中時，要注意木入中宮木剋土的問題。根據大游年法，這十二種房子的穿宮法可以歸結為五種（表5-8）。

表 5-8　《陽宅十書》中十二種宅院的穿宮法

方位	一進	二進	三進	四進	五進	六進
坐南向北開乾門	六煞水宜低	貪狼木宜高	五鬼火宜小	天醫土宜高	延年金宜高	六煞水宜低
坐南向北開坎門	延年金宜中	六煞水宜低	貪狼木宜高	五鬼火宜低	天醫土宜高	延年金宜高
坐北向南開巽門	天醫土宜高	延年金宜高	六煞水宜低	貪狼木宜高	五鬼火宜小	天醫土宜高
坐南向北開艮門	五鬼火宜低	天醫土宜高	延年金宜高	六煞水宜低	貪狼木宜高	五鬼火宜低
坐東向西開乾門	貪狼木宜高	五鬼火宜低	天醫土宜高	延年金宜高	六煞水宜低	

注釋：坐西向東開艮門、坐北向南開坤門與坐南向北開乾門一致，不同之處是坐南向北開乾門原文只有五進，坐北向南開坤門的五鬼火為宜低。坐西向東開震或巽門、坐北向南開離門、坐東向西開兌門與坐南向北開坎門一致，不同之處是坐西向東開震門和坐東向西開兌門的一進為絕命金，坐西向東開巽門的一進延年金為宜高。坐東向西開坤門與坐北向南開巽門一致，不同之處是坐北向南開巽門原文只有五進。

圖 5-3　坐西向東巽門宅的截路分房　　　圖 5-4　坐西向東巽門宅的穿宮九星

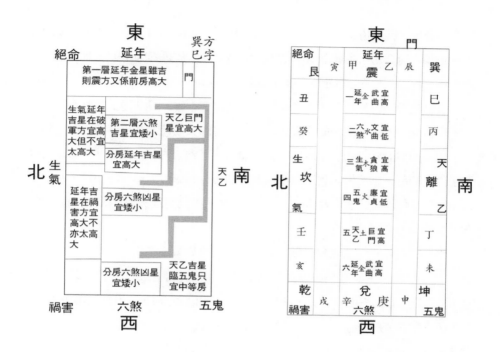

在實踐中，首先是把組群宅院用截路分房法分為獨立宅院，然後用穿宮九星法進行規劃設計。圖 5-3、5-4 為《陽宅十書》中坐西向東巽門宅院落中兩種方法的使用，

此外，對房屋的尺寸、間數、造屋的先後次序、廚房碓磨的安置等也作了嚴格規定。例如，碓磨要放在前院，而不能放在後院；碓磨不能放在右邊，否則會攪動了白虎肚腸；建屋不能先築牆，否則成困字形。

5. 張覺正和《陽宅愛眾篇》

張覺正，清朝道光年間人，祖籍河北衡水。據傳，幼年染病數年，後因改變家中風水而自癒。由此深感陽宅風水的重要性，於是拜師學習，並勤奮鑽研數十年，終成一代風水大師，著有《陽宅愛眾篇》。

《陽宅愛眾篇》是在《八宅明鏡》、《陽宅十書》等基礎上對風水理論的進一步發展，屬於八宅派的代表作之一。此書圖文並茂，共分四卷。第一卷論述了相宅的理論基礎和基本原理，第二卷論述了安門的原則和吉凶，第三卷論述了陽宅的靜、動、變、化四種格局與吉凶方位的處理，第四卷論述了時辰的吉凶選擇。與以前風水論著相比，此書的主要貢獻是關於房宅院落靜、動、變、化四種格局的處理。

張覺正在卷三《論宅靜、動、變、化四種格局》中指出：「凡人之宅，有靜動變化四格……如屋只一層並無腰房，此不必用穿宮法……此謂靜宅之法也」；「若屋有二三四五層者，則為動宅，必須用穿宮法，以五行次第生入」；「又貫井穿宮，五六七八層屋者，如左輔木用二木、二金、二土、一水、一火，其名變宅之法」；「再者，變宅直生至九層，加右弼星而止，以盡九星之用，則為化宅。化宅者，是逢九還原復歸於頭層之本星耳」。

由此可知，古代的院落一進為靜宅，二進至五進為動宅，六進至十進為變宅，十一進至十五進為化宅。每層院落的吉凶按照五行相生的順序排列，十六進以上的院落依然按五行相生處理。

四、北京城和曹雪芹故居中的風水文化

1. 元大都城的規劃

元朝之所以定都北京（大都），除了經濟、軍事等因素外，其良好的風水形局也是一個重要的考量因素。元大都所在的北京小平原位於華北平原北方的盡頭，西靠西山，東、北兩面是燕山，東南一帶是大片沼澤。西山向東延伸的玉泉山是大都城的龍脈，源於玉泉山的金水河是大都城的水脈。越過燕山就是塞外，其間有著名的天然峽谷南口和古北口；西南部接近地勢較高的太行山，是通往華北平原的門戶。

元大都的規劃體現了融儒釋道為一體的形勢派和理氣派風水文化，于希賢教授曾對大都城的風水思想作了開創性的研究[4]，下面在此基礎上作進一步的探討。

元大都的規劃設計者是劉秉忠，他是邢州人（今河北邢台市），出身於書香門第，從小打下了良好的儒學基礎，「於書無所不讀，尤邃於《易》及邵氏《經世書》，至於天文、地理、律曆、三式六壬、遁甲之屬，無不精通。論天下事如指掌」[5]。後來當過和尚，但卻心向道家。因此，他是身兼儒釋道三家的學者，尤精於陰陽數術，忽必烈也稱讚他：「其陰陽數術之精占事知來，若合符契，惟朕知之。」[6]不幸的是，在大都竣工之前劉秉忠就去世了。後繼者虞集也是程朱理學和邵氏易學的崇拜者，所以他沿襲了劉秉忠的思想，完成了大都城的建設。由於劉秉忠和虞集擁有濃厚的風水思想，所以在大都城的建設上打下了深深的風水烙印，不但體現了《易經》和《周禮·考工記》中的儒家思想，也體現了法天象地理念和佛道思想。

大都城的平面呈方形，除了三海附近，其道路基本上是棋盤形，有九經九

圖 5-5 　元大都城的風水意象

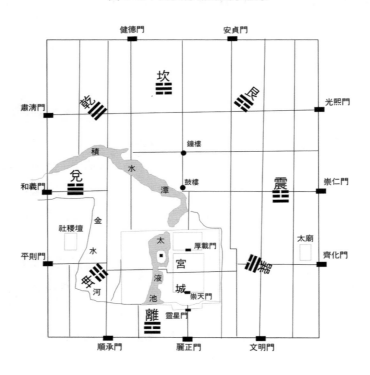

緯之狀。按照《考工記》應該有十二個門，但外城卻有十一個門（圖 5-5）。
其中，東、西、南各有三個門，而北面的東西兩端只有兩個門。南為陽、天，
故取陽數三，開三座城門；北為陰、地，故取陰數二，開兩座城門。據八卦理
論，正北門屬坎卦，代表隆冬季節，但「坎入於陷則凶」，潛藏而不露為吉；
「坎為隱伏」，隱伏之極就是關閉，所以不開城門也符合中國北方民俗中有嚴
嚴實實的北面的山牆，以示有牢固的靠山。這十一個門的數字是陽數的中位數
五與陰數的中位數六相加之和，有陰陽和諧相交、衍生萬物之意，而且十一個
城門的名稱和方位也源於《易經》。

沿麗正門—靈星門—崇天門—大明門—厚載門一線是中軸線，這條線不是正南正北的走向，而是有點偏離，有學者指出中軸線指向元上都遺址，是忽必烈有意為之。宮內以大明殿和延春閣為主體的南北兩組建築位於中軸線上，是仿三垣之紫微而作，其他建築位於中軸線兩側。太廟在震位，社稷壇在兌位，市場集中在積水潭東北岸的日中坊，即坎位，南部離位是大內。這符合「左祖右社、面朝後市」的「匠人營國」佈局。天師宮在艮位。位於肅清門附近的御使台也稱「霜台」，因秋風蕭瑟而肅清，主刑法。金水河、積水潭和太液池象徵着天之銀河。水都監在坎位，位於積水潭北岸，管農田水利。太液池中南北一線排列的萬歲山（瓊花島）、圓坻、犀山三個島嶼，這是沿襲了歷來皇家園林中一池三山的傳統模式。萬歲山是最大的島嶼，山上的「廣寒殿」、「方壺亭」、「瀛洲亭」等建築名稱是道家文化的產物，而高達百尺的佛教法器法輪竿的豎立，又是受佛教文化影響的結果。城內有民間居住區五十坊，加上皇城內的五組宮殿建築共計五十五組建築。五十五這個數字是天地之數，即大衍之數。

此外，元朝的名稱和某些年號也與《易經》有關。《易經》說：「大哉乾元，萬物資始，乃統天。元，大也，亨通也，利宜也，貞正而圓也。」為了在意識形態上達到「大一統」的禮制目的，劉秉忠據此而取國號為「大元」。至於年號，他又據《易經》中「至哉，乾元」、「至哉，坤元」的意義而建議忽必烈立年號為「至元」，後來的年號「至正」也來自《易經》中「乾道大，通而至正」[7]。

2. 明清北京城的規劃

南宋理學家朱熹曾用仿星學的風水模式論述堯舜故都冀都的風水，他認為玄武是從雲中延伸來的山脈，白虎是華山，青龍是泰山，黃河是朱雀，嵩山是

案山，淮南諸山和江南諸山是朝山[8]。明朝為了給定都北京找理論根據，再加上程朱理學已上升到主流意識形態的地位，於是許多學者又對朱熹的理論重新解釋，硬是把朱熹所說冀都認為是北京[9]。

為了把天壽山的龍脈之氣引到城中和鎮壓元朝的王氣，就用挖掘護城河和南海的土在元代大內舊址上堆積而成萬歲山（清朝稱景山），這是紫禁城的玄武。水脈是把昆明湖的水引到城中，即金水河，是天上銀河的投影，是朱雀。東西兩側的護城河是青龍和白虎。

永定門、正陽門、大明門（大清門）、承天門（天安門）、端門、午門、紫禁城、萬歲山（景山）、北安門（地安門）、鼓樓和鐘樓一線是明清北京城的中軸線。朝政三大殿和後宮位於這條線上。其他建築對稱分佈在中軸線兩側，而且泰山、淮南和江南諸山也位於中軸線的南延長線上（圖5–6）。

明清北京城由內城和外城構成，其形狀類似葫蘆，景山及其建築是葫蘆的葉子和蒂。儘管葫蘆狀城不是有意為之，但還是給人們帶來了吉祥的寓意。北京城的整體結構就是根據三垣理論並在天人合一原則的指導下修建的。據三垣理論，紫微垣居北天的中央，故稱中宮，或稱紫微宮，是天帝、太子、王后等天帝家族的住所。太微垣在紫微垣下的東北角，因太微是政府的意思，故太微垣是天帝布政的地方。天市垣是三垣的下垣，在紫微垣下的東南角，是天帝的商品市場。其中，紫微垣對應着後宮，太微垣對應着太和殿和文武官署衙門，天市垣對應着今珠市口、菜市口、騾馬市、肉市、米市、紙市一帶。明代玄武門外設有皇家市場，是應了「前朝後市」之意。

紫禁城有午門、東華門、西華門、玄武門（神武門）。午門、玄武門和西華門都是九行九列共八十一顆門釘，而東華門是八行九列共七十二顆門釘。這是因紫禁城中心屬土，而東方屬木，若開東門，就是木剋土，為凶，但又不能不開東門，於是就在東華門的門釘作了文章[10]。據天干和五行的關係，東方屬甲乙木，甲是林木、陽木，能剋土；而乙是草木、陰木，不能剋土。又

圖 5−6　集風水之大成者的明清北京城

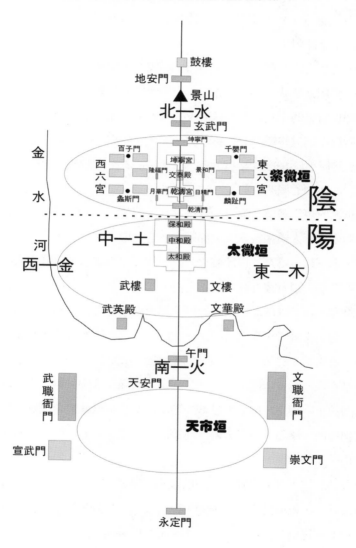

據河圖的「天三生木，地八成之」，八是木的陰數。因此，東華門門釘的行數取東方陰數八，列數取最大的陽數九，兩數之積為七十二，而偶數屬陰，象徵着陰木不能剋土。

內城有崇文門、宣武門、正陽門、阜成門、東直門、朝陽門、西直門、安定門、德勝門九個城門。《山海經‧海內西經》記載，天有九重、有九門，天帝的下都也有九門，此外九還是最大的陽數，因此北京城設有九門。明嘉靖年間，因財政原因只修築了北京外城的南部，使北京內城和外城形成凸字形的葫蘆狀。七是僅小於九的陽數，故設永定門、左安門、右安門、廣渠門、廣安門、東便門、西便門七個門。

北京城的規劃體現了陰陽、五行、八卦理論。就五行而言，中部屬土，有土字形的朝政三大殿和後宮；東部屬木，有文樓、文華殿等建築；西部屬金，有武樓、武英殿等建築；南部屬火，有午門；北部屬水，有欽安殿、玄武門。此外，社稷壇中還有按五行設置的五色土。

就陰陽而言，以南北中軸線為界分為東西兩部分：東為陽，有萬春亭、仁祥門、文樓、文華殿、文職官衙、崇文門、東直門等屬陽的建築；西為陰，有千秋亭、遵義門、武樓、武英殿、武職官衙、宣武門、西直門等屬陰的建築。隆景線是隆宗門與景運門的連線，可稱之為東西向的中軸線。中軸線與隆景線在乾清門前十字相交，成為紫禁城的陰陽座標。隆景線把紫禁城分為前朝和後寢：前朝在南、屬陽，有三大殿，建築高大；後寢在北、屬陰，有東西六宮，建築嬌小。

就八卦而言，以交泰殿為中心的後宮建築是穴，呈「六六大順」卦象[11]。在先天八卦中，乾坤是南北分佈的，乾清宮出自乾卦，坤寧宮出自坤卦，所以乾清宮和坤寧宮呈乾南坤北格局。泰卦是由乾卦與坤卦組成，呈乾下坤上狀，所以交泰殿位於乾清宮和坤寧宮之間。在交泰殿的天花板上懸掛着軒轅鏡，這取象於天上的軒轅星。軒轅星主雷雨，故有陰陽相交之意。東西六宮是按照坤

卦卦象佈局的，而兩個坤卦共有六個陰爻組成。陰爻又稱「六」，故六個陰爻有「六六大順」之意。百子門、千嬰門、螽斯門、麟趾門是東西六宮中四個門的名稱，這些名稱源自《詩經》，螽斯、麟趾是蝗蟲和麒麟的意思，寓意子孫滿堂。東西兩側的景和門、日精門和隆福門、月華門也合先天八卦的卦象。離東坎西是先天八卦的卦象，而隆有「下降」之意，景指日光、太陽，日月指東西，並且也有「水中月」的說法。天安門和地安門、東華門和西華門、天壇和地壇、日壇和月壇也是按照先天八卦中的乾南、坤北、離東、坎西佈局的，而且天壇為圓形，地壇為方形，是天圓地方的體現。內城的西北角和外城東南角在後天八卦中分別指的是天門乾位和地戶巽位，而在先天八卦中分別指的是艮山和兌澤，是「山澤通氣」思想的體現，因此不是直角，而是呈凹陷狀。

隆景線以南是太和殿、中和殿和保和殿朝政三大殿，其意源自《周易》「乾道變化，各正性命。保和太和，乃利貞」。出於與交泰殿同樣的原因，在太和殿中也懸掛着軒轅鏡，寓意着天下太平、陰陽和諧之意。此外，彙集了宋代以來家居風水而形成於清代的《陽宅十書》指出，後墳（即十三陵）前林是凶宅，因此在太和殿前就沒有種植樹木。

金水河從西北來，把天之乾金生氣之水帶到城中。金水河在奉天門（太和門）前呈玉帶彎弓形。河水從東南出，符合八卦中巽位出的法則。此外，為了固住從西北來的乾金之氣，在河水入城之處修建了一座城隍廟以鎮之。

受風水中佛道佑宅思想的影響，在太和殿的藻井上放置了一塊鎮宅靈符。靈符是用桃木做的，正面有佛教經文、道教八卦圖等，背面刻有「太上秘法鎮宅靈符」和符圖。太和殿還有象徵宇宙中心的須彌山，其上有須彌座。須彌山是印度佛教中傳說中的神山。

此外，北京城的風水文化還體現在色彩、建築尺寸、建築小品等方面，此處不再贅述。

3. 北京香山風水影響下的曹雪芹故居

　　北京香山諸峰連綿逶迤，組成了當時皇都的西北屏障（圖 5-7）。整條山脈走向呈簸箕狀，山勢西北高，東南、西南較低。明朝時，因金山支脈山清水秀，被選為皇家陵園，共有一百七十八處墳墓。清朝自康熙始，香山成為三山五園的一部分。因香山風水很好，明清時期共建有三百多座寺廟。

　　乾隆十三年（公元 1748 年），為了征討西南大小金川，在香山南嶺鳳皇山前修建了梯子樓，即碉樓，訓練特種兵。戰爭獲勝後，乾隆就在香山一帶普遍修建碉樓，規定每旗只能修八座碉樓，其中一個是可以登臨遠眺的活碉樓，共計六十四個（圖 5-8）。其目的之一是作為鎮物，破壞這裡的帝王風水[12]。

圖 5-7　香山的風水區位

圖 5-8　曹雪芹故居西北側的活碉樓

　　正黃旗防地的馬鞍山很像一個向東緩緩爬動的烏龜，在如同龜頭的山腳下有一座墳墓。乾隆認為此墓風水好，若此龜爬到東邊清漪園（頤和園）的湖中，這家人必然要出九五之尊。於是，乾隆下令在馬鞍山修了三座碉樓：第一座修在如同龜背的山脊上，即黑碉樓，比平常的大一倍；第二座修在如同烏龜脖子的山坡上，即白碉樓；第三座修在烏龜頭頂上的山腳下。在龜頭的正前方還修建了一座石門，好像給烏龜又加了一把鎖，並在龜頭南北兩側如同眼睛的地方又各種了一棵龍爪槐，表示槐爪抓刺龜眼。於是，「神龜」就被釘住鎖死了。

金山西端的走向折南略微向東，山端很像一條回首東南的鯰魚頭。乾隆認為此魚將會喝盡清漪園的湖水，就在山端好像魚額頂部處修建了一座碉樓，即建築在金山右環山上的活碉樓，人們可以登高望遠，寓意踏上千萬隻腳，使鯰魚永世不得翻身。

香山一帶的山水風景和世俗生活為曹雪芹撰寫《紅樓夢》提供了素材。曹氏寫作《紅樓夢》並非只是坐在屋子裡冥思苦想，而是帶着筆墨紙張，遊走於竹林中、松樹下、巨石旁、泉水邊，想起甚麼就隨便找個地方揮筆疾書。

曹雪芹故居在當時可以稱得上是「豪宅」，因為沒有一定級別的人是不能居住的。曹氏祖上是「從龍入關」的滿族正白旗包衣。雍正五年（公元 1728年），其父曹頫因騷擾驛站之罪被罷免，南京的府第被查抄，只好回京居住。因曹氏的親表哥是正白旗的都統，所以他得以被安排到正白旗居住，即現在的故居。像這樣的房子，在香山八旗中只有上三旗的正黃、鑲黃、正白各有一套，而且只有參領、佐領才能有資格居住。故居之外有三棵古槐，距今已有四百多年的歷史，應是明朝嘉靖時期的，因此在明朝這裡就有房屋（圖 5–9）。槐樹在風水中是「祿」的代表。古代朝廷種三槐九棘，公卿大夫坐在其下，其中三公面對着三槐，這是故居前種植三棵槐樹的原因。雍正十三年（公元 1735 年）興建此屋時，應該是在原址上修建的。

院落東南為大門，符合風水異位為出口的原則。進入大門後有一木質影壁，影壁後是重修的十二間房子。東邊三間兩明一暗，是曹氏居住生活之處，東邊第四間是抗風軒，是曹氏寫作的地方。

圖 5-9　曹雪芹故居前的三棵古槐

五、明清陵墓建設中的風水文化

　　元代統治者對陰宅風水的興趣不大，在喪葬風俗上並未採取陵寢制度，而是沿用蒙古族潛埋的埋葬方式。但是陰宅風水作為漢人的民俗，在民間卻頑強地生存並發展着。據劉氏家譜記載，劉福七是元至和元年人，葬在鳳凰堡肩頭嶺，其墓為壬山丙向；其妻鄒氏之墓是子山午向，羅氏和宋氏之墓是戌山辰向；其子劉昭之墓是乾山巽向。明朝建立後，為鞏固政權，就着手恢復漢唐以來的喪葬禮制。下面以十三陵、明長陵和清崇陵為例說明。

1. 明十三陵的規劃

明成祖朱棣遷都北京後，在營建北京城的同時，命江西風水大家廖均卿為其尋找墓地。廖均卿經過兩年的野外考察，嚴格按照《葬書》的擇穴理論，在北京昌平東北的黃土山找到了一塊吉地（一說是風水師王賢少所為）。朱棣前往看完地形後，感到很滿意，就改黃土山為天壽山。從此，明朝的十四位皇帝中有十三位皇帝長眠於此，於是天壽山陵也稱十三陵。

在明朝人的觀念中，燕山為中國三大幹龍中北幹龍的一支，而天壽山又是燕山氣脈的集結處。天壽山不但是明陵的玄武鎮山，也是正在營建的北京城的後龍鎮山。為了把天壽山的龍脈生氣引到城內的平原地帶，遂堆土為萬歲山，使其成為北京城的玄武鎮山。天壽山庇佑下的陰宅十三陵在後、陽宅北京城在前的格局是唐代風水大家卜應天《雪心賦》思想的體現。卜氏指出：「先宅後墳，墳必興而宅必退；先墳後宅，宅既盛而墳自衰。」這句話含有兩層意思，一是墳墓的竣工期應在陽宅之前，否則陽宅之氣會被墳侵佔，導致宅運衰退；二是墳墓的位置應在陽宅之後，墳能把集結的正氣輸送到陽宅，使陽宅昌盛。也就是說，十三陵可以把來自昆侖山的生氣集結在天壽山下，再輸送到城內的萬歲山下，來滋潤佑護着紫禁城。此外，紫禁城的竣工期是在永樂十八年，而十三陵中長陵的竣工期是在永樂十一年。

就風水流派而言，江西的廖均卿是形勢派楊筠松的傳人。但因在明清時期風水的兩大流派已經融為一體，因此十三陵的風水體現了形勢和理氣的完美結合，是今人研習風水文化的活標本（圖5–10）。

從形勢派仿星學四象格局的觀點出發，玄武是天壽山，其後是黃花鎮、燕山、太行山直至昆侖山，昆侖山的生氣通過這條龍脈輸送到這裡。山勢至天壽山的主峰呈緩緩下降態勢，有接納主人安葬之意，符合玄武垂頭的原則。

圖5-10　明十三陵的風水意象

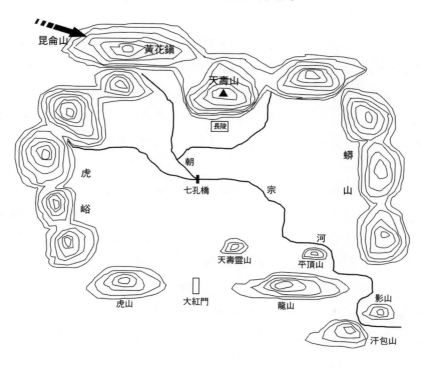

昆侖山

黃花鎮

天壽山

長陵

蟒山

虎峪

朝

七孔橋

宗

河

天壽靈山

平頂山

虎山

大紅門

龍山

影山

汗包山

　　青龍是左側呈蜿蜒狀的蟒山，白虎是右側呈低頭馴服的虎峪，而且從蟒山和虎峪之名也可看出此地地勢之美。案山是天壽靈山，朝山是虎山和龍山。朱雀是從西北流向東南呈彎曲狀的朝宗河，彎曲意味着朱雀翔舞。朝宗河由來自老君堂、灰嶺口、賢莊口、錐石口、德勝口的五條支流組成，這些支流在七孔橋匯集。朝宗河從東南流出與周圍地形構成了三道關鎖，一是平頂山和蟒山，二是龍山和蟒山，三是龍山、影山和汗包山，可謂關鎖重重，生氣難走。長陵為朝宗河支流玉帶水所繞，其他陵也各依山水勢，枕山襟水，藏風聚氣。

　　就理氣而言，墓穴遵循並發展了宋代理氣派風水大師賴文俊在《催官篇》中提出的天星四貴和三吉六秀的理念。賴文俊認為，天星四貴指的是亥、艮、

酉、巽，三吉指的是震、庚、亥，六秀指的是巽、辛、艮、丙、兌、丁，墓穴的來龍應為這幾個方位。

十三陵的朝向是：「長陵、獻陵、裕陵、茂陵、慶陵俱癸山丁向，景陵、永陵俱艮山坤向，泰陵壬山丙向，康陵辛山乙向，昭陵乾山巽向，定陵戌山辰向，德陵甲山庚向，思陵子山午向。」[13] 從 Google 地圖可以清晰地看到，長陵、獻陵、裕陵、茂陵、慶陵、泰陵的來龍是亥龍，景陵、永陵的來龍是艮龍，康陵、思陵的來龍是壬龍，昭陵的來龍是辛（酉）龍，德陵的來龍是震（卯）龍。

定陵的戌山辰向在《催官篇》中沒有記載，從 Google 地圖上看來龍是乾龍。但是，賴文俊認為乾龍之穴有庚山甲向、辛山乙向，除非若山勢奇特、垣局頑固，可暫富，否則不可立穴。對於乾龍是凶的看法，元代風水大家劉秉忠持反對意見：「（乾龍）正五行金氣，淨陽，乙向，推廣甲一向。從納氣論，甲納乾氣，則甲向為乾龍之正配，《催官》不取，予為廣之。從三合論，乾與甲丁亥卯未為木局，丁未卯陰與乾陽不相配，亥與乾同宮，勢不得合而兼之，駁雜俱不可向最妙者，甲向雙山卦氣，俱合允宜用之。」[14] 明洪武至永樂時期的學者型官員徐善述進一步指出：「（乾龍之穴有）辛山乙向、戌山辰向。」[15] 對風水頗有研究的劉秉忠和徐善述在元初和明初都是國師級的人物，他們的觀點具有一定的話語權，因而就把定陵選在了乾龍的戌山辰向。

十三陵的中軸線，也就是從大紅門到長陵的神道，其兩側有石望柱和石象生。諸陵的分神道從七孔橋分處，於是就形成了以長陵為中心，諸陵拱衛長陵的格局。

2. 明長陵和清崇陵的規劃

明朝並沒有繼承元統治者的喪葬方式，而是對漢唐的喪葬制度進行了改

革。這項改革是從明太祖朱元璋修建孝陵開始的，主要體現在以下三個方面[16]。第一，受六朝以來南方無方形墳墓的影響，陵墓由方形改為圓形，稱為「寶頂」。第二，取消寢宮即下宮，擴建祭殿即上宮的建築面積，同時也相應地取消了留居宮人日常侍奉飲食起居的辦法。這表明隨着社會的進步，陵寢中存在的原始迷信方式不能不被廢止，同時擴建祭殿也是為了進一步講究上陵朝拜祭獻的排場，以適應推崇皇權和鞏固統治的需要。第三，陵園的圍牆由方形改為長方形，並分為三個院落。清朝又對明朝的陵寢制度作了局部調整。下面從明長陵和清崇陵的修建可以看出這種變化。

圖 5-11　明長陵的風水意象

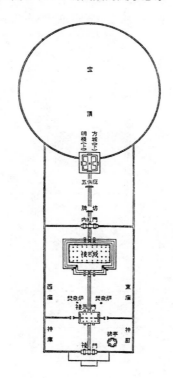

　　長陵是明成祖朱棣的陵墓，是十三陵中最早營建的，規模也最大。永樂七年（公元 1409 年）開工，永樂十一年建成。據圖 5–11 所示，全部陵園共有三個院落和一個圓形寶頂[17]。從整體上看，長方形的陵園延長了神道的長度，使祭奠更加莊重；圓形的皇陵也凸現了升天成仙的意象，是天圓地方觀念的體現。從局部看，第一進是陵門和碑亭，神廚和神庫分佈在東西兩側；第二進有殿門（祾恩門）、享殿（祾恩殿）、東西廡配殿、焚泉爐等，祾恩殿是方形建築，與皇宮內最大的奉天殿（即清太和殿）規模相同；第三進有內紅門、石牌坊、五供座、明樓和方城，其中明樓是方城之上所建的樓閣，方城之後就是圓形大墳丘。

圖 5–12　清崇陵的風水意象

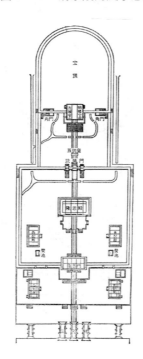

　　清朝帝陵主要分佈在兩個地方，東陵在河北省遵化縣，有順治的孝陵、康熙的景陵、乾隆的裕陵、咸豐的定陵、同治的惠陵；西陵在河北省易縣西的雲蒙山，有雍正的泰陵、嘉慶的昌陵、道光的慕陵、光緒的崇陵。據圖5-12所示，光緒的崇陵頗具代表性，表明清代陵園也是效仿明代定制，並有三個院落。第一進只設東西朝房作為祭祀時供奉果品和茶點的地方，以代替神庫和神廚。第二進是享殿，稱為隆恩殿，東西配殿在祭祀時用作唸經的場所，這說明了佛道對風水和喪葬禮俗的影響。最後的寶頂從明代的圓形改為前方後圓。前方後圓的墳墓是由一個半圓和一個半方構成的，表明了皇帝是溝通人神的天子，使皇權得到了進一步的強化。

六、園林風水與旅遊開發

　　因元統治者對漢文化的排斥，致使造園活動處於低迷狀態，位於皇城內的大內御苑等是元代的主要園林。終明一代，因皇帝多半不喜出巡和蒙古貴族的軍事威脅，所以除了大內御苑外，只在北京的南部和東部建有南苑和上林苑兩處。在清代，因政治穩定，經濟繁榮，特別是康熙、乾隆等人的漢文化素養非常高，因而建造了多處皇家園林。同時，在經濟發達、文風很盛和地形與氣候比較獨特的江南地區，湧現出一批造園家和許多造園理論，建造了很多的私人園林、寺觀園林、公共園林、書院園林、衙署園林等。下面以計成的《園冶》、上海豫園、浙江岩頭村園林和頤和園為例介紹園林風水和旅遊開發的概況。

1. 《園冶》與風水

　　《園冶》是我國歷史上著名的造園學專著，它是明末傑出的園林藝術家、建築藝術家計成所著，園林一詞也因其從此成為造園學中的專有名詞。

　　計成，字無否，江蘇蘇州吳江縣人。作為出身寒門的封建知識分子，他曾四方遊歷，遍覽名園。他不僅能以畫意造園，而且也能詩善畫，主持建造了當時著名的三個園林——揚州鄭元勳的影園、常州吳玄的東帝園、儀徵汪士衡的嘉園。他在五十三歲（公元 1634 年）時寫成了這部中外馳名的園林藝術名著。

　　計成是深受風水思想影響的。一是自隋唐代開科取士以來，包含風水內容的四書五經一直是科舉考試的主要科目，對於當時的知識分子來說，無論是否取得功名，都要熟知陰陽風水，當然計成也不例外。二是計成能詩善畫，對於詩詞散文而言，隨着風水理論在唐宋以來逐步走向成熟，得意或失意的文人為了抒發自己的情懷，在描寫山水的詩詞散文多含有風水的因素。以自然山水為創作主題思想的園林，肇始於魏晉，盛行於唐宋，成熟於明代，至清代達到高峰。從藝術哲學角度講，造園與書畫同源，在創作思想上是互通、互透、互融的 [18]。因此，丘壑內營的構圖法是中國山水畫的一大特點。山水畫家於方寸畫紙上所畫的山、水、人物、寺廟等，表達了天人合一的哲學理念。精通書畫的園林學家在設計園林佈局時，又把書畫上「芥子納須彌」的理念應用到限定地域的園林之中。

　　《園冶》的內容分為園說和興造論兩部分。其中，園說又分為相地、立基、屋宇、裝折、門窗、牆垣、鋪地、掇山、選石、借景十篇。由於計成具有深厚的風水文化素養，因此在他的著作中就不可避免地帶有風水文化的色彩 [19]。文中大量借用了「相地」、「卜築」、「八宅」、「宅相」、「擇居」、「青霞」、「紫氣」、「輔弼」、「趨承」、「曲折有情」等一大批風水用語。「雖由人作，宛自天開」、「巧於因借，精在體宜」是《園冶》一書的精髓，其實質就是風水中

的天人合一。因此，《園冶》是中國古代的旅遊規劃理論。

2. 上海豫園的規劃

　　位於今上海老城城隍廟附近的豫園，始建於明代嘉靖年間，原是四川布政使潘允端的私人花園。因歷經鴉片戰爭的破壞和以後的改建，現狀僅是當年豫園東北角的一部分。儘管如此，也能從今之豫園的建築管窺風水文化的魅力。

　　池邊的流觴亭是模仿王羲之在蘭亭修禊、曲水流觴而作，使今人可以遙想當年一些江南名士應主人之邀而來此，一邊飲酒一邊吟詩作畫的盛況。

　　船舫是飲茶賞景的好地方，但它並不是建在水邊。為了營造船在水邊的意境，在船頭前做成波浪狀的地面，營造了船在水中的意境（圖5–13）。這種做法在今天園林和地產開發中被廣泛運用。豫園的圍牆頂部用騰飛的龍裝飾，以起到護衛作用（圖5–14）。

圖5–13　豫園船舫前呈波浪狀的地面

圖 5–14　豫園的龍牆

3. 浙江岩頭村園林的規劃

　　在經濟文化發達的江南、東南、巴蜀等地，富裕的村落常常利用地形開鑿水渠，修建亭榭，種植花木，建造供村民交往、遊憩的公共園林。浙江岩頭村就有一處把休閒場所與宗教、娛樂、商業活動完美結合的公共園林（圖 5–15）[20]。

　　岩頭村的規劃佈局是在明代形成的，其園林位於南門口處，給人一種賞心悅目的感覺。通過人工開鑿的水渠把水從西北引來，流貫全村後在東南形成了狹長的麗水湖，然後流出村外。這是典型的乾水來、巽口出的風水形局。麗水湖邊的琴嶼是園林的主題，嘉靖年間在琴嶼西端修建的塔湖廟是園林的構圖中心。人們在廟中可以俯瞰湖水，遠眺村外美景。廟南側的小戲台是村民酬神演戲娛樂的地方。在琴嶼的東端過麗水橋，可達商業街區麗水街和南門口。

圖 5–15　岩頭村的風水意象

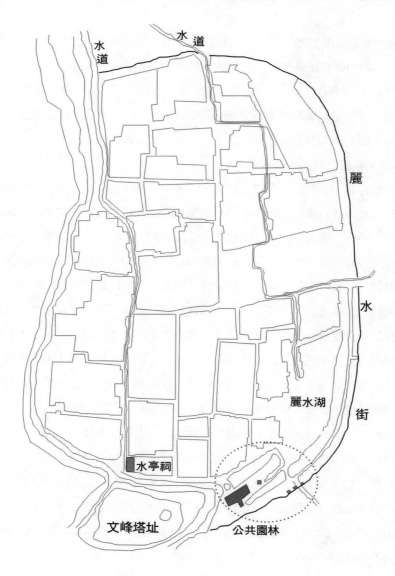

4. 頤和園的規劃

頤和園位於北京西北郊，是一座以萬壽山、昆明湖為主體的大型天然山水園，是運用中國傳統風水打造的經典之作。它原名清漪園，始建於清乾隆十五年（公元 1750 年）。公元 1860 年被英法聯軍燒毀，公元 1888 年重修後改名頤和園。在遭受八國聯軍的洗劫後，公元 1902 年清政府又進行了重修。公元 1924 年，頤和園闢為對外開放公園。

（1）建園之前的地理概況

遼金時期，頤和園西面的玉泉山就建有了皇家行宮別苑。元代，萬壽山以其山形似甕而得名甕山。甕山南面的低窪地帶因匯聚了玉泉山的泉水而成為一個大湖，時稱「甕山泊」，也叫七里泊或大泊湖，它就是昆明湖的前身。

在元大都城建立後，元政府把玉泉山的泉水導引入城作為宮廷的專用水，沿途百姓不能截取使用。這就必然影響了漕運，因為匯聚於甕山泊的泉水一直是用來補給大運河北端的水量以保證漕運暢通的。為了補給漕運用水，元政府只好在昌平白浮村導引神山諸泉之水，流經青龍橋入甕山泊，並在甕山泊往南開鑿河道，經通惠河注入通州的大運河。這樣，就控制住了甕山泊的水位，使它從早先的天然湖泊改造成為具有調節水量作用的天然蓄水庫。於是，在環湖一帶陸續修建了寺廟、園林等，元中書令耶律楚材的墓園也修建於此，人們經常到此遊玩，這個地區逐漸發展成為西北郊的一處風景遊覽地。

明代，甕山泊改稱「西湖」。因元代開鑿的水道年久失修而淤塞，朱棣遷都北京後改引玉泉山之泉水東流注入西湖，以保證宮廷用水和漕運。因玉泉山秀美清麗，為觀賞湖景在南坡修建了一座望湖亭，所以遊人很多，故時人多以玉泉山與西湖並稱。西湖中遍植荷、蒲、菱、葵等水生植物，沿岸是垂柳環抱，「沙禽水鳥出沒隱映於天光雲中，實佳境也」[21]。而甕山只是一座「土赤墳，童童無草木」的禿山，而且山形比較呆板，也就不大受到遊人的重視。

圖 5-16　明代頤和園的風水意象

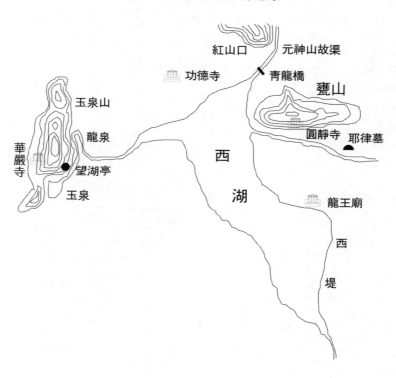

　　從圖 5-16 可以看到，儘管經過元明兩代的改建，玉泉山、甕山、西湖之間形成了山水相聯、景觀上互為借資的關係，在局部有合乎風水文化的美感，如圓靜寺與甕山、耶律墓與山水之間的對應關係，但在平面佈局上仍然是孤立和淩亂的，沒有顯現出風水文化所賦予的天朝大國在政治、文化、經濟上的美感和寓意。特別是甕山和西湖的位置雖然具有南水北山的格局，但對應方式很不雅觀，西湖就像一匹砍斷了頭的馬在痛苦地掙扎，而甕山就像馬頸上憤怒的鬃毛，沒有嫻靜、優雅的意境。從傳統的風水觀點看，這個畫面是個大凶的格局。因此，隨着康乾盛世的到來，對它進行改造就提上了日程。

（2）清代頤和園的規劃

　　清初，除了寺廟和園林因年久失修處於半荒廢狀態外，甕山和西湖周圍的情形與明代差不多。康熙時期，內務府在甕山設馬廄。乾隆時期，以杭州西湖為藍本對這片山水進行了總體規劃（圖5-17）。

圖5-17　清代頤和園的風水意象

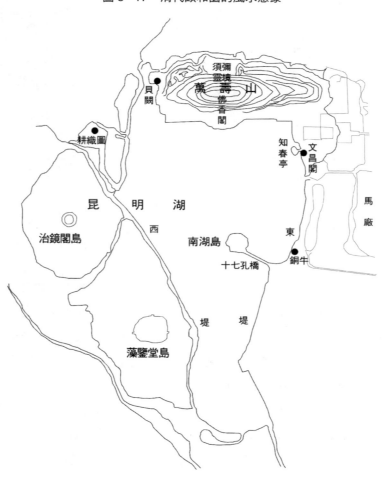

　　乾隆十四年（公元 1749 年），民工花了兩個月的時間開拓、疏浚了西湖。次年，乾隆帝以為母祝壽的名義在甕山圓靜寺的舊址上興建了一座大型佛寺——大報恩延壽寺，並發佈上諭，改甕山為萬壽山、西湖為昆明湖。同時，萬壽山南麓沿湖一帶的園林建築也陸續開工建設 22。公元 1751 年，正式命名為清漪園 23。

　　在疏浚昆明湖後，把湖面從北部和東部拓展到萬壽山的南麓，龍王廟加固保留，成為湖中的大島——南湖島。在昆明湖中堆積了治鏡閣和藻鑒堂兩個人工島，與南湖島形成了「一池三山」的皇家園林理水的傳統模式 24。此外，在昆明湖的主體湖區還有三個小島——小西泠、知春亭和鳳凰墩。原來的西堤在經過加固、改造之後，成為昆明湖的東堤，現在的西堤及其支堤成為昆明湖中縱貫南北的大堤，並把湖區分成三個部分。

　　在萬壽山西麓、昆明湖的西北部挖掘了一條向北延伸的河道，經青龍橋和元朝白浮堰引水故道與北面的清河相連接，並在青龍橋下設閘門以控制雨季湖水的水位。在萬壽山西麓的河道上又開了一條支渠，向東沿萬壽山北麓把原來零星的小湖串成一條小河，被稱作後溪河，也叫後湖。這條小河在萬壽山東北麓分為三股，東流匯集馬廠附近的水流進入圓明園。

　　這樣，經過對昆明湖的疏浚和拓展，形成了山嵌水抱的態勢，北山南水的規整風水格局已經形成，為運用傳統風水文化營造具有恢弘富麗氣勢又充滿自然之趣的皇家園林提供了良好的地貌基礎。

　　在整理昆明湖的同時，也進行了園內的建設。據統計，至乾隆二十九年（公元 1764 年）竣工共修建了包括須彌靈境、佛香閣在內一百零一處建築物。在被英法聯軍燒毀後，慈禧太后挪用海軍軍費進行了修復，更名為頤和園。因修復經費短缺，只對前山、宮廷區、西堤和南湖島進行了修復，並在昆明湖沿岸修建了宮牆，放棄了後山、後湖和昆明湖西岸。儘管修復後的頤和園遠遜於乾隆當年的藝術水準，但仍然保存了精華部分，並增加了南半部的幾

何對應關係，使前山建築佈局的格調顯得更加嚴謹，中央建築群的形象也就比原來更為突出[25]。

受道教文化的影響，有一池三島的佈局，其中南湖島、藻鑒堂島和治鏡閣島是三個大島，小西泠、知春亭和鳳凰墩是三個小島。南湖島的平面形如滿月，望蟾閣、月波樓等以月宮仙境為題材的建築，體現了「水中月」的風水意境，而且水和月都屬陰。

昆明湖東西兩側的銅牛和耕織圖象徵着牛郎和織女，是陰陽文化的體現。牛是地支丑的屬相，而丑在五行中屬土，土又剋水，因此銅牛又有鎮水災之意。十七孔橋的設計也是寓意深刻的。在後天八卦中，七為兌卦，五行屬金，金又生水。因此，十七孔橋和龍王廟相連有相生而順的寓意。

此外，昆明湖東岸供奉文昌帝君的文昌閣和頤和園西北部供奉關聖帝君的貝闕，有左文右武之意。城關的名字也是寓意深刻的，如頤和園萬壽山東麓的「紫氣東來」城關取老子出關典故。

注釋

1 趙榮、楊正泰:《中國地理學史》(清代),商務印書館,1998年,第147-160頁。

2 魏源:《蔥嶺三幹考》,載《小方壺齋輿地叢抄》第四帙。

3 中國科學院自然科學史所地學史組:《中國古代地理學史》,科學出版社,1984年,第181-183頁。

4 于希賢:《〈周易〉象數與元大都規劃佈局》,《故宮博物院院刊》,1999年第2期。

5 《元史·劉秉忠傳》。

6 《元史·劉秉忠傳》。

7 (清)于敏中等編纂:《日下舊聞考》,北京古籍出版社,1981年,第430頁。

8 黎清德編:《朱子語類》卷二《理氣下》、《天地下》,中華書局,1986年。

9 陳愛平:《從風水的視角看中國古都分佈》,《青海師範大學學報》(哲學社會科學版),2003年第6期。

10 韓增祿:《易學與建築》,瀋陽出版社,1998年,第198頁。

11 王子林:《紫禁城風水》,紫禁城出版社,2005年,第151-154、189頁。

12 舒成勳、胡德平:《曹雪芹在西山》,文化藝術出版社,1984年,第30-32頁。

13 (清)于敏中等:《欽定日下舊聞考》卷一三七,北京古籍出版社,1981年,第2214頁。

14 (元)劉秉忠:《鐫地理參補評林圖訣全備平砂玉尺經》,載《續修四庫全書·子部·術數類》,上海古籍出版社,2002年。

15 (明)徐善述、徐善繼:《人子須知資孝地理學統宗·二十四龍諸吉穴》,載《故宮珍本叢刊》(第411冊),海南出版社,2000年,第453頁。

16 楊寬:《中國古代陵寢制度史研究》,上海古籍出版社,1985年,第62-65頁。

17 劉敦楨:《明長陵》,《中國營造學社彙刊》第4卷第2期,1933年6月。

18 張家驥:《中國造園論》,山西人民出版社,2003年,第62頁。

19 萬艷華:《我國古代園林的風水情結》,《古建園林技術》,2000年第3期。

20 周維權:《中國古典園林史》,清華大學出版社,2008年,第327-328頁。

21 (明)沈榜:《宛署雜記》,北京出版社,1980年,第29頁。

22 中國第一歷史檔案館藏乾隆十五年六月初六日內務府大臣三和奏摺。

23 《欽定大清會典事例》卷一六七。

24 周維權:《中國古典園林史》,清華大學出版社,2008年,第411頁。

25 周維權:《中國古典園林史》,清華大學出版社,2008年,第435頁。

第六章

近現代城市規劃中的風水文化

　　近百年來，中國風水文化的發展經歷了從爭議、否定到復興的三個階段。隨着新材料的使用和新技術的出現，古老的風水理論獲得了新的生命力。「田園城市」理論、《雅典憲章》、《馬丘比丘憲章》和《華沙宣言》是西方城市規劃理論發展過程中的里程碑，這些理論也是中國現代城市規劃理論的重要來源之一，其中包含的系統論的和諧思想與風水文化的宗旨是相同的。現代新疆特克斯縣城是在民國時期八卦城的基礎上發展起來的。儘管近現代上海和哈爾濱是在殖民地城市基礎上發展起來的，但仍然帶有鮮明的風水特色。

　　新中國建立後的一段時間內，由於將風水視為封建糟粕，因此在中國的城市規劃文本中沒有提及「風水」兩個字。但風水作為一種流傳幾千年而形成的根深蒂固的民俗，已深入到中華民族的骨髓，並長期影響着中國人的思想觀念和行為模式。因此，就算不說不提，在城市規劃和建築實踐中已深深留下風水文化的痕跡。下面在論述近現代城市規劃和建築理論與風水文化關係的基礎上，以新疆特克斯縣城、北京、上海、哈爾濱的規劃論述近現代城市中的風水意象。

一、近現代風水文化發展的三個階段

　　在 1912 年清政府滅亡、中華民國建立以來的近百年中，風水文化在國內外遭遇到了不同的境遇，具體說來，可以分為三個階段。

1. 民國時期

　　在西方列強船堅炮利的進攻下清政府走向滅亡的事實，深深震撼了民國初

年的知識分子和政府官員，他們感到幾千年來引以為榮的包括風水文化在內的中國傳統文化是一種落後的、愚昧的文化，不能使中國立於世界強國之林，並且不能與西方文化相提並論。

　　隨着新文化運動的興起，一批留洋的學者帶來了西方近代科學文化，也帶來了與風水文化有關的地理學、地質學、建築學、規劃學等。他們中的一部分人提出了「全盤西化」的口號，主張運用西學文化整理中國的傳統文化，認為凡是與西方傳統學術概念相異的中醫、中藥、風水等中國傳統文化都是迷信和糟粕，希望把中國傳統文化納入到西方科學文化的體系中。當然，這些知識分子救國救民的急切心理是可以理解的，但這種「把髒水和孩子一起潑出去」的思想太偏激了。在思想界興起的這股潮流對政府官員產生了深刻的影響，於是北洋政府明令禁止中醫和風水的傳播。

　　然而，風水文化作為幾千年來世代相傳的民俗，可謂根深蒂固，並不會因為某些人的好惡而立刻消失。因此，一些城鎮、工廠的選址還是考慮到風水因素。例如，首鋼的前身北京鋼鐵廠的選址之所以選在北京西部的石景山區，除了此地臨近永定河有充足的水源之外，還考慮到了風水因素。據《北京鋼鐵史》記載，北洋軍閥段祺瑞政府認為五行中西方屬金，而鋼鐵廠就屬於金，於是就選建在了北京西部的石景山。

　　目前世界上最大、最完整的八卦城——新疆特克斯縣城，是民國時期按照《周易》後天八卦理論規劃的[1]。1931 年，從鞏留縣析置特克斯設治局，局治設在科布。1937 年，成立特克斯縣，伊犁屯墾使兼警備司令邱宗浚親自到現場查勘、設計。邱宗浚是一位精通易文化的新疆人，也是新疆省政府主席盛世才的岳父，因此他能完全按照自己的意志行事。他認為科布地方狹窄，沒有發展前景，而克孜勒庫熱南臨特克斯河，地面開闊、平坦，水源充足，是城址的理想之地。於是，他就設計了八卦城，希望「天地交而萬物生，上下交而其志同」。1939 年，時任縣長班基春聘請了一位俄羅斯水利技術員依照邱宗浚設計的八卦

圖 6-1　新疆特克斯縣八卦城

圖形測量，打樁放線。因沒有線繩，就從商店購來布匹撕條作線，用二十頭牛拉犁犁出了八卦城街道的雛形。後來特克斯縣城的規劃和發展都是以此為基礎的（圖 6-1）。1996 年，因八卦形的街道是環環相連、條條相通，對縣城來說根本不會發生堵車現象，於是就取消了紅綠燈。由於特克斯縣城有着豐富的易經文化和烏孫文化的底蘊，民族關係和諧，新疆維吾爾自治區政協副主席玉素甫‧艾沙在 2003 年 9 月 2 日為特克斯縣城題詞：「漢族文化和少數民族文化在特克斯八卦城得到了很好的融合。民族團結是搞好新疆各項工作的基礎。」

2. 1949－1978年

新中國建立後，進行了土地改革，風水被斥為封建迷信遭到了打擊，特別是在「文革」時期，以「人定勝天」為宗旨的改造自然、征服自然的實踐活動

大行其道，把追求人地關係和諧的理念視為無稽之談。於是，在規劃設計中主要運用蘇聯模式，許多古城牆、古建築被拆除。在這個時期，只有北京大學考古系的宿白教授利用風水文化研究古代墓葬，取得了重大成果。此外，在港澳台地區，風水還是頗受青睞的。

與國內不同的是，風水文化在國外卻頗受歡迎，主要原因有以下幾條。第一，西方國家為了政治上瞭解中國的需要而關注風水文化。新中國和蘇聯關係的加強，以及共產主義思想在亞洲、拉丁美洲、東歐等國家的傳播，使西方資本主義國家甚為害怕。西方國家為了遏制中國，必須對中華民族的特徵進行瞭解，而認識中國必須瞭解中國的鄉村。因中國鄉村的許多特徵是由風水決定的，於是西方國家開始了對中國鄉村陰宅和陽宅風水的研究[2]。第二，西方國家為了人地關係良性循環和經濟社會和諧發展的需要而研究風水。自工業革命以來，西方國家的科技取得了重大成就，但西方文化中人地對立的觀念給社會帶來了人口膨脹、環境污染、犯罪率上升等重大問題。要解決這些問題，必須從整體、系統的角度調整人和自然、人和社會的關係。東方文化中的風水將天、地、人視為一體的觀念自然受到了西方學者的關注。在 20 世紀 50 年代末，英國學者李約瑟博士指出：「就整體而言，我相信風水包含顯著的美學成分，遍及中國農田、屋宇、鄉村，不可勝收，皆可藉此得以說明。」美國規劃師凱文·林奇在 1960 年出版的《城市意象》一書中指出，中國風水是一門前途無量的學問。1972 年，世界上第一個風水專業的博士韓國人尹弘基畢業於美國伯克利大學，他的導師就是美國著名人文地理學家索爾先生。

3. 1978年至今

1978 年中國實行改革開放政策，在學術上倡導百花齊放、百家爭鳴的方針，曾被視為迷信和糟粕的風水文化也重新煥發了生機。一方面，大專院校的

學者從地理學、歷史學、建築學、規劃學、哲學、心理學、考古學等角度研究風水，從而出現了所謂有別於長期以來風水從屬於民間江湖的學院派研究群體，如工作於或畢業於北京大學城市與環境學院（前身是北大地理系）的于希賢、武弘麟、劉沛林、俞孔堅、盧生上人、李小波、陳喜波、顏廷真等教授，華南理工大學建築學院的程建軍教授，天津大學建築學院的王其亨、梁雪等教授，華東師範大學古籍整理研究所的王玉德教授，中國科學院自然科學史研究室的楊文衡教授，他們的研究為當代風水文化的發展指明了方向。另一方面，隨着經濟的發展、社會的進步和人民生活水準的提高，風水文化被大量應用到日常生活和工作中。例如，房地產的選址和設計、公司的選址和裝修、居家樓房的購買和裝飾、廣告的設計、公園和學校園林的佈局等方面都涉及風水。而過去佔主要地位的陰宅風水逐漸被淡化。

風水在國外也受到特別的歡迎。據坊間傳聞，韓國正準備把風水列入申報世界文化遺產的目錄中，日本也為此積極準備。在美國，風水已成為年輕人的時尚。在風水得到充分發展的同時，有人也利用其消極部分誤導人們，特別是對一些意志薄弱的黨員幹部產生了不良影響。

二、風水理論的與時俱進

隨着 20 世紀 20 年代西方自然科學和社會科學的傳入，特別是西方地理學的引進，風水文化中的消極部分被無限放大，有些學者提出了全盤西化的觀點。而更多的學者認為應把風水文化的內容與現代地理學、地質學、美學、心理學、建築學、景觀學、民俗學等學科對應起來做研究。特別是改革開放以來，由於新材料的使用和新技術的出現，引起了從城鄉建設到家居用品的巨大變

化，從而推動了風水理論的發展。因風水文化的理論實在太龐雜，下面僅從現代陽宅和陰宅的變化以及關於反弓煞的思考兩方面簡要論述風水理論的發展。

1. 現代陽宅風水和陰宅風水的變化

就陽宅而言，在城市和經濟發展比較快的地區，人們居住的是樓房，這在古代農業社會都是不可思議的。筆者認為，對於樓房而言，門的朝向並不重要，因為人們一到家就把門關上了，而窗戶非常重要，是納氣的主要管道；樓房向陽的一面為正房，向陰的一面為側房。

對於廣大農村地區而言，農村的住宅大都是院落式的，傳統的風水理論仍然適用。特別在北方平原的農村，正房前上方有走廊，院子左側和南邊大門一線是平房。由於一排幾家的房子都是同樣的佈局，這在某種程度上造成了不安全感，小偷就會從一家的平房和走廊順次到達各家（圖6-2）。於是，有的家庭就在院子上方加了頂棚，這樣大門就成為真正唯一的氣口（圖6-3）。

圖6-2　農村中帶走廊的一排房子

圖 6-3　加蓋頂棚的農村院落

　　對於陰宅而言，因耕地的不斷減少，在農村一般是劃出一塊所謂的風水寶地作為公共墓地，一個家族去世的人都是集中在一個區域。在城市也是葬在公共墓地，但城市的公墓不像農村是免費的，而是像房地產一樣非常昂貴。筆者曾為客戶在北京西山某陵園購買墓地提供諮詢時，發現最便宜的墓地每個三十萬元，稍微大一點的是每個六十萬元，最大的是每個一百萬元左右，真是人死也死不起。因此，民政部門為解決這個問題就嘗試推行海葬等方式。

　　隨着新技術的發展，電視機、電冰箱等家用電器成為家庭不可缺少的用品，這些都是以前家庭所沒有的。按照這些電器的功能與五行學說歸類，電視機、暖氣、太陽能、電燈、電飯煲、電鍋、熱水器屬火，洗衣機、加濕器屬水，吸塵器、電話、電腦屬土，電風扇、空調屬金。

2. 關於正弓和反弓煞的思考

　　在選址時人們對於正弓的偏愛是長期實踐經驗的總結，除了具有良好的自然環境和心理美學感受外，正弓還包含了理想風水模式的四要素，其中弓形正中是玄武，兩側是青龍和白虎，面前是朱雀。弓形的河岸富於美感，弓的突出部分對着水有兩層含義：一是半圓形的弓在五行上屬於金，金生水，水聚財；二是有搭弓射箭之意，對敵方有威懾力。圖 6–4 是黃河流經黃土高原的一段河道，從中可以看出位於正弓內的地方分佈着耕地和聚落[3]。而位於弓背河流的對岸因不斷遭受衝擊，是容易決口、發生水患的地區，歷史時期黃河發生決口的地區都在這些地方。從圖 6–5 可以看出，因黃河攜帶泥沙太多，使開封段河道不斷淤積升高稱為「懸河」，而河流又受到地轉偏向力的作用，不斷地沖刷南大堤，威脅着大堤外人們生命和財產的安全[4]。

圖 6–4　黃河進入寧夏的第一個村莊——位於正弓內的南長灘村

圖 6-5　開封段黃河正弓外的南大堤

　　因此，在建築和園林設計中也常把樓房陽台的形狀或者花壇的形狀做成弓形的（圖 6-6、6-7、6-8）。在中國文化中的「曲線美」也與此有關。例如，在一條彎曲的路上，有凸有凹，凸為陽，凹為陰，形成了許多弓狀地形，也給人一種幽深的感覺。相反，在直路上就沒有這種感覺。因此，在傢具設計中，追求曲線美也是基於同樣的原因，於是就有了一種品牌叫「曲美」的傢具公司。

　　在風水的煞氣中，以反弓煞為最，因為在建築中的許多煞氣可以說都是反弓煞的變種，如穿心煞、滴血煞、屋角煞等。

　　反弓煞也稱為鐮刀煞，其原理在第一章介紹過。隨着科技的發展，對於反弓的認識也有了提高，主要表現在以下兩個方面。一是商店、賓館等不能建在道路的反弓位置上，除了心理學、美學上的原因外，還有關於環境污染問題的考量。這是因汽車在經過弓形道路時要減速，尾氣不能隨着車速的增大而很快帶走，從而使附近尾氣濃度加大，污染周圍的環境。十字路口尾氣濃度大也是這個道理。這個道理與我們在廚房做菜時，當菜做好關閉燃氣灶後的油煙最大

圖 6-6　弓形陽台

圖 6-7　弓形花壇

圖 6-8　弓形樓梯

是一個道理。二是在河流的反弓處，現在利用長期水流沖刷而水位深的條件，修建了港口。因此，河流的港口都是修建在河流的反弓位置上的。例如，廣州中山大學北門的珠江岸邊就是一個反弓，現在是珠江夜遊的港口之一。由於中山大學北門正對着河流的反弓，就修了一座牌坊式的校門以鎮之（圖 6-9）。

　　若把呈鈍角的反弓煞變成了一百八十度，就是滴血煞。滴血煞就是水龍頭的水不斷滴答地流。但在現代建築中，為了營造有泉水的意境，也用所謂滴血煞變凶為吉。例如，筆者命名的北京奧林匹克森林公園的茶館——聽泉軒，其設計理念就是使遊客在此歇息時能聽到泉水滴答的聲音。

　　若把反弓煞的鈍角變為直角或銳角，就演變為尖角煞。如在窗戶看見電視塔、佛塔、電線杆、煙囪等尖高而直的東西，正對着傢具或立柱的直角，這些的確影響人的心理，因為有一箭穿心之感。這不是中國人迷信，其實在西方文

圖 6−9　中山大學北門

化中尖角對着人也不好。「頭上懸着一把達摩克利斯之劍」是西方人比喻情勢危急時常說的話，即使這把劍不掉下來，一直在頭上懸着，時間長了，人也會崩潰。風水師常放置仙人掌用以毒攻毒之法解決尖角煞問題。筆者認為，除非房主喜歡，最好不要用仙人掌，而放置魚缸比較好。這是因為仙人掌有刺，家中的小孩或夫妻吵架時，一不小心就會碰上。而尖角屬金，遇魚缸之水而化，再說靈動的金魚可以緩解人的眼睛疲勞。

　　當然尖角煞並非一無是處，在建築設計中常用它以起到保護、警示的作用，如單位大門、圍牆的籬笆用鐵材或木材製成尖狀物裝飾等（圖 6−10、6−11）。

圖6−10　尖角煞在大門設計中的應用

圖6−11　尖角煞在籬笆設計中的應用

3. 關於風水是否迷信的思考

　　風水作為中國的傳統文化和民俗，是在一片批判聲中成長壯大的。從東漢的王充、唐代的呂才、北宋的司馬光、元明之際的謝應芳和趙訪、明代的王廷相和張居正、清代的熊伯龍和周樹槐，乃至今天的部分學者都認為風水是迷信，並對此進行了猛烈的批判。但另一方面，古代的城市、園林、民居等建築彰顯出來的風水之美的確令人陶醉，特別是中國某些世界文化遺產在申報時就明確指出是用風水規劃的，在 2010 年上海世博會中國館關於城市史的介紹中也指出了風水的作用。因此，隨着改革開放以來學術研究的開放和社會經濟的發展，風水文化這個飽受爭議而且十分有趣的話題也受到社會各階層、特別是學院派學者的關注。于希賢、武弘麟、劉沛林、李小波、陳喜波、顏廷真等北京大學學院派的學者肯定了風水文化的積極作用，從地理環境特徵和風水與地理環境決定論的異同等方面對風水文化作了地理學評價。天津大學的王其亨教授從建築規劃的角度研究風水，論證了風水文化在建築設計中的實用性。

　　筆者認為，風水是儒釋道文化的結晶，甚至可以說它就是國學。作為一種文化現象，是人類社會長期實踐的結晶，無所謂好，也無所謂壞。因為任何一種歷史積累形成的文化現象，都反映了統治階級或者大多數民眾的利益，所以它是因人而異的，對有的人來說具有積極作用，而對有的人來說就具有消極作用。近年來在我國興起的儒學也是具有兩面性的，著名人文地理學家、北京大學教授胡兆量先生指出：「（儒家）文化積極面的核心是仁、學、勤。仁是倫理道德。封建社會形成的仁，有一層為等級制度服務的外殼。剔除消極的外殼，尊老愛幼，熱心公益，服務鄉梓，敬業社會，報效國家，是可取的。」[5] 因此，對風水持極端否定的態度是不可取的，綜觀中國的世界文化遺產故宮、廣東開平碉樓等一大批古建築，就是運用風水文化修建的。如果認為風水是邪惡的東西，是否應該把故宮等一大批歷史文化遺產拆除呢？答案顯然是否定的。

眾所周知，東漢時盛行的讖緯學是極端迷信的。然而，就是這樣一種充斥了妖妄怪誕內容的文化現象，還是包含了一些難能可貴的科學資料。東漢經學大師鄭玄的《尚書緯‧考靈曜》載：「地恆動不止而人不知，譬如人在大舟中，閉牖而坐，舟行而人不覺也。」這是當時的讖緯理論，但「這不是發現了地球是一顆恆星，足以震驚世界的學問嗎？這位 1900 年前的無名科學家的發現是多麼該受我們的尊敬啊！讖緯書中尚有這類好材料，可見只要肯到沙礫中搜尋自會揀到金子，決不該一筆抹殺」[6]。是啊，讖緯理論尚且如此，何況風水呢？

歷史學家顧頡剛先生在談到西漢末年著名經學家、目錄學家、文學家、古文經學開創者劉歆為王莽上台編造理論而篡改《左傳》時，說過一句很有意思的話：「學術性的東西是皇帝所不需要的，一定要插入對於皇帝有利的東西方能借得政治上的力量。」[7]本書對於古代風水文化的研究就是以這句話作為指導的，探究了掌握話語權的歷代統治階級和包括御用文人在內知識分子對待風水文化的態度，分析了風水文化理論是怎樣一點一點地逐漸羽翼豐滿起來的。

風水文化不但是古代城市規劃的理論基礎，在今天的各種規劃、地產開發、家居辦公裝飾中仍然起着重要作用。之所以有迷信一說，是因為在封建專制的條件下，人們不能通過自身的努力和合理的途徑實現自己的價值或解決生活中的問題而採取的不得已而為之的辦法，是病態心理的一種反映。因此，在科學文化日益發達的今天，一方面是風水文化得到廣泛運用，一方面是風水文化的消極作用又泛起漣漪，這就需要對其進行研究。現在的學者都把歷史上反對風水的人奉為風水批判的先驅者，其實這些人反對的是風水的消極作用，或者對統治者來說是不利的。前面已對東漢王充的思想論述過，下面就以唐代呂才、北宋司馬光的言論進行分析。

據《新唐書本傳》記載，隨着唐朝進入繁盛時期，唐太宗認為當時論述風水文化之類的陰陽術數圖書氾濫，影響民心，不利於統治，大概就相當於今天

勵志、養生類的圖書氾濫一樣，就命令呂才等人刊修。呂才等人整理了一百部風水圖書作為規範頒行全國。呂才在整理的過程中，對五音姓利說和葬俗進行了批判。於是，後世學者都把他看作是堅決同風水迷信作鬥爭的無神論者。其實，呂才所作的工作與清乾隆時期紀曉嵐編纂《四庫全書》中的術數類一樣，只不過是把風水書中的偽書刪除，而為當權者提供適合統治需要的風水理論，而且呂才是在唐太宗的授意下進行的，唐太宗的意思是深怕錯誤的風水理論動搖其統治。此外，唐太宗也是當時風水文化的最大消費者，從他居住的宮殿和死後的陵墓無不都閃爍着風水文化的光芒。

　　司馬光是北宋時期強烈反對厚葬的先鋒，他不但上書反對皇帝用風水理論選擇墓地，還結合自家先祖的葬禮說明。誠然，司馬光的觀點是有道理的，而皇帝根據風水選擇墓地和民間的厚葬也不是沒有道理。北宋正值理氣風水的形成時期，皇帝信奉風水文化是為了基業永存，民間盛行厚葬是為了獲得祖宗的保佑而家庭平安或升官發財。北宋的科舉制度是普通知識分子改變命運的唯一管道，出身於官宦家庭的司馬光非常聰慧，正是通過當時的「高考」步入仕途的。因此，他是一個幸運者，但對廣大知識分子來說，他們的運氣並非都像司馬光一樣好。當時不但招收人數少，即使高中也可能因相貌、沒有送禮等原因而不被重用，可以說是稍有差錯就會使十年寒窗苦讀付諸東流。因此，對於付出大半輩子心血而又落榜的窮書生來說，為了有個信念支撐自己繼續活下去，不把問題的根源歸結為風水不好以外，還能怎麼辦呢？

三、近現代城市規劃中的風水思想

　　新中國建立後的一段時間內，由於將風水視為封建糟粕，因此在中國的城

市規劃文本中很少提及「風水」兩個字。但風水作為一種流傳幾千年而形成的根深蒂固的民俗，已深入到中華民族的骨髓，並長期影響着中國人的思想觀念和行為模式。因此，就算不說不提，在城市規劃和建築實踐中也已深深留下風水文化的痕跡。

中國現代城市規劃理論有三個來源：一是中國傳統哲學的啟示，二是西方哲學的借鑒，三是社會主義市場經濟的實踐。其中，中國傳統哲學的核心就是天人合一，而天人合一又是風水理論的核心思想。因此，中國傳統哲學對現代城市規劃的啟示在某種意義上就是風水文化的啟示。有中國特色社會主義實踐的成功是在馬克思主義、毛澤東思想、鄧小平理論、江澤民「三個代表」和科學發展觀的指引下取得的。之所以清末洋務派的「中體西用」和胡適等人的「全盤西化」方案改造中國失敗了，是因為他們不瞭解中國現代化的進程既要根本改變經濟政治文化的傳統面貌，又要保存傳統中有生命力的合理的東西，而「馬克思主義中國化」、「中國化的社會主義道路」就解決了這個問題[8]。因此，馬克思主義、毛澤東思想、鄧小平理論、「三個代表」和科學發展觀是中國傳統的天人合一思想在現階段與時俱進的體現。西方傳統哲學的啟示是迥異於中國文化的一種文化體系，它主張人和自然界是對立的。但隨着工業革命的發展，人口膨脹、環境污染、自殺率增加等社會問題促使西方學者認為應該把人與自然界統一起來，從而在近現代西方規劃史上出現了四個里程碑式的文獻，即霍華德的「田園城市」理論、1933 年的《雅典憲章》、1977 年的《馬丘比丘憲章》、1981 年的《華沙宣言》，這些文獻中包含的人地和諧的思想，與中國風水文化可以說如出一轍。

1. 霍華德的田園城市理論

現代城市規劃史上具有里程碑意義的田園城市理論，是 19 世紀末由英國

社會活動家埃比尼澤・霍華德（Ebenezer Howard）提出來的。田園城市包括以下四點內容：為安排健康的生活和工業而設計的城鎮；其規模既要能夠滿足各種社會生活，又不能太大；被鄉村帶所包圍；全部土地歸公眾所有或者托人為社區代管。

　　這個理論旨在解決英國工業革命後農村人口大量遷入城市造成的一系列問題，如城市人口擁擠、環境污染、居住條件惡劣等，而在農村則是因缺乏大量勞動力出現了農田荒蕪、農舍破爛不堪等問題。

　　田園城市理論就是構建一塊城市—鄉村的磁鐵，使其「可以把一切最生動活潑的城市生活的優點和美麗，愉快的鄉村環境和諧地組合在一起」，從而解決農村人口大量遷入城市而造成的問題，使「人民自發地從擁擠的城市投入大地母親的仁慈懷抱，這個生命、快樂、財富和力量的源泉」[9]。

　　為此，霍華德設計了田園城市的模型以說明他的理論，住宅用地、工業用地、農業用地等以公園為核心呈環狀分佈，使城市具有濃郁的風水之情。當一座田園城市的人口超過三萬二千人時，就必須在田園城市的鄉村帶不遠處再建設一座新城，這樣新城和舊城就都擁有自己的鄉村帶了。於是，「隨着時間的推移形成了一個城市群」，這個城市群就是所謂的「社會城市」（圖6–12）。

　　儘管這個理論因太過於理想而失敗了，但它對現代城市規劃仍然具有重要的指導作用。霍華德指出，「城市應該作為一個整體來規劃……城市就像一棵樹、一株花或一個動物，它應該在成長的每一個階段保持統一、和諧、完整」[10]。因此，田園城市理論是一個「天人合一」的理論，與中國風水文化是相通的。

圖 6-12　無貧民窟無煙塵的城市群

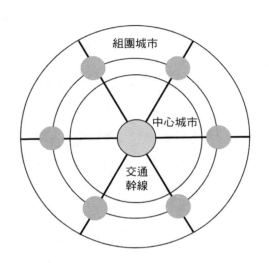

2.《雅典憲章》、《馬丘比丘憲章》和《華沙宣言》

為了解決城市用地佈局的混亂狀態，1933 年 8 月，國際現代建築協會第四次會議通過了著名的《雅典憲章》，提出城市應分為居住、工作、遊憩和交通四大功能分區，強調陽光、空氣、綠化等自然環境對人的重要性。重視功能分區和人地關係也是風水文化關注的重要內容。正因為《雅典憲章》是建立在高度關注人地關係基礎之上的，所以它對以後城市規劃中的用地分區管理、綠化環保、鄰里單位、建築高度、房屋間距等概念的形成起到了不可低估的作用。但它體現的功能主義理念，使城市成為一種嚴格的、邏輯的、理性主義的枝形系統，而顯得單調乏味，缺少人文關懷。

針對這個問題，美籍芬蘭建築師伊里爾·沙里寧認為，城市應該是有機的，如同從自然界中生長出來的一樣；美國規劃師凱文·林奇在 1960 年出版

的《城市意象》一書中，把環境心理學引入到城市規劃中，並特別強調了中國風水文化的重要性。1977 年的《馬丘比丘憲章》在此基礎上提出了應努力創造「綜合的、多功能的環境」，把系統論的觀點運用到城市規劃中。於是，城市的歷史文脈、有價值的自然和人文景觀資源得到保護，傳統的建築形式和新舊建築得到有機的結合。1981 年的《華沙宣言》又進一步指出，規劃設計的職責在於最有效地利用不同社會制度下所擁有的各種手段去改善人類環境。

因此，從《雅典憲章》、《馬丘比丘憲章》到《華沙宣言》，反映了人類對自己生活的城市在規劃思想和理論上的發展，人們關注的視線從城市的功能分區轉移到城市與環境是否和諧的關係上來，這與風水文化中天人合一的思想是異曲同工的。

四、現代北京城市規劃

1. 北京環路和地鐵格局中的陰陽平衡

在 1949 年新中國成立之初，中央政府、國家部委以及為之服務的金融、商業、住宅、學校等機構都是設在北京舊城的。後來為了交通便利，拆除了北京城牆，修建了二環路。儘管當時梁思成等人提出反對意見，認為將來必然帶來交通擁擠等問題，但當時鑒於種種原因也不得不如此。

隨着經濟的發展和政府各種機構的設立，每天上班和外地來各大部委辦事的人們，早上往二環以內的中心擁來，晚上又集體擁出去，這就形成了北京每天交通的早高峰和晚高峰。於是，為了解決這個問題，就陸續修建了三環、四環、五環乃至六環。

圖 6-13 北京環路和地鐵的風水意象

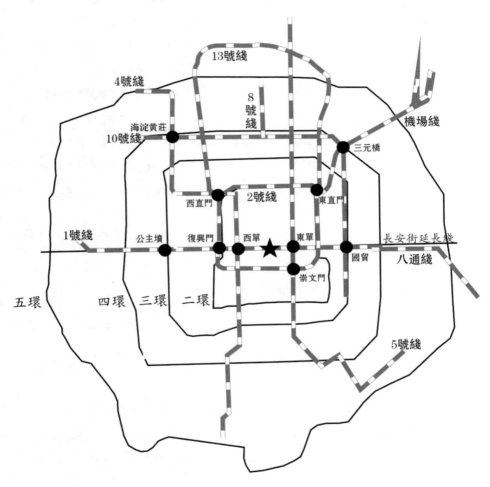

如圖 6-13 所示，以北京舊城為中心形成了幾條環路的圍合結構，使舊城看起來就像一個葫蘆，各種核心機構幾乎全在這個葫蘆中，真應了那句話——「芥子納須彌」。環路形成的圍合就是風水形局的圍合。之所以形成這種模式，是因為北京舊城就是按照風水規劃的，而新中國成立後各種機構都位於故宮周圍長安街的兩側，以後隨着人口的增加，必然形成這種圍合的態勢。

就風水中的陰陽學說而言，每條環路都是把裡面的陽氣圍住。這樣隨着人口的增加，裡面的陽氣越來越盛，而公共綠地的減少使陰氣越來越弱。陽氣上升會造成陽亢而上火，儘管有東西向的長安街、騾馬大街、平安大街和南北向的眾多街道，就好像用繡花針在圍繞葫蘆狀舊城的環路上扎了很多縫，但還是無濟於事。

然而，地鐵的修建使這個問題得到了緩解。地鐵屬陰，把陽氣頗盛的地面上各個點的人口，通過地下輸送出去，這就形成了陰陽平衡。當然，第一條地鐵的修建只是為了解決交通問題，但客觀上起到了這個作用，並促進了以後地鐵的發展。

因此，用陰陽學說不但可以解釋北京環路和地鐵的格局，還可以解釋環路和地鐵沿線地價和房價高昂與商業網點眾多的原因。交通便利是人們解釋地價高、商業網點多的主要原因，但這是顯性因素。其隱性因素是環路和地鐵沿線是陽氣最盛的臨界點，而環路和地鐵網站是陰陽交合之處，特別是兩條線或幾條線路的交匯處，如公主墳是三環路與長安街延長線的交匯點，西單是長安街、一號地鐵線和四號地鐵線的交匯點，這些地方是陽氣釋放的地方，也就是交通方便、人流多、地價高，非常適合商業點的設置。

2. 王府井大街風水之美

王府井大街的名字就蘊含着風水形局，它包含了陽宅王府，王府選址的重

要因素——井，以及重要的交通區位——大街（圖 6–14）。井為水，有聚財、聚氣之意，在天為朱雀鶉首之井宿，而鶉首是南天門的意思。生活用水是古代北京城的重要問題，從金中都到明清北京城，無不把解決城市用水當作重要的問題，而且北京的水質也不是很好，從甜水井胡同、冰窖胡同、甘水橋等北京老地名就說明了人們對良好水質的嚮往。王府井之「井」是很難得的甜水井，在此發掘的舊石器時代原始人的生活遺址也說明了這裡的水質是很好的。因此，在距離紫禁城很近的此地建立王府也是理所當然的事。正是因為王府井大街的風水區位好，現在已發展成為世界聞名的「金街」。儘管大街上大多是現代建築，但其中仍包含着深刻的風水內涵。

　　東方廣場位於王府井大街東側的古人類遺址之上，在建築上綜合了傳統四合院的概念和現代建築的構思，在完美再現東方古韻的同時，與城市格局、首都氣度和雄偉的皇城配合得天衣無縫（圖 6–15）。

圖 6–14　王府井大街上的風水「井」

　　東方廣場的佈局是左右對稱、動靜相宜，體現了古典風水之美。整個樓群以被稱為「天空大道」的平台層為界，以上是十一幢內圓外方、坐北朝南的三組四合院式建築；以下的「東方新天地」商場由七個風格迴異的主題購物區、噴泉、停車場組成。在「天空大道」上的十一幢建築中，位於正中的是一座有三十九級台階的弓形的五星級酒店——北京東方君悅大酒店（圖 6–16）。十一、三十九是陽數，弓形有聚氣之功能；位於兩側對稱分佈的是八幢寫字樓和兩幢公寓。

　　東方廣場內部有室內的涓涓水牆、露天的潺潺瀑布、幽雅安靜的綠蔭小島、富有創意的雕塑品、常綠的中心花壇和明珠般的噴泉，這些佈局給人一種鬧中取靜的享受，是天人合一風水理念的體現。既調節了室內小氣候，又給商務寫字樓帶來生機和活力。正是因為東方廣場擁有良好的風水區位，才成為海內外商家的首選之地。

圖 6–15　東方廣場

圖 6-16　東方君悅大酒店

　　王府井大街的風水之美還體現在對十字路口建築物尖角煞的處理。受天圓地方觀念的影響，中國的建築都是方方正正的，每一幢建築的四個直角衝着四個方向，對外形成一種沖射的煞氣，對房主的心理有一種安全暗示。因此，在建築之間就必然存在着尖角煞。

　　南北向的王府井大街與東西向的金魚胡同—東安門大街相交的十字路口有新東安市場、樂天銀泰百貨大樓、北京王府井懋隆首飾店和淘匯新天商城（圖 6-17）。新材料的使用和電子技術的進步，使得有尖角煞的建築之間呈現出親和力與祥和之氣，體現了陰陽平衡和五行生剋制化的和諧之美。

圖 6–17　王府井大街十字路口上的建築風水

淘匯新天

樂天銀泰

東安門大街

金魚胡同

王府井大街

王府井懋隆首飾店

新東安市場

新東安市場位於巽位，其外觀帶有些許淺紅色，位於樓頂的標牌「新東安市場」是火紅色。在五行中，東為木、綠，南為火、紅，因此，新東安市場體現了木生火的相生之象。最能體現新東安市場活力的是把西北尖角設計為一弓形，並在弓形正面鑲嵌了一塊大型的 LED 熒幕。這樣既不會讓遊客和對面的商家產生不舒服的感覺，還能使人們在觀看即時資訊和廣告時產生親和力，消除了尖角和反弓形成的沖射，同時也使自己位於正弓之內。這是現代建築處理尖角煞的常用之法。

北京王府井戀隆首飾店位於坤位，其外觀是白色中微帶紅色，門柱為純白色，戀隆兩個字為金色。這些顏色的搭配體現了南方為紅色和西方為白色、金色，以及火金相互制衡的特點。特別重要的是，大門之上鑲嵌的一大塊玻璃鏡與傳統風水中八卦鏡的作用相同，具有反射煞氣的功能。

樂天銀泰百貨大樓位於艮位，其外觀呈水文波浪狀，底部有些許黑色，是一座典型的水樓，而水有聚財之意。此外，弧形的設計和 LED 熒幕與新東安市場的寓意一致。

位於乾位的是淘匯新天商城，其金黃色的外觀與乾天之位和大街以西的金色屬性相合，在弓形正面也鑲嵌一塊大型的 LED 熒幕。

五、近現代上海城市規劃

1. 近代上海城市規劃

現在上海市區內隨處可見的棚戶區是城市管理的一大頑疾。這種從傳統鄉村聚落發展而來的不規範的棚戶區，是上海近現代城市空間發展過程中的一種

主要類型。關於近代上海鄉村聚落向城市空間演變的驅動力，學術界認為是由西方城市制度的強力推動、城市經濟的強勢吸引、外來移民的大量擁入等原因造成的。但事實上的影響因素非常複雜，風水因素就是其中之一。吳俊範從風水的角度研究了近代上海聚落的發展與解體，認為新中國建立以來上海之所以存在棚戶區問題是因為當時對風水的忽視造成的，這為重新認識風水在城市規劃中的作用提供了新的視角，下面介紹其主要觀點[11]。

第一，開埠前鄉村因重視風水而和諧發展。1842 年《南京條約》簽訂前，上海的中心地帶是今黃浦江畔以豫園、城隍廟為中心的面積不大的地區，其周邊為風水指導下的鄉村所環繞，房屋、農田、道路、墳地、廟宇、祠堂等人文景觀與圍繞的河道水系共同構成了一幅和諧的水鄉生態圖景。水在風水中有聚氣生財之功能，因此河道不僅為人們提供生活用水，是農業和交通的命脈，也具有吉祥、幸福、安康的象徵意義。如圖 6–18 所示，鄉村聚落以河道水系為核心佈局，河道灣區環抱居住地，聚落位於正弓之內，有玉帶纏繞之狀；房屋沿河道成線狀分佈，或聚集分佈在河道的彎曲之處，遠處是農田和墳墓；大多是人工挖掘的涇、浜、漊等小型水體蜿蜒深入到農田、房屋和墳地之間，形成了小的風水格局；涇、浜、漊與河道相連，河道又與大海相通，在潮漲潮落的作用下，這些小的水體可以得到周期性的更新，從而帶來生氣。

同時，人們對墳地的重視比陽宅更甚，因為人們相信陰宅的選址對於改變現世人的命運具有更為重要的意義。當時的風俗是把墳墓選在三面環水之地，水體須是潮汐流通的活水涇浜，而且水體的各個方面要代表陰陽五行中的特定方位和特定含義，這樣才能帶來水清木華的旺盛之兆。圖 6–19 中黃氏家族的祖墳位置就說明了這一點。此外，在墳地周圍還有一些祭田或祠田。一些有實力的家族可擁有幾百畝祭田，中等之家也常有幾十畝或十幾畝。這是因為當時人們認為捐助祭田或祠田是一件功德無量的事。「族人皆量力來助，以其租供祭享外，則以為修葺之需，並體恤族之無告者。」[12]

圖6-18 上海開埠前鄉村聚落的風水意象

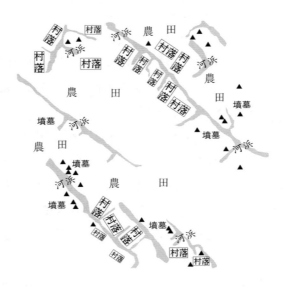

圖6-19 黃氏族譜中兩處祖墳的風水意象

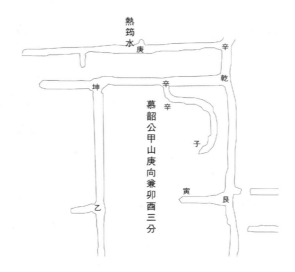

　　第二，開埠後因風水被破壞而產生棚戶區。上海開埠通商後，逐步淪為列強的殖民地。隨着租界的出現，被劃為租借範圍內的小塊鄉村地區因外國人享有土地經營權，再加上他們不懂風水，把河道當作城市的排水系統，這些地方很快發展成為市區，河浜水系逐漸消失。但周圍的鄉村依然保持着原來的風貌。

　　隨着商品經濟的發展，商業地產的開發開始向周邊鄉村滲透。因農民出售土地的時間有先後，先出售土地的農民首先把家族的墳地遷出，於是這部分土地的河道被填平。因水系是相通的，因而部分水系被破壞勢必影響到其他水系。此外，地產商在經營已購買土地和照顧相鄰的未購得土地的水系時，往往採取「排築瓦筒、跨浜築路」的方式盡量保持原來的風水。這種方法儘管使潮汐流通，但因河浜縮窄使潮汐流量相當有限，導致了河道逐漸淤塞不通，從而破壞了當地的風水。同時，農民也因受城市新就業機會的吸引而進城謀生，河道水系所擁有的風水意義逐漸被忽視，這就為外來貧困人口提供了最初的落腳之處。在周圍省份發生災荒的年份，人們只有划着小船由水路來上海謀生。這些小船停泊在近城的河浜和蘇州河上，船艙成為他們暫時的容身之處。不久，這些人在有了積蓄後在岸邊的墳地、祠田搭建草棚，於是棚戶區出現了。隨着邊界的推移，處於變化期的城鄉交界處河道也不斷出現和更替，棚戶區也隨着消亡和出現，致使傳統的以風水為導向的鄉村聚落完全消失。到 1949 年，上海的城市建成區已完全被取代了鄉村聚落的棚戶區所包圍（圖 6-20）。

圖6-20　1949年前為棚戶區包圍的上海建成區

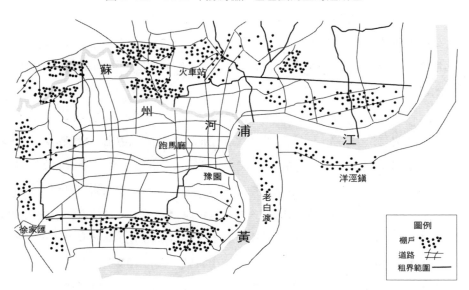

2. 現代上海城市規劃

關於現代上海城市規劃中風水意象，下面以上海外灘、陸家嘴 CBD 和中遠兩灣城為例說明。

第一，上海外灘和陸家嘴 CBD 的風水意象。上海外灘和浦東陸家嘴 CBD 是上海的城市名片，它們正好位於黃浦江的弓形水系內外。外灘是指從蘇州河口外白渡橋至金陵東路的黃浦江西岸道路，全長約一千五百米。外灘在反弓地段，在風水上可謂不吉之地，但蘇州河在反弓的頂點注入，形成了風水上的兩水夾纏格（圖6-21）。再加上黃埔公園的修建，就把反弓之煞氣泄掉一部分。因此，在1842年《南京條約》簽訂前，外灘屬於黃浦江氾濫時的淤泥地帶，不計其數的污水溝與小河縱橫交錯，到處是墳墩。只有一條便於縴夫行走的小道，周圍還是一片荒野。

圖 6–21　處於弓內外的上海外灘和陸家嘴 CBD

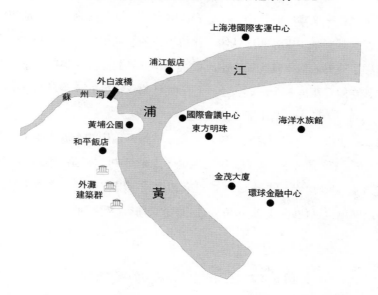

上海被迫開埠通商後，英國第一任領事巴富爾來到上海，考慮到安全、停泊船隻和交通的需要，選擇了黃浦江邊這塊八百多畝的泥灘地作為租借地，這塊泥灘地便是今日的外灘。當時住在上海的洋人為了行走的方便，在這條縴夫行走的小道鋪上了煤渣，並取名為黃浦灘路。在 20 世紀 20–40 年代因新建築材料的使用才形成規模，修建了五十二座新哥特式、中西合璧式、古典式等風格迥異的大樓，成為西方列強在上海的政治、金融、商務和文化中心。現在的外灘是上海十大新景觀和十佳旅遊景點之一，也是上海人打太極、晨練、散步、約會的地點。

浦東陸家嘴現在已是上海最具魅力的地方和改革開放的象徵。它位於三面環水的弓形水系之內，自然是風水寶地。緩緩的江水帶來了源源不斷的生氣，使其成為財富之地，金茂大廈、環球金融中心、東方明珠、國際會議中心等地標性建築位於此處，特別是地處陸家嘴嘴尖的東方明珠電視塔更具有風水文化

的意義。東方明珠塔於 1991−1994 年建成，位於當時上海市區的東南部，具有傳統風水文化中文峰塔的作用；而且對於陸家嘴而言，江水如同一池墨汁，陸家嘴猶如一張宣紙，東方明珠就像一塊鎮尺把陸家嘴壓住。東方明珠塔中的奇數也彰顯了它的陽氣十足，如它由三根直徑為九米的立柱、塔座、下球體、上球體、太空艙等組成，十一個大小不等、高低錯落排列的球體具有濃郁的東方韻味，寓有「大珠小珠落玉盤」的意境。

　　第二，上海市中遠兩灣城的風水意象。蘇州河沿岸的上海市中遠兩灣城位於普陀區的潘家灣和潭子灣的王家宅地區，原來是中心城區最集中、最典型的棚戶區（圖 6−22）[13]。經過 1999 年以來的建設，現在是中心區規模最大的住宅區。該區風水區位好，居民區位於蘇州河的弓形水系之內，有玉帶纏繞之美，

圖 6−22　上海市中遠兩灣城的風水意象

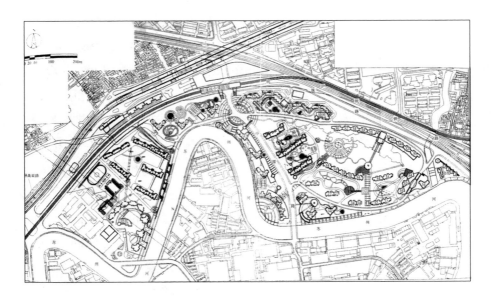

符合上海人心目中三面環水的傳統風水要求。反弓的地段在風水上是不好的，原因是河流的沖刷導致堤岸疏鬆，以及風速太大使人不舒服，也不利於聚氣。但現在因水泥等新建築材料的使用，解決了堤岸不堅固的問題。鑒於社區東鄰上海鐵路客運站，北部為內環高架線和軌道交通明珠線，就在蘇州河的反弓之一地段設置了圓形的中潭路站，可以使聚集的大量乘客而形成的陽氣與蘇州河吹來的過快的風形成陰陽平衡之勢。

六、近現代哈爾濱城市規劃

1. 俄日佔領時期的哈爾濱規劃

哈爾濱是曬網場的意思，該地原來只是松花江岸邊的一些漁村。這些漁村位於松花江呈弓形的玉帶環抱之中。1896年，根據《中俄密約》鋪設東清鐵路時，哈爾濱作為鐵路附屬地被沙俄侵佔。為了把哈爾濱建設成為侵華的基地，沙俄對這片弓形區域進行了城市規劃[14]（圖6–23）。1906年，根據《東三省善後條約》哈爾濱被開闢為商埠。

松花江南岸弓形的地形依次可分為道外、道裡、南崗三個部分。因南崗地勢較高，俄國人首先在此大規模、有計劃地建設市區，其中包括火車站、鐵路局、職工宿舍等建築。據1900年的南崗規劃方案，由環形廣場、放射路、方格網道路組成。南崗北側的道裡仍以俄國人居住區為主。道裡北側的道外是沿江低窪地帶，屬於洪水水位以下地區，是貧窮中國人的居住區域。

儘管俄國人的設計思路與中國人不同，但在選址上與中國的風水非常吻合。當時流行的民謠是：「南崗是天堂，道裡是人間，道外是地獄。」這是道

圖 6-23　1902 年的哈爾濱規劃

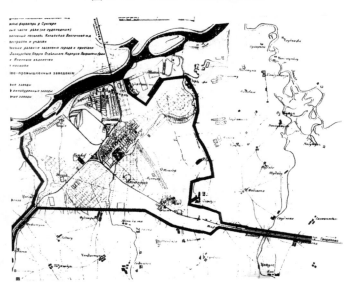

出了這三個地區的居住品質，與「高毋近旱而水用足，下毋近水而溝防省」的
理念相同。

　　1932年，日本佔領了哈爾濱。在1935年制定的規劃中，把哈爾濱分為商業、
工業、居住、綠化、特別、軍用、移民等幾個區域進行建設。分區建設的思想
不但是 1933 年《雅典憲章》的體現，也體現了中國的風水文化，因為風水文
化也深深影響了日本的城市建設。

2. 新中國成立後的哈爾濱規劃

　　新中國成立後，曾對哈爾濱進行過三次大規模的城市規劃。在保留歷史文化
街區的基礎上，新的規劃也體現了風水文化的思想。下面以 1960 年的南崗奮鬥公
社總體規劃方案、20 世紀 80 年代的博物館廣場和松花江公路大橋為例說明[15]。

　　在 1960 年南崗奮鬥公社駐地的規劃方案中，駐地的形狀是一個弓形（圖 6-24）。弓形之地自古以來就是人們的首選，因為它包含了理想風水模式的四個要素，有聚氣的功能。在當地盛行風向下，位於西北部的工廠對居民區並不造成污染，而且有綠化帶將之與居民區、學校等隔開。居民區、學校等位於南側，不但視野開闊，而且還能充分享受陽光的照射，以避風禦寒。

圖 6-24　1960 年的哈爾濱南崗奮鬥公社總體規劃圖

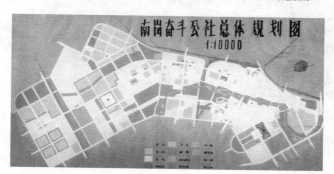

圖 6-25　20 世紀 80 年代的哈爾濱博物館廣場

圖 6-26 1986 年修建的松花江公路大橋

在圖 6-25 中，20 世紀 80 年代的博物館也是弓形式樣。博物館前是一個圓形花壇，即環島，並散發出三條道路。環島設計可能是西方人為緩解交通而想出的辦法，但按照風水文化分析也是非常合理和有趣的。乾為金、為圓，內部有水，是金生水，這裡不過是把水變為了花草。三條直來的道路是箭，本來為凶，但與環形花壇結合，就化凶為吉了。這是因為似箭的路屬金，金融於水，水又生出花壇之花木。

剪刀是用來剪裁衣服的工具，在中國傳統文化中是一個中性的物品，要知其吉凶就看如何使用了。松花江公路大橋的設計就充分賦予了剪刀剪裁新衣納吉迎新的含義，與改革開放的祖國建設交相輝映（圖 6-26）。

注釋

1　特克斯縣地方誌編纂委員會：《特克斯縣誌》，新疆人民出版社，2004年，第248頁。

2　何曉昕、羅雋：《中國風水史》，九州出版社，2008年，第193頁。

3　《中國國家地理》，2010年第2期。

4　水利部黃河水利委員會：《2002黃河調水調沙》，黃河水利出版社，2003年，第8–9頁。

5　胡兆量：《中國文化的區域對比研究》，載《當代中國人文地理研究》，商務印書館，2009年，第152頁。

6　顧頡剛：《秦漢的方士與儒生》，群聯出版社，1955年，第14–15頁「序」。

7　顧頡剛：《秦漢的方士與儒生》，群聯出版社，1955年，第9頁「序」。

8　李澤厚：《中國古代思想史論》，天津社會科學院出版社，2003年，第301頁。

9　埃比尼澤·霍華德：《明日的田園城市》，商務印書館，2009年，第6頁。

10　埃比尼澤·霍華德：《明日的田園城市》，商務印書館，2009年，第38頁。

11　吳俊範：《環境·風水·聚落——以近代上海為中心的歷史地理考察》，《民俗研究》，2009年第4期。

12　《上海曹氏家譜》卷四《重修宗祠記》，民國十四年鉛印本。

13　李德華：《城市規劃原理》，中國建築工業出版社，2010年，第483頁。

14　俞濱洋：《哈爾濱·印·象》（上），中國建築工業出版社，2006年，第16–17頁。

15　俞濱洋：《哈爾濱·印·象》（下），中國建築工業出版社，2006年，第93、158、160頁。

第七章

現代旅遊規劃中的風水文化

中國現代旅遊規劃的理論源於古代園林的建造，因而中國現代旅遊規劃方案必然與風水文化結下不解之緣。四川南充市淩雲山景區、北京奧林匹克森林公園之所以為世人所矚目，就是因為體現了風水文化。同樣，四川閬中景區由 4A 邁向 5A 的關鍵也在於景觀中風水文化的梳理和打造。

一、現代旅遊規劃與風水文化的關係

中國古代的皇家園林、寺觀園林、私家園林等作為古代城市的一部分，都是按照風水文化修建的。儘管現代旅遊規劃附屬於城市總體規劃，但旅遊規劃已從城市規劃中分離出來了。因此，中國的旅遊業從一開始就深深地打上了風水文化的烙印。此外，現代旅遊規劃的區域遠比古代大得多，有的是一個省、市或縣的旅遊規劃，如中國科學院地理科學與資源研究所陳田研究員主持的內蒙古自治區旅遊規劃；有的是一座山的旅遊規劃，如中山大學彭華教授主持的丹霞山旅遊規劃；有的是一個城市公園的規劃，如北京奧林匹克森林公園的規劃。由於古代旅遊點範圍小，大多能體現青龍、白虎、朱雀和玄武四靈風水格局。而在現代旅遊規劃中，由於規劃區域遠較古代大得多，而且很難找到完美的四靈格局。除了某些特殊地形符合理想風水模式，如四川師範大學旅遊與城鄉規劃研究院副院長兼總規劃師李小波教授主持的四川淩雲山旅遊規劃；或為了某種需要刻意營造風水格局，如北京奧林匹克森林公園的規劃。風水文化更多地體現在旅遊區的橋、亭、塔等各個景點上，從而達到陰陽平衡的原則。特別是呼形喝象在自然景觀的規劃中應用頗多，如丹霞山規劃中陽元山和陰元洞的命名。

中國的旅遊資源可分為山地、地震遺蹟、島嶼、喀斯特地形等地文景觀，

河流、湖泊等水域風光，樹木、草原等生物景觀，海市蜃樓等天象與氣候現象，原始聚落、古城等遺址遺蹟，宗祠、道觀、民居等建築設施，民間習俗、廟會等人文活動。在這些旅遊資源中，特別是人文景觀，從一開始就涉及風水文化。現代旅遊規劃的成功與否，風水文化的運用是一個重要的因素。表 7−1 以楊載田主編的《中國旅遊地理》所談到的旅遊開發和規劃的方法為例[1]，論述它們與風水文化的關係。此外，在景點建設中花草樹木的配置也要遵循植物五行屬性，營造和諧相生的氛圍。

表 7−1　現代旅遊規劃與風水之間的關係

方法	定義	風水意義
提煉法	把景區中最突出的主題及其相關素材提煉出來，加以集中塑造。	在四川凌雲山景區，利用地勢呈現的完美四靈形象，塑造神秘風水格局。
借物立意法	運用神話傳說塑造景點。	在四川凌雲山景區，利用伏羲畫八卦的傳說建設景點。
點景引人法	在景觀佈點上以一個較突出的點景來吸引遊客的方法。	北京植物園櫻桃溝上源「一二·九」紀念亭的修建。
充實法	在自然景觀中修建橋、亭等，增加文化內涵。	安徽績溪縣龍川景區風水橋的修建（圖7−1）。
強化法	在不起眼的地方利用風景建築強化景點，吸引遊客。	北京雕塑公園中如意雕塑的安放（圖7−2）。
配伍法	用不同景物互相搭配，互相襯托和補充。	北京植物園櫻桃溝上源棧橋的修建（圖7−3）。

圖 7-1　安徽績溪龍川風水橋——上官橋

圖 7-2　北京國際雕塑公園中的如意

圖 7-3　北京植物園櫻桃溝的棧橋

二、四川南充淩雲山文化生態旅遊區的規劃[2]

　　淩雲山風景區位於南充市高坪區，淩雲山之名是因其山高可入雲，當地人依山築寨曰淩雲寨，由寨及山故稱淩雲山。自 2007 年對外開放以來，淩雲山已獲得省級地質公園、國家級森林公園、國家 4A 級旅遊景區、四川省文化產業示範基地、國際生態安全示範基地等美稱。特別是在 2009 年由亞太旅遊聯合會、中國行銷學會、中國國際旅行家協會在北京人民大會堂聯合主辦的「2009 中外旅遊投資高峰論壇暨新中國成立六十周年旅遊業成果頒獎盛典」上，淩雲山風景區榮獲「新中國成立六十周年中國最佳風水旅遊景區」稱號。這個名不見經傳的景區能在短短的幾年間脫穎而出，是與景區規劃者的理念密切相關

的。這位規劃者就是當代傑出的風水理論家、四川師範大學旅遊與城鄉規劃研究院副院長兼總規劃師李小波教授，正是他把古典風水理論與現代旅遊規劃理論相結合，整合了淩雲山景區的龍脈、水脈和文脈打造出來的。下面從景區規劃前後的概況來領略風水文化在旅遊規劃中的重要作用。

1. 景區用地的自然地理概況

所謂自然地理概況，也就是龍脈和水脈。淩雲山是大巴山脈、華鎣山支脈之餘脈，屬風水三大幹龍之中龍。景區以淩雲山、白山、圖山為主體，其中最高山為淩雲山，海拔 562.3 米。因受地質構造的影響，許多地貌單元呈現神奇的人物或動植物造型。例如，有風水理想模式的四象、獅身人面、睡佛、神犬、玉兔、千年靈芝等造型。

景區的水體主要為地下水即裂隙潛水，有湖泊一座即白山湖，淩雲湖、小西湖、玄武湖、圖山湖正在規劃建設中，屆時將形成林海、花海、雲海、竹海的優美自然景觀。

景區屬四川盆地中亞熱帶季風性濕潤氣候區，適宜植樹造林，發展水果、蠶桑。硬石材料是最主要的礦產資源，現有幾十個石廠在開山採石，這種粗放型的開採方式容易造成植被的破壞和水土流失，極不利於生態保護。景區內植被保存和恢復較好，主要為亞熱帶針葉林、亞熱帶山地闊葉林、灌木叢和山地草甸。動物種類多，有部分屬省重點保護動物。

2. 景區用地的人文地理概況

所謂人文地理概況，也就是文脈。淩雲山地區地靈人傑，歷史悠久。古時為巴國屬地。西漢劉邦為了紀念屬下大將紀信的忠義而在其地置安漢縣，屬巴

郡。隋開皇十八年，改安漢縣為南充縣，自此始有南充之名。

　　淩雲山獨特的山形地勢使它成為佛道兩家修行的地方。自漢唐以來，在淩雲山周圍相繼建造了老君閣、玉皇宮、真武宮、慈航殿、靈官殿、彌陀寺、淩雲寺、靈泉寺、圖山寺、聖燈寺、諸葛寺、尖山寺、甘露寺、清泉寺、寶壽寺等數十座宮觀寺廟。其中，淩雲寺建築雄偉，遠近聞名，有「淩雲古剎」之稱。自明清時起，淩雲山一帶僧道雲集，香火鼎盛，民間傳頌稱之為「小西天」。明清以來，每年農曆三月初三，周邊縣市來淩雲山禮佛朝聖者摩肩接踵，絡繹不絕，形成舊縣誌記載的「每夜山下有聖燈數萬朝拜，遠近士女紛集禮神，極盛一時」的濃厚的宗教文化習俗景象。

　　由於宗教文化氛圍濃厚，淩雲山周邊地區的鄉鎮地名也深深地刻下了佛道文化的歷史烙印。如老君鎮、小佛鄉、青蓮鎮、彌陀寺村、觀音橋村、圓通寺村、聖燈寺村、七星橋村、玉皇寺村、伏虎寺村、真武宮村、三王廟村等村鎮的名字都與佛道相關。如小佛鄉境內的白山和馬岩山，遠遠望去恰似兩尊天然睡佛，因此把其所轄之地取名為小佛鄉。而青蓮鎮的名字則是緣於站在白山之顛遠眺，但見腳下空闊無邊，雲湧霧繞，露出的群峰如同朵朵蓮花開放，鄉民們說「雲中白山似睡佛，青蓮花開獻佛前」，於是便把此鎮命名為青蓮鎮。

　　淩雲山地處的南充市域，自古以來鍾靈毓秀，地靈人傑。據民間傳說，華夏文明的始祖伏羲、女媧就誕生在南充北部的閬中。而道教修行中的集大成者南充的唐代女道士謝自然和宋代薛道光都曾在淩雲山修行悟道。唐代道士袁天罡在此地修煉留下了天罡洞，而明代著名道士張三丰寓居淩雲山時留有其詩句，南充市區至今還有三丰街、三丰樓的遺蹟。南充市的圭峰禪師在唐朝佛教界享有盛名美譽。著名的光普禪師、法演禪師等高僧也把淩雲山作為禪定圓寂之淨地，留下了一排排的古石墓群。西晉著名史學家陳壽也出生在這一帶，並寫了具有極大影響的不朽巨著《三國志》。剛正廉潔、才華橫溢的明朝父子宰相陳以勤、陳于陛是高坪區人民的驕傲，當年陳以勤遊歷白山時留下了歌頌白

山優美風景和歷史文化的詩篇。明末清初農民起義領袖張獻忠的部將先鋒馬元利曾紮營淩雲山上，1646 年馬元利率軍隊在山上與清軍決戰，不幸陣亡，留下了古戰場的遺址和眾多的古文物。

南充市域自古以來又是文人騷客探奇攬勝之地，司馬相如、陳子昂、李白、杜甫、元稹、白居易、蘇軾、陸游等曾在此遊歷並留有丹青和遺蹟。還有吳道子三天寫就《嘉陵江千里圖》，李思訓三個月畫成《嘉陵江千里圖》的佳話。近代山水畫大師黃賓虹曾來此寫生，留有「南充一杭舟，城環衣帶水，對岸山如楫，瞥眼青失喜」的詩句。著名歷史學家、四川大學著名歷史學教授任乃強先生曾經親臨淩雲山考察，不禁讚歎：「聖燈數萬，漂浮於夜海，幻化流動之感，不失為一絕美勝景。」

近代以來，這片神奇的山川又養育了無數英雄豪傑。中央人民政府副主席張瀾、中國人民解放軍總司令朱德、改革開放的總設計師鄧小平、中國人民解放軍總參謀長羅瑞卿就誕生在這片土地上，故世人親切地稱這裡為「三總故鄉」。

3. 淩雲山景區的風水之美

由於淩雲山風景優美，生態豐富，文化深厚，地理獨特，極具文化旅遊開發價值，1995 年高坪區政府批准正式開放淩雲山道觀。1999 年，南充市高坪區政府與淩雲山風景區開發公司聯合開發淩雲山獨特的資源，並進行了景區的基礎設施建設和「文革」時期被破壞的宮觀寺廟的修復。2003 年，李小波教授任淩雲山景區總規劃師，根據傳統風水理論提出了規劃方案。方案分為遊覽區和功能區兩部分，遊覽區向遊客提供遊覽和欣賞的風景，是風水之美所在。淩雲山的旅遊產品有一個中心、三條宗教文化脈絡、三個特色產品。也就是說，以白山佛教、淩雲山道教、圖山儒家文化為三個主題面，以黃龍山為文化連接點，以兩條主體公路為通道，輔以環行步遊道，構成有機整體，形成四大遊覽

區、十六個遊覽社區。

　　第一，一個中心是指以「仙境聖地」這一主題為中心。淩雲山一帶自然天成地形成了青龍山、白虎山、朱雀山和玄武山四象五行山形地貌（圖7-4、7-5、7-6、7-7、7-8）。其中青龍山上更有為數眾多的龍頭、龍身象形石，形神逼真，惟妙惟肖。中國傳統文化中的四象五行在淩雲山找到了很好的對應。青龍山、白虎山、朱雀山、玄武山必須有機地結合為一個整體，以淩雲山為主體，兩邊分別延伸出青龍山和白虎山，前對朱雀，後靠玄武，但它們又相對獨立，自成一體，具備各自的顯著特徵。針對這一特點，在青龍山和白虎山上可以修建觀景亭和觀景台。這樣，無論是在青龍山還是白虎山上都可以清晰看到對面的景觀，也可觀賞到南面的朱雀山。登臨位於淩雲山制高點的老君閣可同時觀賞青龍山、白虎山和朱雀山的神奇景觀。讓遊客領略到淩雲山四象五行契合的渾然天成，感受中國傳統文化的巨大魅力。

圖7-4　四川南充淩雲山的風水意象

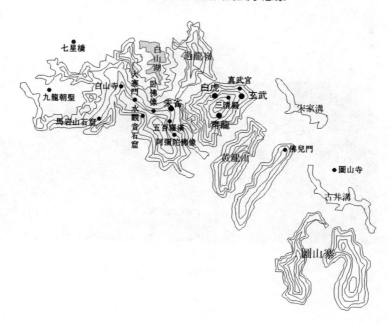

圖 7-5　四川南充淩雲山的青龍

圖 7-6　四川南充淩雲山的白虎

圖 7-7　四川南充淩雲山的玄武

圖 7-8　四川南充淩雲山的朱雀

　　第二，三條宗教文化脈絡是指儒釋道。其一是白山佛教文化脈絡，位於白山山頂的白山寺初建於唐開元四年，明代重建，「文革」被毀後，現在已經在恢復當中。可以說，白山景域具有上千年的佛教文化傳統。恢復中的白山寺建築面積一千餘平方米，規模宏大，建築精美。白山寺後側的獅子嶺有唐代崖墓七處，舍利塔十一處，具有較高的文化價值和觀賞價值。

　　從白山向南步行約十五分鐘，到達馬岩山。在馬岩山修建大型佛教石窟藝術造像，將釋迦牟尼佛像、四大菩薩像、東方三聖、西方三聖、金光如來、華光如來、彌勒佛刻於其中。由於該景點以石窟藝術為主，建議在這條線上體現出中國石窟藝術的發展脈絡，以不同的手法表現出佛教石窟藝術的魅力。馬岩山頂將修建大雄寶殿、東方三聖殿等，與下方石窟相呼應。往上是海拔五百二十八米的佛松林（即大型臥佛的頭部），將修建華光寺，供奉華光如來。這條文化脈絡中的另外一個重要產品就是正在修建中位於大石凸的九十九米高的阿彌陀佛造像，該佛像規模之大堪稱全國第一。

　　其二是淩雲山道教文化脈絡。淩雲山應突出道教中科學的養生理念，修建道教養生餐廳，以素食為主，輔以中草藥，開發藥膳菜餚，將道家養生修煉的傳統故事融入其中，弘揚道教文化和傳統醫學。在人們越來越注重個人健康的時代，這樣的產品將會吸引不同年齡層的遊客。淩雲山除了突出道教文化以外，還可將中國古代民間神話故事和當地的一些神靈故事融會其中，修建民間神靈，如財神、藥王、齊天大聖等，以豐富淩雲山的文化內涵，吸引更多遊客前往朝拜。在朱雀山將修建面積五千多平方米的朱雀廣場。朱雀山與白山佛教景域接壤，朱雀廣場可說是從佛教景區到道教景區的過渡，朱雀廣場的主題應把佛道文化結合起來。此處除了修建圓通殿以外，還將修建遊客活動中心和觀景台。朱雀廣場位於南方，建議在此修建勾陳上宮天皇大帝殿。勾陳上宮天皇大帝是四御中的第三位，也是由星宿演變而來，也有人稱此星為南極老人星。他協助玉皇大帝執掌南北極和天地人三才，統御眾星並主持人間兵革之事。在

民間祭祀活動中，一些拜告天地、祈雨、祈福、禳災的疏文裡，都把勾陳上宮天皇大帝與玉皇大帝、紫微北極大帝同列榜上。朱雀廣場上佛教與道教相對應，文化與娛樂相結合，成為從佛教文化區到道教文化區的良好過渡。

其三是圖山儒家文化脈絡。圖山以儒家文化為中心，將修建三十六米高的孔子像、七十二賢人像和孔子三千弟子像。圖山上還將修建孔廟，孔廟一般格局為萬仞高牆、欞星門、大成殿、才氣靈氣殿、崇聖祠。其中才氣殿聚集才氣和靈氣，將一些四川歷史上高中狀元的人物塑到其中，以吸引遊客前往朝拜。在圖山下恰有一條關聖溝，利用這一名稱，可在圖山上再修建一座關聖廟，與孔廟形成文武相對。此外，由於圖山面積較廣，為了吸引遊客逗留，圖山上可以修建文化傳播區，挖掘孔子當年講學的情景，模擬修建孔子講學堂，將孔子的《論語》等經典刻於學堂中，集文化娛樂、餐飲、住宿於一體。

在此基礎上可以開發生態旅遊產品、休閒度假產品、農業觀光產品等特色產品，因這些產品與風水文化關係較小，在此不展開討論。

三、北京奧林匹克森林公園的規劃[3]

1. 公園用地的自然地理概況

本地區處於永定河沖積扇的北部、古清河河谷的南岸，地勢總體上呈西南高東北低；南部局部地區因處於古清河岸邊自然堤的位置，呈現出北高南低的微地貌變化。本區北部有窪里低地，在窪里低地的南岸，是一條數米落差的陡坎，坡度陡然下降，它是古清河故道的河岸。由於受到地表徑流的沖涮，在坡底較大的河岸地帶形成許多大大小小的沖溝，雨天它們成為一條條小河，流向

北面的清河，這些地貌特徵構成了一些地名的來源。

　　第一，仰山窪。它位於奧運村北部，是一個盆狀凹地，窪地東西寬約 1.7 公里，南北長約兩公里，西南邊緣海拔約 45 米，東北邊緣海拔約 42 米，窪地海拔約 38–35 米，清河由西至東穿過窪地北部邊緣。仰山窪是晚更新世晚期形成的沼澤窪地。「仰山」之名源於窪地東南階地上的仰山村，其來歷傳說有二：一是地處窪地東部邊緣，在此仰望西北，地勢開闊，可見青山連綿，故名仰山；二是曾名養善，因附近原為墳地，村民多為看墳人，形成村莊後遂以養善命名，後諧音為仰山。將地名做此類解釋的不只養善窪一處，京西巨山村在清代也曾被稱為「聚善村」，當地也是清代墓葬聚集的地方。清《皇朝文獻通考》稱「仰山村」為「仰善窪」，是清代八旗秋操的地方：「（乾隆）四年奏准，……八旗各營官兵於鑲黃、正黃二旗教場合操一次。」《燕都古蹟》亦稱：「仰山窪在安定門外正北十里，有將台一座，每年十月十五日八旗合操演九進十連環。」在仰山村東有北苑大院，曾是當年軍營故地。仰山、仰善、養善音近而意殊，從意義上看，地名的解釋似以「養善」為是，符合看墳村落的名稱。在清代，窪地中出現下清河村、窪里村、汪家村等村落，並建有公主墳。該地農民曾以稻田為主，約佔耕地面積的百分之七十，今已被闢為綠地。20 世紀 60–70 年代村中有十幾眼自流井，後因地下水位下降而停流。

　　第二，仰山溝。它位於森林公園用地的東部，曾是仰山村西的一條泄水溝，1988 年疏浚成為仰山大溝，全長三千八百五十八米，是亞運村排水的主幹渠。該溝的南段呈西南至東北走向，可能是由通往古北口方向的古老道溝轉變而成。溝泥河是其上游的一支。今溝西岸部分地段已被墊高數米，東岸距溝不遠處也墊高數米，溝更顯深大。

　　第三，九江口。它位於九江口村，窪里低地的邊緣。曾有九條天然泄水溝在此匯合，當地人十分富於想像地將這九條溝稱為「九江」。附近還有史家溝和趙家溝的地名，皆源於窪地岸邊的沖溝。這些溝的方向都是南北或近似南北

向，水北流。

2. 公園用地的人文地理概況

第一，原有的九個村落。（1）窪里位於森林公園用地北部綠地中，形成於清代，原名窪子里，因在仰山窪中而得名。（2）西下清河位於森林公園用地西北部，北臨清河，原名下清河，因地處清河南岸而得名。民國時期村落發展成東西兩村，此村居西遂改名下清河西村。（3）東下清河位於森林公園用地北部，東臨窪里村。民國時期稱下清河東村，1973 年更為今名。（4）汪家村位於森林公園用地北部，北與東西下清河相鄰，因最初有幾戶皖籍汪姓人家居住於此而得名。（5）窪邊村位於森林公園用地南部，因坐落於窪地南岸的階地邊緣而得名，今已同九江口村、北溝泥河連成一片，形成一個大村。（6）九江口。它位於窪邊村西，窪里低地的邊緣。村名源於九條天然泄水溝，九條溝中的水在此匯合後，向北流入清河。當地人十分富於想像地將這九條溝稱為「九江」，村子坐落在九溝相會的溝口，因而稱為九江口。（7）北溝泥河。它位於森林公園用地北部，村名當源於村北的水溝。該溝是仰山溝的主要源頭之一，其上游曾與京昌高速路西側的小月河相通，沿途經過葦子坑，當年應是一條常年有水的小河。20 世紀 40 年代在它的南北形成兩個自然村，於是有了南溝泥河、北溝泥河的村名，一直沿用至今。（8）龍王堂村因龍王堂而得名，民國時期發展成南北兩個自然村落，分別稱為南龍王堂和北龍王堂，1989 年合為一村。（9）關西莊位於森林公園用地西面，只有局部區域在規劃區內。

第二，主要寺廟有三個。（1）龍王堂，初名龍泉庵，俗稱龍王廟，修建於明代。它位於龍王堂村，是區級文物保護單位，毀於「文革」時期。從龍王堂初名龍泉庵和廟前有水塘看，它最初是依泉而建，以後才補充以水井，這與當地的地理環境是相符合的。龍王堂廟門為隨牆門，一大兩小，當地傳說中間

一座大門為龍唇，左右兩座小門為龍的眼皮。山門前有一口大水池為龍嘴，冬不結冰，東西各有一口井為龍眼。又東二十米處有四口井，往西也有四口井，為龍的爪，廟東北有河為龍尾。（2）下清河關帝廟，位於下清河村北部，今廟宇建築無存，僅餘柱頂石一塊，廟址已改為工廠。（3）窪里關帝廟，原位於窪里村東口，今已無存。

第三，重要墓葬有六個。（1）清雍正帝外祖父母及上三代墓。它們位於窪里鄉龍王堂村，龍王堂東南方數十米處。墓坐北朝南，墓塚已平毀，現存華表一座，墓碑一統，華表在南，石碑在北，立於恆信印刷公司院內。碑文為雍正六年（1728年）世宗胤禛所撰。現為區級文物保護單位。（2）清戶部尚書兆惠墓。它位於窪里鄉關西莊村南。墓坐北朝南，墓塚已毀，現存墓碑一統，華表兩座。兆惠曾任正黃旗副都統、鑲紅旗護軍統領、戶部侍郎等，參與平定新疆準格爾叛亂的戰事。現為區級文物保護單位。（3）清戶部尚書海望墓。它位於窪里鄉龍王堂東北約三百米處。墓坐北朝南，墓塚已平毀，現存東西並立的墓碑四座。海望，姓烏雅氏，滿洲正黃旗人，乾隆年間官至太子少保戶部尚書。現為區級文物保護單位。（4）公主墳址。它位於窪里村西南，今為鄉政府所在地。墓主人為清宣宗道光帝第四女代壽安固倫公主。今墓已無存。（5）九公主墳。位於兆惠墓東北，墓主人為清乾隆帝第九女和碩和恪公主，俗稱九公主墳。今已無存。（6）吳努春碑。位於龍王堂村西邊。吳努春曾任清代兵部右侍郎，禮部右侍郎。現為區級文物保護單位。

3. 北京奧林匹克森林公園的風水之美

北京奧林匹克森林公園的具體範圍是，北至清河南岸，南至北四環中路，東至安立路、北辰東路，西至林翠路與北辰西路，並被北五環分為南北兩區，南重生態，北重野趣。北京奧林匹克森林公園和奧林匹克中心區合稱北京奧林

匹克公園。為了更好地說明森林公園的風水，下面將涉及鳥巢、水立方等奧林匹克中心區的風水文化。

從宏觀上看，此地眾多明清墓地和寺廟也說明了這是一塊風水寶地。於是，規劃者參考了頤和園等古典園林[4]，以中國傳統園林文化中對仙境的追求模式為藍本，努力營造蓬瀛仙山靈島的氛圍，因此它是理想風水模式運用和發展的產物。首先，公園地處城市中軸線北端，景觀呈東西對稱分佈。其次，從整體上看，清河位於公園的北部邊緣，清河南邊是自然野趣密林，這些構成了玄武；東部是南北向伸展的仰山大溝，這是青龍；西北是蜿蜒的河流，西南是曲折的道路，這些是白虎；南部是曲折有情的龍形水系，形成了朱雀。鳥巢、水立方、奧林匹克露天劇場等吉地位於龍形水系的懷抱，這完全符合風水理論中以源遠流長的江河為水龍的觀點。

從奧林匹克森林公園的佈局看，其規劃方案也是吸收了風水文化中的合理因素。

關於中軸線的運用。這條中軸線是天安門廣場中軸線的延伸，是中國傳統歷史文化的延長線，穿過仰山之顛的天鏡融入到自然之中。森林公園的方案是以「為甚麼我的眼常含滿淚水，因為我對這片土地愛得深沉」為切入點，以養育中華兒女的「田」為總體概念規劃。而這個「田」字就是左右對稱的結構。中軸線穿過這個「田」字，即公園中部，公園南大門、露天廣場、天元、天鏡位於中軸線上，朝花台和夕拾台在中軸線兩側呈對稱分佈（圖7–9）。

在公園景點的名稱上也體現了時代的特色。儘管公園位於中軸線上，是故宮等古典建築歷史文化的延伸，是北京的又一地標性建築。但其景點名稱沒有諸如皇天后土之類帶有濃厚封建意味的名稱，而是在繼承歷史文化的同時又進行了發展。例如，中軸線南部兩側的鳥巢和水立方名如其形，有天圓地方、天人合一之意。鳥巢之名緣於原始人曾在樹上仿鳥築巢而居，水立方之名緣於現代科技文明的發展。中軸線北部兩側的朝花台和夕拾台是把魯迅的散文集《朝

圖 7-9　北京奧林匹克公園的風水意象

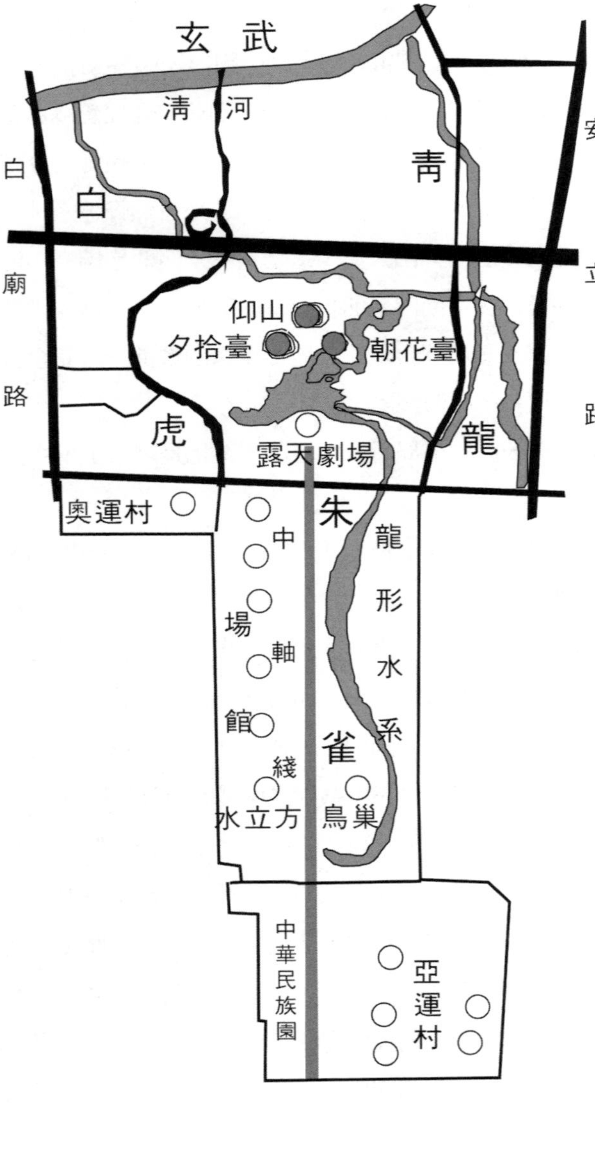

玄　武

清　河

白

廟

路

白

虎

仰山

夕拾臺

朝花臺

露天劇場

青

安

立

路

龍

奧運村

中

場

館

軸

綫

水立方

朱

雀

鳥巢

龍

形

水

系

中華民族園

亞

運

村

花夕拾》拆分而成，其含義是早晨帶露折花，夕陽時花香猶在，而且魯迅先生是 20 世紀偉大的文學家，這與文化的奧運主旨一致；同時，它們又有指示東西方向之意。

從風水模式上看，仰山就是玄武，是鎮山；朝花台和夕拾台及其延伸到南部的道路，是青龍與白虎；彎曲的龍形水系是朱雀；中華民族園和亞運場館是案山；吉地就是其間的露天廣場、鳥巢、水立方等。

至於小品和風水符號的運用，體現在以下兩個方面：一是在仰山上種植了二十九棵松樹，表示第二十九屆奧運會的召開，而松樹在中國文化中就是吉祥長壽、萬事如意的象徵；二是在仰山上放置了一塊六十餘噸的泰山石，它就是公園的石敢當。一般來講，民間都是選擇良辰吉日把它放在丁字路口等凶位以激發觀者的敬畏感，而這裡卻把它放在公園最醒目的仰山之顛，寓意是中國向世界昭示——拿破崙心目中的睡獅已經猛醒並強大起來了，用不着偷偷摸摸地找個小地方把它放起來。

此外，森林公園的門區設計以五行——金、木、水、火、土為主題，其設計風格與風水之間的關係見表 7-2。

表 7-2　北京奧林匹克森林公園大門設計風格中的風水意義

大門		設計主題/五行	代表季節/顏色	裝飾風格
東	東北門	木	春季/綠色	以樹影為模板，採用四種深淺不一的綠色石鋪裝形式來表達，種植觀花植物碧桃，象徵着春季。
	正東門			
	東南門			地面用黑色強調陰影的效果，綠色的花崗岩延伸到牆面，並選擇木製百葉窗烘托出溫暖的效果，同時還有盛開的櫻花映襯。

（續）

大門		設計主題 / 五行	代表季節 / 顏色	裝飾風格
西	西南門	金	秋季 / 黃色	採用銀色金屬帶狀鋪裝形式來表達，西南門以觀果植物核桃為主題植物，象徵着豐收的秋天；西北門以秋葉植物五葉楓為主題植物，象徵着秋天。
	西北門			
南	偏東門	火	夏季 / 紅色	建築和景觀上使用耀眼的紅色，建築的立面和地面鋪設都使用燒製的紅色黏土磚，以體現夏季、炎熱的特點。
	南大門			是森林公園的南主入口區域，也是走向自然的軸線中城市環境與自然環境的轉換點，因此展現的是以自然、生態為核心設計理念的宗旨。
北	偏東門	水	冬季 / 黑色	採用深淺交錯的水紋鋪裝形式來表達，偏東的門以觀葉植物油松為主題植物，象徵着寒冷的冬天；偏西的門以觀葉植物北美短葉松為主題植物，象徵着豐收的冬季。
	偏西門			
中	南區北門	土	夏末秋初 / 黃色	採用黃色天然石鋪裝形式來表達，種植秋葉植物銀杏，象徵着夏末秋初。
	北區南門			

四、四川閬中旅遊規劃[5]

　　2010 年 6 月 2–3 日，筆者受北京大學城市與環境學院武弘麟教授和大地風景國際諮詢集團之邀，到四川閬中參加閬中 4A 級升 5A 級旅遊規劃項目的競標。在考察了閬中古城後，筆者根據古典風水理論和現代旅遊規劃的關係，提出了目前古城存在的問題和規劃思路，從而使評審專家當場宣佈大地風景國際諮詢集團旗下的北京大地風景旅遊景觀規劃院中標。下面根據閬中之行的考

察和競標發言，分析古城目前的優勢和存在問題，並提出解決的方案，從而洞見旅遊規劃中的風水之美。

1. 古城現狀

閬中古城在 2008 年 5 月被批准為國家 4A 級景區，這是與閬中獨特的風水文化分不開的（圖 7–10）。小蟠龍—大蟠龍—陳家坡—蓋陽山等從近至遠形成連綿不絕的龍脈意象，其中蟠龍山是閬中的主山玄武，縣城就是龍脈的聚合之處。縣城以東的梁山、七家山、大像山等是青龍，西部的西山是白虎，這就構成了「左青龍，右白虎」的格局。錦屏山是閬中的案山，構成縣城前第一道屏障和獨特的對景景觀；錦屏山之後的印斗山、金耳山等，則組成了層次豐富的朝山系列。嘉陵江（古閬水）從東、南、西三面繞城而過，符合風水中的「玉帶水」、「金城環抱」的吉象。嘉陵江自西北向西南的流向也符合「天門地戶」的風水原則，天門由西山和玉台山隔江對峙而成，也稱上水口；地戶位於東南的交通要道，以塔山為水口山，也稱下水口，上、下水口共同構成縣城的氣口。

閬中古城佈局體現了人文景觀與自然景觀的融合。第一，城市總體佈局以中天樓為中心，以十字形大街為主幹，向四面展開，各街巷多與遠山朝對。第二，城市功能分區受風水影響明顯。官署建於城內西部鳳凰山下，選址於此的目的是「欲復勝景，昌我人文」。閬中城市匯聚於縣城東南，處於八卦中的巽位，符合東南生氣聚財的原則。在城市建設時，有意將南門東漸、東門南移，建置南津關扼守，同時建華光樓（又名鎮江樓）和渡橋接納東南生氣，象徵財源廣進、財富聚集。為了倡導文治教化，閬中城修建了許多建築，其中文峰塔、奎星樓築於縣城下水口山上，既增高山勢，又象徵文運昌盛。

閬中人傑地靈、群賢薈萃，與風水塔交相輝映。天文學家有西漢的落下閎及任文孫、任文公父子，特別是落下閎與司馬遷共制的《太初曆》是中國歷史上著

圖 7-10　閬中古城的風水意象

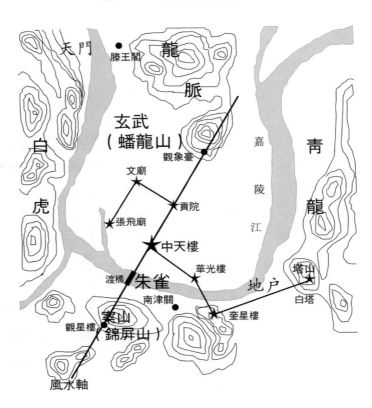

名的曆法；蜀漢時期有周舒、周群、周臣祖孫三人。科舉狀元有唐代的尹樞、尹
極兄弟，宋初的陳堯叟、陳堯佐、陳堯諮三兄弟，科甲鼎盛，擅美全川。同時，
閬中以其風水景觀和人文風尚吸引了袁天罡、李淳風等天文學家在這裡定居，張
道陵及其弟子入閬中傳道，更有杜甫、元稹、盧綸、李商隱、黃庭堅、司馬光、
蘇東坡、陸游、楊慎、顧愷之、吳道子等大批文人來此觀光考察。

　　閬中古城是風水景觀的典型代表，然而長期以來不但沒能得到應有的重

視，而且還遭到了嚴重的破壞。究其原因還是人們對風水文化的重要性認識不足，將風水景觀簡單化，使城市規劃缺乏有機的文脈聯繫。例如，張飛廟前代表青龍和白虎的石獅子在雕刻和擺放上存在問題；古城的景觀軸線遭到破壞；錦屏山索道不但破壞了風水景觀，而且經濟效益極差；嘉陵江大橋在選址時也沒有考慮風水文化的含義和引景空間的作用。

2. 規劃思路

閬中古城在成為 4A 級風景區後不久就吹響了向 5A 級風景區進軍的號角，並把這項任務納入到市「十二五」規劃編製工作中。2010 年，閬中古城創建國家 5A 級景區和申報世界文化遺產的工作啟動。筆者認為，除了改造基礎設施外，還要提升景區本身的人文、科學等價值，保持自然景觀和文物古蹟的真實性和完整性，具體體現在以下幾個方面。

第一，打造「玉帶金盆，閬中古城」的理念（圖 7–11）。俯瞰閬中古城，城如金盆，江如玉帶，山如圍城。站在錦屏山，可以直接俯瞰玉帶纏繞的古城，以及古城的青龍、白虎。

第二，打造「斗柄東指，天下皆春」的理念。提取星辰元素——北斗星，古城規劃範圍形態與北斗七星的佈局相似，其中玉衡星最亮，與其對應的是以華光樓為核心的古城商業區。利用聲光電效果打造蟠龍山、滕王閣、錦屏山景區。在錦屏山觀星台可俯視古城「七星」，並仰望天上七星。季節不同，北斗星在天空的位置也不同。取意「斗柄東指，天下皆春」，營造春節文化主題。

第三，打造風水中軸線。針對古城景觀軸線和景觀帶因破壞而不連續的現狀，把原在華光樓南部的古渡橋重建在風水軸線上，從而使中斷的文脈聯繫起來，形成蟠龍山—中天樓—古渡橋—錦屏山這條風水軸線（圖 7–10、7–12）。

圖 7-11 閬中古城──玉帶金盆

圖 7-12 閬中的古渡橋

第四，打造全國的風水研究基地。古城現有風水博物館一座，但利用度極低。在此基礎上，首先成立國學與風水研究基地，邀請全國知名學者講學；然後，與北京大學東方地理學——「風水鑒賞」高級研修班、北京師範大學易學建築師高級研修班等高校和研究機構聯姻，把閬中打造成這些機構的研習之地。

第五，根據植物的生長特性、顏色，在白虎方某區域集中種植白色、金色的植物，形成白虎意象；在青龍方某區域也集中種植，形成龍形意象。

第六，拍攝一部電影或電視劇，如同浙江烏鎮因《似水年華》而聞名一樣，可迅速提升「閬苑仙境」的美譽度。

附錄：關於景點、公司、社區名稱和人名的命名研究
——以北京奧林匹克森林公園景點命名為例

無論是園林或旅遊景區的景點、公司、企業、飯店、商舖、居住社區名稱的命名，還是每個人的姓名如何起，都應遵循以下兩個原則。

第一，是按照命理中的數理原則命名。首先，根據景區、公司等經營者的生辰八字，推斷出五行中木、火、土、金、水的旺衰和喜神。然後，按照傳統命理學原理中的數理原則和對經營目標的期望，根據《康熙字典》中每個字的筆劃，確定一個既合五行又合時宜的名稱。其中，把 1、2、11、12、21、22、31、32……以 1、2 結尾的筆劃劃為木，其中 1、11 等筆劃為陽木，2、12 等筆劃為陰木；把 3、4、13、14、23、24、33、34……以 3、4 結尾的筆劃劃為火，其中 3、13 等筆劃為陽火，4、14 等筆劃為陰火；把 5、6、15、16、25、26、35、36……以 5、6 結尾的筆劃劃為土，其中 5、15 等筆劃為陽土，6、16 等筆

劃為陰土；把 7、8、17、18、27、28、37、38……以 7、8 結尾的筆劃劃為金，
其中 7、17 等筆劃為陽金，8、18 等筆劃為陰金；把 9、10、19、20、29、30、
39、40……以 0、9 結尾的筆劃劃為水，其中 9、19 等筆劃為陽水，10、20 等
筆劃為陰水。

　　對於幾個人合夥經營的公司，就要把這幾個人的姓名資訊詳細分析並綜
合。對於人的起名，一般來說，姓和輩分是祖上傳下來的，不可更改，只在最
後一個字上做文章就行了。在現代社會中，有的人為了起的名字好聽和習俗等
原因，不用輩分，姓名中或有兩個字，或有三個字，更甚者有四個字。對於這
種情況，在分析其八字基礎上，起名原則是男孩要有陽剛之氣，女孩要有柔美
之氣。例如，筆者應一女孩父母之邀起名，根據這個女孩的生辰八字命名為劉
墨香，意思是走過以後留下一陣墨香，很有書卷氣；後來這家又生了一個男孩，
這個男孩五行缺土，筆者為其起名為劉墨硯。

　　第二，是對被命名者本身的特點、時代特色或期望等命名。例如，北京石
景山區政府門前有一條東西向的路——政達路，這個名稱是石景山規劃局通過
社會徵集來的，反映了民眾要求建立一個廉潔、公正政府的願望。北京元亨利
貞投資管理有限公司及旗下二十餘家分公司的名字都是用《周易》中的卦辭命
名的，反映了經營者要做儒商的文化心理需求。《水滸傳》中「黑旋風」李逵、
「花和尚」魯智深、「及時雨」宋江等英雄人物的綽號是根據其本身性格特點
命名的。「文革」期間出生孩子的姓名大多帶有衛東、向陽、大慶、衛華等時
代特色。

　　關於命名的原則，有時是單獨使用，有時是兩個都要兼顧，但不管怎樣，
命名者應該具有良好的文學功底。下面以北京奧林匹克森林公園的景點命名為
例說明。

　　2007 年 12 月 8 日、16 日，筆者應北京智聯顧問公司之邀，參加了由來自
北京大學、清華大學等機構專家組成的北京奧林匹克森林公園命名研討會（表

7-3）。我結合自己以往的研究，對公園的規劃理念進行了認真的思考。

首先，森林公園的規劃目標是城市的綠肺和生態屏障、奧運會的中國山水休閒後花園、市民的健康大森林、休憩的大自然。其設計方案以「為甚麼我的眼常含滿淚水，因為我對這片土地愛得深沉」為切入點，以養育中華兒女的「田」為總體概念。

其次，中軸線理論——與歷屆奧運會奧林匹克公園選址不同的是，北京城市的傳統中軸線將貫穿整個奧林匹克公園。北京的軸線有兩條，一是東西向的，從通縣到石景山；另一條是南北向的。關於南北向的軸線經歷了三個階段的發展歷程。第一階段是明清北京城的中軸線，它代表着封建社會的皇權勢力。原來北京並沒有中軸線的稱謂，只是侯仁之院士對古代北京城的研究，揭示出紫禁城的對稱格局，才提出北京中軸線的概念。第一階段的中軸線是明清北京城的中軸線，從南部的永定門到北部的鐘鼓樓，共 7.8 公里。天壇、天安門廣場（包括毛主席紀念堂）、紫禁城、景山，貫穿了北京城中軸線的始終，氣勢磅礴，形成了城市建造史上最偉大的軸線，幾百年以來一直是北京城的中軸線，因此北京城被稱為人類歷史上城市規劃與建設的傑作。第二階段是為迎接第十一屆亞運會而修建的亞運場館，使中軸線延伸到亞運村，這是一條走向亞洲的亞運中軸線。新中國建立後，特別是改革開放後，北京迎來了發展的春天。隨着中國經濟的發展和世界地位的提高，北京成為 1990 年第十一屆亞運會的主辦城市。第三階段是為迎接奧運會而興建的這個公園，使中軸線延伸到森林公園，這是一條走向世界的奧運中軸線。

在仔細研究了規劃理論的基礎上，並結合奧林匹克森林公園建設管理委員會提出的命名原則：（1）能夠體現森林公園綠色自然生態的造園理念；（2）能夠體現歷史人文和地域文化的結合；（3）能夠體現時代性、國際性、奧林匹克文化，同時能夠被很好地翻譯成多國語言；（4）能夠結合森林公園原有土地的鄉土民情；（5）名稱要能夠琅琅上口、平實易懂，為平民百姓所接受；

表 7-3　北京奧林匹克森林公園需要命名的景點

範圍	命名方向	景觀節點	主從關係
主山區域	結合歷史、人文內涵，如北京中軸線、仰山歷史、傳統文化等進行命名，名稱可有一定的意境融入其中	天境	重點命名
		天境東平台 天境西平台	從屬命名，配合天境的名稱和含義起名，形成一套具有人文內涵的景點名稱
		天元	從屬命名，配合天境的名稱和含義起名，形成一套具有人文內涵的景點名稱
溫室濕地區域	結合水文化、科技亮點、人工修築的景色等進行命名，景點具有科普、教育、展示等功能，名稱可向通俗易懂、平實、科普的方向命名	溫室濕地景區	重點命名，作為整個區域的總名
		生態展示溫室	從屬命名，配合總景區命名方向
		潛流濕地、表流濕地	從屬命名，配合總景區命名方向
		疊水花台	從屬命名，配合總景區命名方向
		沉水廊道	從屬命名，配合總景區命名方向
林泉高致區域	結合自然景觀特色如溪流、山石、植被等呈現的景色進行命名，名稱可偏向平實的方向，易懂易記	林泉高致景區	重點命名，作為整個景區的總名
		源頭、潭、石洞灘塗、岩洞茶室	從屬命名，配合總景區命名方向
南主入口區域	結合奧林匹克文化、國際化、現代化方向進行命名	南主入口	重點命名
		露天劇場	重點命名
		林間小劇場	從屬命名
		領導紀念林	從屬命名
其他景點		垂釣區	
		森林藝術中心	
		S1-S4門區 N1-N6門區	
		生態廊道	
		雨燕塔	

（6）景點名稱要根據其特點、功能有所側重，同時景點應有主次從屬之分。筆者提出了公園三個景點的命名——朝花台、夕拾台和聽泉軒，並由網民投票通過，其含義如下。

朝花台。朝花台位於天境東側，即天境東平台，是風水文化上的青龍。平台面積約百餘平米，可以俯覽主湖和奧運中心區景觀。取名自魯迅先生散文集《朝花夕拾》，早晨帶露折花，夕陽時花香猶在。故東為朝花台，西為夕拾台。

夕拾台。夕拾台位於天境西側，即天境西平台，是風水文化上的白虎。平台面積約百餘平米，可以俯覽主湖和奧運中心區景觀。取名涵意同上。

聽泉軒。功能茶室隱於山林溪水之間，即岩洞茶室，地處林泉高致的灣流處，有着得天獨厚的自然風景。置身其中，耳畔傳來泉聲，水木清氣暗湧，幽雅清淨，是聆賞景色的極佳之處，可以感受唐代大詩人杜甫《江亭》詩中所寫的「水流心不競，雲在意俱遲」的詩境。

至於其他景點的名稱，主山「仰山」和主湖「奧海」是由人們在北京市規劃委員會官方網站上進行投票公決出來的。「天境」、「天元」、「林泉高致」、「生態廊道」等其他景觀名稱是由承建方在設計初命名的。

這三個名字最早由《北京晚報》發佈，隨後中國地理學會官方網站、《中國新聞出版報》、《中學地理教學參考》、《中國出版集團報》、《臨沂廣播電視報》等媒體進行了報導（圖7–13）。

之所以我能提出這樣的名稱，是得益於我對命名的長期研究。對於現代園林景點和店舖的命名，不能僅僅依靠數理原則，還應從文化傳統和時代特色上體現。頤和園中的景點為我們提供了古人對命名的思考和認識。其中，西堤上幾個景點的命名就給人一種風花雪月和粒粒珠璣的感覺。豳風橋的名字取自《詩經》中《豳風·七月》的詩意，因這篇詩歌描繪的是西周時期豳地百姓農耕蠶桑的勞動場景，這與豳風橋西面耕織圖中水鄉澤國、男耕女織的生產生活

圖 7-13　北京奧林匹克森林公園景點命名證明

证明

　　受北京世奥森林公园开发经营有限公司委托，北京智联
顾问公司聘请颜廷真为北京奥林匹克森林公园命名专家。

　　其中，朝花台 、夕拾台和听泉轩三个景点是颜廷真命名
的。

　　特此证明。

北京智联建邺房地产经纪公司

2008-9-26

中国北京朝阳区建国路 93 号万达广场 9 号楼 17 层　邮编：100022
Floor17, Building9, Wanda Plaza, 93 Jianguo Rd., Chaoyang District, Beijing, China　　Pc: 100022
电话（Tel）: +8610 58207766/58206638/39　　传真（Fax）: +8610 5820 6637
Http://www.uniwins.cn

場面吻合。景明樓出自宋代范仲淹《岳陽樓記》中「春和景明，波瀾不驚，上下天光，一碧萬頃」。鏡橋名稱巧借了李白「兩水夾明鏡，雙橋落彩虹」詩句中的意境。練橋名稱出自南宋詩人謝朓「餘霞散成綺，澄江靜如練」的詩句，練是白色的絲織品，此處形容橋架在澄清如練的昆明湖水面上。柳橋名稱出自杜甫詩句「柳橋暗有絮」，意思是綠柳蔭中的橋上，晴天有柳絮飄飛。什剎海酒吧的名稱為我們提供了今人對命名的思考和認識，如天水盈池、茶馬古道、蘭庭玉樹、紅邸、銀海軒、聽海汀、蘭蓮花、慾望城市等，給人一種煙波酒影、風花雪月的感覺。

注釋

1　楊載田：《中國旅遊地理》，科學出版社，2010年，第40–42頁。

2　本部分根據四川師範大學旅遊與城鄉規劃研究院院長兼總規劃師李小波教授提供的規劃方案改編，在此對李小波教授表示感謝。2007年12月17日，CCTV–3《非常6+1》走進淩雲山。2009年8月24日，CCTV–10《百科探秘》欄目製作了《尋找祖先的居所》專題片對淩雲山風水進行了介紹。

3　2007年12月8日、16日，顏廷真作為北京智聯顧問公司聘請的專家，參加了北京奧林匹克森林公園景點命名研討會，顏廷真提出的朝花台、夕拾台、聽泉軒三個景點被採納。本部分材料源於對方提供的《奧林匹克森林公園景觀節點介紹資料》和顏廷真的研究成果。本部分曾作為北京大學等講座的演講內容。

4　胡潔、吳宜夏、呂璐珊：《北京奧林匹克森林公園景觀規劃設計綜述》，《中國園林》，2006年第6期。

5　本部分根據顏廷真在「閬中古城創建國家AAAAA級旅遊景區規劃設計單位比選評審會」上的報告整理，並對提供資料的大地風景國際諮詢集團規劃師李棟和董雙兵表示感謝。大地風景國際諮詢集團旗下的北京大地風景旅遊景觀規劃院因顏廷真精湛的風水分析而中標。

第八章

房地產開發中的風水文化[1]

　　房地產可分為住宅地產、商業地產和旅遊地產三種類型，它們都屬於風水意義上的陽宅。無論是住宅地產，還是商業地產和旅遊地產，在開發中都要挖掘其風水內涵——龍脈、水脈和文脈，也就是其歷史自然地理概況和歷史人文地理概況。本部分以北京遠洋山水社區、北京石景山萬達廣場和西安曲江新區地產開發為例，論證房地產在選址、佈局和行銷中風水文化都是重中之重的影響因素。

一、中國房地產業的發展與風水

　　在 1978 年實行改革開放之前，由於實行的是計劃經濟體制，市場經濟基本不存在，因此沒有房地產行業。相對於中國香港和發達資本主義國家，中國內地房地產業的發展歷史迄今只有三十三年的時間。具體來說，可分為以下四個階段。

　　第一，1978–1991 年的市場起步期。隨着中國政府實行改革政策，房地產行業開始出現並逐步市場化。1980 年 9 月，成立了北京市城市開發總公司，並組建了北京住房統建辦公室，率先拉開了房地產綜合開發的序幕。隨後，國務院在常州、鄭州、沙市、四平進行售樓試點，並規定可以建立房地產開發公司。在 1987 年黨的十三大上，提出了房地產行業是構建社會主義市場體系的重要生產因素，宣示了房地產市場的萌芽。1990 年上海開始建立住房公積金制度。

　　第二，1992–1997 年是平穩發展期。1992 年，隨着住房改革的全面啟動，大量資金湧入房地產市場，使這個行業急速發展起來。但同時因非理性炒作使得局部地區的房地產市場呈現混亂狀態。後來隨着宏觀調控政策的陸續出台，市場趨於穩定。1997 年受亞洲金融風暴的影響，房地產市場陷入低迷狀態。

第三，1998–2003 年是勃發活躍期。1998 年推行房改政策，將單位直接分房改為貨幣化分房，標誌着房地產行業正式進入市場化發展階段。隨後又推出銀行按揭政策，刺激了房地產市場的飛速發展。於是，社會資本開始進入房地產行業。

第四，2003 年至今是調控常態期。隨着 2004 年以來各地房價的飛漲和外資的進入導致房價加速上揚，政府出台了一系列調控政策，房地產行業進入到市場發展與行業調控政策相伴隨的波動期，並面臨着更加不穩定的生存環境。

就地產類別而言，可分為住宅地產、商業地產和旅遊地產，其中住宅地產比重較大。在 1998–2008 年，儘管出現了一輪又一輪的調控打壓，但並沒有妨礙房地產企業在住宅市場賺得盆滿缽溢。旅遊地產和商業地產的發展早在 1990 年就開始起步了，但一直處於緩慢發展期，停留在配合旅遊產業和文化產業的層面。本世紀初的幾次調控和「遏制」政策，使房地產企業面臨着拿地成本高、資金融資難、銷售壓力大等困難。於是，房地產企業認識到，若仍然只開發住宅地產，企業將面臨很大的風險；要想保持良好的發展勢頭，必須向商業地產和旅遊地產進軍。

然而，無論是住宅地產、商業地產還是旅遊地產，要想贏得客戶的青睞，都要打傳統文化這張牌，而風水文化又是中國傳統文化的濃縮。從房地產的發展過程可以看出，儘管房地產的開發仍屬於傳統意義的陽宅範疇，應遵循陽宅風水的理論法則，但在實踐上與傳統陽宅還是存在巨大的差異。一是開發理念和服務對象不同。傳統陽宅的開發者是房主本人，完全是為了自住而修建的，包括選址、開工日期、佈局等完全是根據風水要求按部就班地進行的。在現代地產經營中，開發商是主體，開發的目的是為了滿足市場需要，為了獲得經濟效益。為了能在行銷中獲得客戶的歡迎，開發商在規劃設計上也體現一定的風水文化。二是建築類型和規模不同。傳統陽宅除了諸如城池、地主豪紳的大院（如王家大院、喬家大院）外，一般都是規模較小的平地院

落，並由天井、正房、廂房、後花園等構成。儘管每個院落都是方方正正的，體現了天圓地方的理念，但在古代城市和農村院落的分佈存在着差異。在城市中的院落分佈都是規整的，而在農村各個院落為尋求良好的風水區位大多呈不規則狀分佈。在現代地產開發中，除了比重很少的四合院、高檔別墅等院落式住宅外，主體是從西方引進的塔樓、板樓等樓房建築，形勢派風水大多體現在社區的選址和整體佈局上，理氣派風水大多體現在每一套樓房的設計和裝飾上。由於城市的用地緊張，社區的形狀有方形、三角形、梯形、多邊形等，這就需要用風水理論來改造，而且在行銷中還要向客戶說明。因此，風水文化就成為房地產選址和行銷中重中之重的因素。下面就以幾個案例說明風水文化在房地產開發中的作用。

二、北京遠洋山水社區——住宅地產中的風水文化

　　位於北京石景山區的遠洋山水社區是 2004 年由八寶山農工商聯合公司與中遠房地產開發有限公司合作開發的房地產項目。其建築特色不但體現了美國 CA 規劃師事務所的園林設計風格，還融入了法國 AREP 建築設計與規劃公司的浪漫氣息。由於這兩家外國公司在設計時吸收了中國的風水文化，從而使得居住其間的人們猶如生活在「遠洋山水」的大自然懷抱之中，突出了靜謐與陽光相融、綠意與花香交匯的人居環境。其實，遠洋山水吸引人的地方不僅僅在於其設計風格，更重要的是其所擁有的獨特的地脈和文脈，也就是說這是一塊貨真價實的風水寶地，這也是之所以選擇此地作為住宅地產的最重要的原因。

1. 遠洋山水社區的龍脈和水脈

第一，八寶山和烘爐山是遠洋山水龍脈之少祖山。圖 8-1 是八寶山地區為開發前的山地和村落位置概貌[2]。從圖上可以看出，有老山、八寶山和烘爐山三座山，它們是西山山脈在北京平原上的延伸，是龍脈生氣所在。其中八寶山和烘爐山西部是遠洋山水的少祖山。

圖 8-1　八寶山地區開發前的概貌

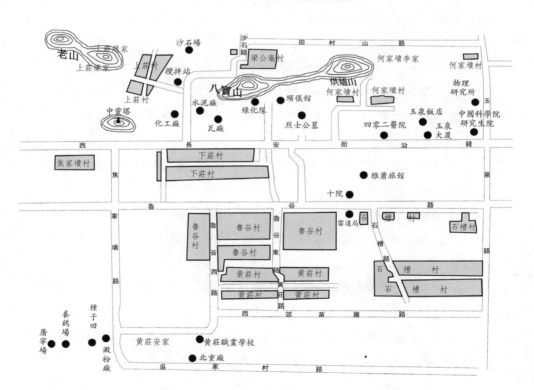

　　位於人民公墓後側的是八寶山，即八寶山是人民公墓的玄武山。它的海拔為 103.2 米，比周圍平原高出約 40 米；東西長約 1.2 公里，南北寬約 0.6 公里，面積約為 0.5 平方公里。八寶山的稱謂是在清初開始出現的，在以前曾被稱作薊丘。它的得名源於佛家「八寶」，即法輪、法螺、寶傘、白蓋、蓮花、寶瓶、金魚、盤長八種吉祥物，是佛體的一部分，在古墓葬中多有體現，附近的墓葬多也說明了這一點。八寶山礦產資源豐富，有馬牙石、黃漿、耐火土、紅土子、青灰、沙石、板石、白土八種黏土礦物，於是就有人附會說這是八寶山得名的原因。

　　八寶山革命公墓所依託的山巒被老百姓俗稱為烘爐山，歷史上曾有黑山、罕山、韓家山之稱。在革命公墓建立前從來沒有人稱其為八寶山。隨着八寶山革命公墓的建立，八寶山的地域範圍也擴大了。

　　位於革命公墓和人民公墓之間道路北部的八寶山和黑山之間的山凹處，是方圓五六十平方米、一人來深的大坑，雨季常積水成潭，附近的孩子常來此游泳。

　　第二，雕塑公園之山是龍脈之父母山。北京國際雕塑公園於 2002 年落成，分為東區和西區兩部分（圖 8–2）。其中，東區是遠洋山水社區的後花園，這裡有挖湖堆積而成的土山，有水，有園林，有雕塑，有一望無際的平野，與遠洋山水自然地融合在一起。其中的土山就是八寶山龍脈延伸而來的父母山，即遠洋山水的玄武山，儘管此山不是很高大，但符合平洋風水中「高一寸為山，低一寸為水」的要求。公園內的主路佈置成葫蘆狀，使湖水和小島位於葫蘆之中，而葫蘆在風水文化中又是仙境的代名詞。

　　雕塑公園是八寶山綠化隔離帶綜合改造工程的重大成果之一，是在下莊村落上建成的。在公園的西部和南部是古色古香的北京台灣街建築群（圖 8–3）。從圖 8–1、8–2 可知，下莊村所在地隨着社會的發展只能作為公園綠化之地使用。這是因為，若作為住宅用地，北部是人民公墓和八寶山革命公墓。八寶山

圖8-2　北京遠洋山水社區的風水意象

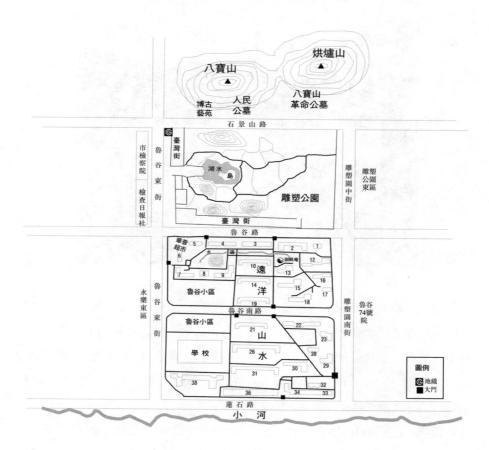

的高度僅相當於現在十五層樓高，而現在的樓房至少是在二十層以上。試想，
人們站在陽台上每天看到的是墓地、奔喪的人們和火化廠冒煙的煙囪，會是甚
麼感覺呢？公園西部是北京市檢察院第一分院和最高人民檢察院的檢查日報社
與中國檢察出版社，檢查機關淩厲的煞氣也是陽宅風水所忌諱的。因此，公園
之地若作為住宅用地，蓋好的樓房肯定是賣不出去的。

圖 8-3　北京台灣街

　　第三，關於遠洋山水的水脈。缺水是包括北京在內的北方城市共同的特點，故而在營建明清北京城時，只好引玉泉山之水入宮城為金水河，權作朱雀之形。因此，對於現在的一般社區而言，如果有一條小河，即使是季節性的小河也很難得。但對於遠洋山水來說，就有這麼一條人工河，它是因修建鐵路挖掘而成的，在雨季常作為泄洪之用。

　　因此，從遠洋山水的龍脈和水脈可以看出，它的風水區位完全可以與明清北京城的選址相媲美（圖 8-4）。它們有源於昆侖山的龍脈祖山——西山和軍都山，相似的少祖山——陰宅守護地八寶山與烘爐山和天壽山，相似的堆積而成的父母山——公園土山和景山，相似的穴位——遠洋山水和北京城，相似的人工朱雀——小河和金水河。它們的選址非常符合唐代風水大家卜應天的觀點：「先宅後墳，墳必興而宅必退；先墳後宅，宅既盛而墳自衰。」這就是說一是墳墓的竣工期應在陽宅之前，否則陽宅之氣會被墳侵佔，導致宅運衰退；

二是墳墓的位置應在陽宅之後，墳能把集結的正氣輸送到陽宅，使陽宅昌盛。就北京城而言，十三陵可以把來自昆侖山的生氣集結在天壽山下，輸送到城內的萬歲山（景山）下，來滋潤佑護着紫禁城。就遠洋山水而言，公墓可以把龍脈之生氣集結在八寶山和烘爐山下，輸送到公園內的土山，來滋潤佑護着遠洋山水。

图 8-4　相同風水區位的遠洋山水社區和紫禁城

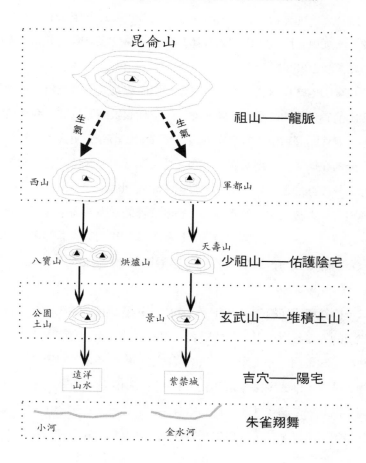

2. 遠洋山水社區的文脈

　　第一，八寶山地區具有悠久的歷史文明。早在原始社會末期，碣石部落就生活在八寶山一帶。《山海經》記載的大禹在碣石治水的地方也是此地。夏商之際，北京出現了最早的小王國都邑——薊，八寶山也因之被民間長時間稱作薊丘。戰國時期，燕國樂毅敗齊後，把齊國農作物的優良品種帶回並種植在八寶山一帶。因八寶山是北京小平原上唯一可登高望遠的高地，隋唐時期在八寶山修建了幽州台，即燕台，唐朝大詩人陳子昂曾登臨此處作了千古不朽的《登幽州台歌》。從此，歷代無數遊人選擇八寶山作為登臨之處，老北京人也常登臨賞秋觀紅葉或歡度重陽節。

　　由於八寶山地區具有良好的風水區位，因而成為人們居住和寺廟的首選之地。八寶山前有元代的崇國寺（圖 8-5）、清代娘娘廟等遺蹟。西漢清官韓延壽的府第、遼代開國功臣韓延徽家族墓、元代海雲禪寺、明代太監剛炳墓、清代靈福寺分佈在烘爐山。因明初大將剛炳功績顯赫，皇帝特許建寺祠紀念，寺即護國寺，其前身是延壽寺，祠即褒忠祠，因此明清兩代太監尊其為祖師爺。於是，護國寺不斷被擴建，並成為太監養老安葬的地方。清末吏部尚書剛毅家族墓位於下莊村。1877 年，剛毅曾因平反楊乃武和小白菜案而聞名。現剛毅墓被毀，只有墓前遺存的古松林還在。新中國建立後，在護國寺的基礎上修建了革命公墓。

　　第二，魯谷和黃莊的翰墨書香。遠洋山水社區是在魯谷和黃莊兩個村落的基礎上建成的。魯谷村有上千年的歷史，因而古蹟甚多，有明代大慈寺、永年寺、地藏庵、關帝廟、龍王廟，清代的崇興庵、佛科多墓、供王墳、姑子墳、查家墳等。其中，崇興庵保存完好，現為區級文物保護單位。

　　中國早期的啟蒙讀物《三字經》中有這樣一句話：「竇燕山，有義方，教五子，名俱揚。」這個故事就發生在魯谷村。在五代十國時期，在魯谷村出了

圖 8-5　元代的崇國寺塔

一位教子成才的風範人物，他的名字叫竇禹鈞，又號竇燕山。他在自己宅南建了一書院，取名五花院。後來他的五個兒子都中了進士，馮道贈竇燕山詩曰：「燕山竇十郎，教子有義方；靈椿一株老，丹桂五枝芳。」所以說他「五子登科」，又稱「丹桂折枝」。他曾作過太常少卿、諫議大夫，死後葬於魯谷村。宋代參知政事范仲淹對他崇拜備至，在給他作的《竇諫議陰德碑記》中稱他「義風家法，為一時標表」。現在將五花園故址附近新建的社區命名為五芳園，向人們說明這一代曾是文人雅士的居住之地。

　　黃莊形成於明代，原是魯谷村南的一所皇家莊園。清代黃莊已成為一個較為繁華的村落，村中有幾座廟宇，成了當時人們心目中的風水寶地，所以常有人來購地建墳。清代名人李綬之墓就在這裡。李綬去世後，翰林大學士寶光鼐為其相地選中了黃莊，經筵講官、禮部尚書兼文淵閣直閣事紀曉嵐撰寫墓誌銘，經筵講官、吏部尚書兼管國子監、直上書房劉墉刻石，經筵講官、太子少保、軍機大臣、戶部尚書董誥篆蓋（圖8-6）[3]。一方墓誌記載了五位狀元進士，可謂天下奇聞。

　　因此，遠洋山水的所在地在歷史上浸潤了濃濃的翰墨書香氣。

圖8-6　李綬墓誌誌蓋

第三，附近地區曾被規劃為中央政府的新址。1937 年盧溝橋事變後，日本侵略者佔領了北平。為了安置激增的人口和保障日寇的侵略利益，特別是為了盡量避免日本人與中國人混居而產生矛盾，1938 年日寇成立了偽建設總署，開始編製城市規劃方案。如圖 8−7 所示，A 是圓明園，B 是萬壽山，C 是玉泉山，D 是日軍建設的西郊機場，E 是大廣場，F 是故宮和天安門，G 是盧溝橋 [4]。E 為今五棵松一帶，此處正對着頤和園的萬壽山，把萬壽山作為新建市區的靠山，看來日本人也是認真考慮了風水因素。抗戰勝利後，北平國民政府參考了日本人編製的方案，並徵用日本技術人員，在 1946 年完成了《北平都市規劃大綱》，提出了政府機關及其職員住宅、商店等應設在西郊新市區，故宮一帶應開闢為觀光區。

圖 8−7　1939 年日偽政府編製完成的都市規劃

　　新中國成立後，北京迎來了發展的春天，在籌劃新市區的問題上，梁思成提出了在原日寇已經營過的「居留民地」即五棵松一帶建設一個新市區。後在陳占祥的建議下，梁思成修改了自己的意見，在 1950 年 2 月與陳占祥提出了著名的「梁陳方案」，即《關於中央人民政府行政中心區位置的建議》，認為應在公主墳以東、月壇以西作為中央政府的行政中心區域[5]。

　　因此，從日偽政府的方案到國民政府的方案，再到「梁陳方案」，儘管提出的新市區西遷的計劃未能實現，但加強了八寶山地區的重要性，吸引了人們的目光，提升了遠洋山水社區的人氣。

3. 遠洋山水社區的佈局

　　遠洋山水社區的佈局也體現了風水文化的魅力。社區由北區和南區構成。整個社區的西北為樓層低矮的華普超市和大中電器，乾天之氣由超市樓的頂部進入，符合天門開的風水原則（圖 8–2、8–8）。但同時為了營造乾天地勢高的風水意象，在西北部還人工堆積了一土山，供居民登高望遠之用（圖8–9）。從北區曲折的小路到南區筆直的通向東南的主路，是地戶閉的意象，符合八卦中巽為門的原則。為了營造水聚財的風水理念，除了社區名稱「遠洋山水」給人以無限的遐想之外，還在社區內佈置人工水系和轉運水球（圖8–10）。

圖 8-8　北京遠洋山水社區的西北部

圖 8-9　北京遠洋山水社區西北部的土山

圖 8–10 北京遠洋山水社區中的轉運水球

　　更重要的是，在北區按照數位順序排列了十九座樓，但唯獨沒有十一號樓，這是為甚麼呢？其實，十一號樓的位置是清代修建的崇興庵，這座廟曾作為基督教徒活動的場所（圖 8–11）。因它是區重點文物保護單位，開發商就把它保留下來了。但使開發商絕對沒有想到的是，正是崇興庵的保留，與周圍的住宅樓形成了和諧的風水氛圍。傳統風水理論認為，陽宅不能建在廟宇附近。這指的是在古代社會，因人口少，寺廟是人間溝通神靈的地方，屬陰，孤獨的陽宅修建在寺廟附近，自然不好。但在遠洋山水社區，崇興庵卻起到了平衡陰陽的作用。因為社區的樓層高，人口密度大，陽氣太足，人們在陽台或窗戶上看到綠樹掩映、古色古香的寺廟時，能給人以心靈的安慰。特別是在炎熱的夏天，圍着寺廟轉一圈，浮躁的心自然就寧靜下來了。這就是為甚麼人們常在周末到郊外放鬆心情的原因，但這個問題現在在社區就能解決。

圖 8–11　北京遠洋山水社區中的崇興庵

三、北京石景山萬達廣場——商業地產中的風水文化

　　商業地產是指作為商業用途的地產，主要包括購物中心、超級購物中心、大賣場、商業街、主題商場、專業市場、寫字樓等。大連萬達集團的「萬達廣場」模式是商業地產發展的里程碑，它將不同的業態融為一體，有機地整合了商業、商務、居住等多種城市商業功能，因而研究萬達廣場的風水文化對商業地產的發展具有重要的意義。下面以北京石景山萬達廣場為例說明。

1. 萬達廣場的龍脈、水脈和文脈

　　老山是八寶山地區的三山之一，它不但是老山居民社區的玄武山，也是萬達廣場的玄武山（圖8-12）。老山東西長約1.7公里，南北寬約0.8公里，主峰海拔130.4米，是八寶山地區的最高峰，西南部的幕山和東南部的疙瘩山也是其附屬山包。老山古稱鼇山，它的頭在今天的松山公園，脖頸是幕山，鼇背是老山主峰，尾部在八寶山和烘爐山一帶。在古永定河的環繞下，老山看起來很像一隻巨鼇伏臥在水中，這非常符合古人心目中的「有神靈之鼇，背負蓬萊之山」的形象。

圖8-12　北京石景山萬達廣場的風水區位

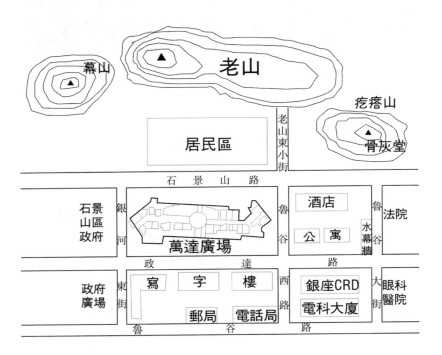

　　萬達廣場的所在地是原焦家村。焦家村原名焦家墳，其得名源於此地原是金氏的墳地，由焦姓人看守，後來發展成村。該村地處老山南麓山坡台地上，土層由坡積土和洪積土組成，土質瘠薄，地下水位約七米。20 世紀 60 年代，因修建地鐵割斷了地下水脈，造成了村中水井乾涸，無水可汲，生活用水由附近村落供應。在國家徵用該村土地後，焦家村消失了，留下記憶的只是以焦家墳命名的公交站點，原來以焦家墳命名的道路可能因名稱不好也改稱魯谷大街。

　　老山還擁有濃郁的歷史文脈，是古墓葬的集中地，曾發現有東漢石闕、老山漢墓群、金代趙勱墓、民國龍濟光墓和周進家族墓等（圖 8–13），從而說明了這裡的確是一塊風水寶地。2008 年北京奧運會的小輪車賽場和自行車賽場就設在老山，更增添了老山的人文魅力。

圖 8–13　老山漢墓發掘現場

　　在萬達廣場修建之前，這裡只有一個電話局、一個郵局和工信部的電科大廈。電科大廈的底層曾先後被匯海超市、國美電器租用，同時還有一家飯店，但生意一直不好。

　　此地若作為住宅地產使用，是非常不合適的。一是此地距離老山骨灰堂太近，陰氣太重；二是此地東西兩側是北京市人民法院一中院和石景山區政府，煞氣太重；三是此地東南部是眼科醫院，有污穢之氣；四是南北兩側分別是體量很大的老山居民區和永樂西區，陽氣太重。因此，這裡只能作為商業地產使用，把周圍過剩的陽氣吸引過來，以沖去陰氣、煞氣和污穢之氣，達到陰陽平衡。

2. 萬達廣場的佈局

　　從圖 8–12 可以看出，萬達廣場很像一艘駛向西部的航空母艦。廣場層高為陽數三，陽光透過頂部玻璃可照進來以增加陽氣；中部圓形的廣場體現了內圓外方的設計理念，而圓也為陽，是航空母艦的發動機。在這艘航空母艦上，載有萬千百貨、家樂福超市、萬達國際影城、一兆韋德健身中心、大歌星 KTV、神采飛揚電玩城、運動 100、國美電器商城、主題餐廳等，從而達到了通過吸引人氣以增加陽氣的目的（圖 8–14）。為了營造風水文化中水聚財、聚氣的氛圍，在酒店和公寓樓之間用白色的鵝卵石鋪建了一個水池子，其中白色的鵝卵石就代表水，這也是為了彌補北京缺水的遺憾；同時在公寓的東部修建了一道水幕牆，體現了風水上東南有水出的意境（圖 8–15、8–16）。

　　萬達廣場人氣和陽氣的增加改善了此地的風水，消除了周圍的各種煞氣，拉動周圍地產的價格。除了已修建的一家五星級酒店和兩幢公寓外，正在建設的項目有 CRD 銀座和三幢 5A 級寫字樓，從而一改過去此地經營業績不好的局面。

圖 8-14 北京石景山萬達廣場

圖 8-15 北京石景山萬達廣場中具有水意象的白色鵝卵石

圖 8-16　北京石景山萬達廣場中的水幕牆

四、西安曲江新區地產——旅遊地產中的風水文化

　　旅遊地產是指依託周邊豐富的旅遊資源而建的、有別於傳統住宅項目的融旅遊、休閒、度假、居住為一體的置業項目，它可分為旅遊景點地產、旅遊商務地產、旅遊度假地產和旅遊住宅地產四類，如海景房、度假別墅等。

　　北京大學城市與環境學院吳必虎教授從旅遊開發的角度，提出了「旅遊導向型土地綜合開發」（Tourism-oriented Land Development, TOLD）的模式，即旅遊地產的土地開發利用模式[6]。所謂 TOLD 或旅遊導向型土地綜合開發，是指在一片相當大規模的地區範圍內，通過對旅遊資源的創新開發、重新開發、補充開發等方式，形成具有一種或多種主題，相容多種旅遊或非旅遊活動，集

中多種休閒、遊憩、娛樂、商業、運動、度假等功能的複合型土地開發方式。

從陰陽平衡的風水觀來看，就是在陰氣較重的自然景觀中，開發出新的旅遊產品以吸引人來遊玩，以提升該地的人氣，帶動房地產的開發，從而增加陽氣，達到陰陽平衡的效果。因此，吳必虎教授的觀點為中國房地產業的發展指明了前進的方向。

吳必虎教授通過對全國各地多個 TOLD 綜合體的資源特徵、產品組合、市場結構和房地產比例情況的歸納分析，認為 TOLD 綜合體的開發模式可劃分為生態型、文化型、娛樂型三種。生態型模式是基於自然資源的低強度旅遊開發，以推進生態恢復，改善當地社區生活水準和保護原真文化為主要目標。文化導向型主題開發是基於民俗、歷史資源的深度開發，側重於發掘、塑造具有鮮明個性的 TOLD 綜合體形象和品牌。娛樂型模式是基於市場規模和高強度投資開發，以旅遊開發商為最重要的經營主體，通過不斷開發大型遊樂項目，創造持續的愉悅吸引力，從而拉動房地產開發。

從風水文化的角度看，這三種模式都是把明堂建設得環境優美和賞心悅目，使客戶站在陽台上或通過窗戶就可以領略到優美的自然風光和人文景觀，特別是生態型和文化型兩種模式尤其顯得突出。下面就以西安曲江新區綜合地產的開發為例[7]，論述旅遊地產與風水文化的關係。

1. 曲江新區的龍脈、水脈和文脈

西安曲江新區在歷史上是漢唐皇家園林的所在地，是封建社會極為罕見的供市民和皇家共用的公共園林。在地理位置上，曲江自古以來就是一塊「上風、上水、上曲江」的風水寶地。

秦朝時曲江被稱為陔州，意思是臨水的長洲。西漢初年將其改名宜春苑，因水流曲折，故有曲江之稱。隋朝大興城是倚曲江而建，曲江位於城東南。隋

文帝認為大興城東南高西北低，與八卦中乾高巽低的原則不符，風水傾向東南，後宮設於北側中部，在地勢上總也無法壓過東南。於是，就用厭勝之法進行破除，在南面少陵原開渠引水入曲江，擴大了曲江池的水面，從而使隋朝的王者之氣不受威脅。因水中廣植芙蓉花，再加上隋文帝不喜歡以曲為名，就改稱芙蓉園。從圖 8-17 可以看出，曲江池和芙蓉池形成了一個葫蘆狀的水域，而葫蘆又寓意着壺中仙境、壺中天地、須彌納芥子的風水意境。

圖 8-17　唐代曲江池概況

唐初此地一度乾涸，開元年間又引來潏河之水，並恢復了曲江地名，建有芙蓉園、杏園、紫雲樓、漢武泉、青龍寺、大慈恩寺、大雁塔等景觀[8]。唐代曲江池環境優美，林木蔥鬱，環池樓台參差，不但皇帝常率妃嬪臨幸，平民百姓也可以來此遊玩，文人雅士為此留下了兩千多首描繪曲江美景的詩篇。特別是在春天，新科及第進士在此舉行「曲江宴」，為春日景觀增添了幾許情趣。之後還要舉行「杏園宴」和「探花」活動。所謂探花就是選出兩位年輕俊美的進士為探花使者，使之騎馬在曲江附近尋訪名花。宋代以後稱進士的第三名為探花，即源於此。杏園探花之後還要到慈恩寺的大雁塔，把名字寫在上面，即所謂「雁塔題名」。安史之亂後，曲江進入衰敗狀態。唐末，池水乾涸。宋代成為野草叢生之地。明代中葉，曲江已成為一片莊稼地。

2. 曲江房地產的開發與風水文化

第一，2003－2005 年是盛唐文化旅遊資源撬動地產價值的階段。2003 年，曲江新區成立，這時曲江的區域影響力和旅遊競爭力在整個西安處於相對弱勢的地位，區域特色不明顯。新區政府一方面考慮到唐代曲江是長安城最具魅力和風雅之所在，是建築、園林、繪畫、詩歌、宗教等匯聚「盛唐氣象」的典型代表，另一方面也考慮到在西安乃至陝西所處的文化區位與資源特點，將盛唐文化作為驅動地區起步發展的核心文化。先後建成了大唐芙蓉園、大雁塔北廣場、曲江海洋公園等重大旅遊項目，以「旅遊＋地產」的形式迅速帶動了周邊地產項目的發展（圖 8−18）。到 2005 年，共有二十六個住宅類地產項目開盤。地產價格隨着景區的建設，土地價格在三年內翻了三倍，房價連續兩年增幅超過西安市平均水準。

圖 8-18　西安曲江新區的風水意象

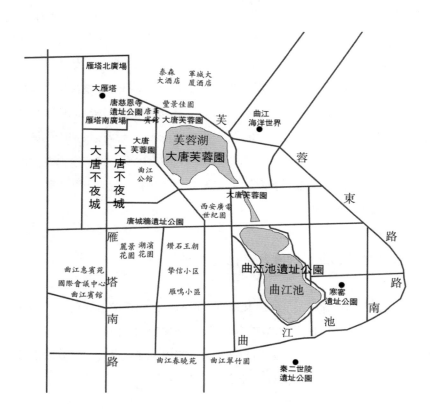

第二，2006-2008 年是旅遊產業和文化產業推動房地產快速發展階段。曲江新區隨着「盛唐文化」項目的打造迅速崛起，在國內外打響了品牌知名度，參與曲江投資的房地產企業也日趨呈現多元化，其中很多是國內大型房地產企業，如萬科、中海、金地等。這些房地產企業通過投資曲江遺址公園（圖8-19）、大唐不夜城等項目，從而使周邊土地迅速升值，然後他們按照成本價獲得一定比例的土地開發權而獲利。這就形成了所謂的「曲江模式」。

圖 8-19　西安曲江池新貌

圖 8-20　西安曲江新區中地產和環境的陰陽平衡關係

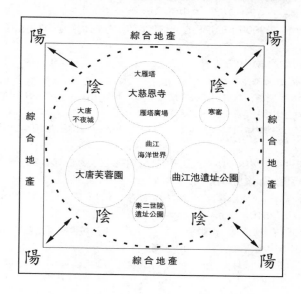

如圖 8-20 所示,曲江海洋世界、大唐芙蓉園—曲江池遺址公園—大慈恩寺、大唐不夜城—寒窯—秦二世陵遺址公園形成了周圍地產優美、寬闊的明堂,當然也是曲江新區的明堂。其中,以水為中心的大唐芙蓉園、曲江池遺址公園、曲江海洋世界為明堂之水,而水有聚財、聚氣之意。從陰陽平衡的角度看,這些文化公園屬於陰,與屬陽的周圍地產構成了和諧相生的關係。

第三,2009 年至今是「曲江模式」輸出和進行飛地運作階段。「曲江模式」形成後,先後越過地理空間接受了法門寺文化景區、大明宮、樓觀台等項目,進行模式複製。

注釋

1 本文根據顏廷真2011年3月28日在北京大學城市與環境學院所作的學術講座《風水區位在房地產開發中的意義》改寫,其中遠洋山水地產部分是顏廷真應北京金一文化發展股份有限公司所邀,於2009年8月7日在北京北辰時代中心所作的《實用家居風水飾物解讀》的部分內容。

2 北京市石景山區文聯、八寶山農工商聯合公司、石景山民俗文化協會:《古今八寶山》,2008年,同心出版社,第17頁。

3 北京市石景山區文聯、八寶山農工商聯合公司、石景山民俗文化協會:《古今八寶山》,2008年,同心出版社,第246-253頁。

4 高亦蘭:《梁思成學術思想研究論文集1946-1996》,中國建築工業出版社,1996年,第40頁。

5 梁思成、陳占祥:《關於中央人民政府行政中心區位置的建議》,載《梁思成文集》(四),中國建築工業出版社,1986年。

6 吳必虎、徐小波:《旅遊導向型土地綜合開發(TOLD):一種旅遊—房地產模式》,《旅遊學刊》,2010年第8期。

7 盛永利、黎筱筱、楊小蘭、李關平:《TOLD模式:旅遊導向型土地綜合開發》,北京大學出版社、中國林業出版社,2010年,第64-94頁。

8 周維權:《中國古典園林史》,清華大學出版社,2008年,第181-184頁。

第九章
家居和辦公室中的風水文化[1]

　　現代家居是傳統意義上的陽宅，而現代辦公場所的環境就是家居和古典園林相結合的產物。儘管如此，由於人們的居住環境由院落平房逐步轉變為樓房建築，再加上各種電器和玻璃等新材料的使用，風水理論也隨之發展。但不論風水如何發展，只要把家居和辦公場所當作有生命的物體，並搭配上與主人相配的傢具、盆栽等，就可以達到天人合一的境界。

一、命運和氣場

1. 命和運

　　中國傳統的風水理論把住宅看成是一個有生命的物體，裡面的一張桌子、一把椅子都有生命，這些傢具的佈局可影響着我們命運中的運。

　　命和運是兩個不同的概念。命是不能改變的，能改變的是運。命好比是植物的種子，運就是養分、溫度和濕度。我們常說的「人的命，天注定」就是這個道理。溥儀為甚麼三歲就能當皇帝，因為他是龍種。對於我們平常人來說，無論你怎麼努力也當不上皇帝。也就是說你的命是一個花生米，是不能變為玉米粒的。但是這個「運」就能影響我們的命。儘管溥儀三歲就當上了皇帝，他的命好，但他的運不好，因此當了幾年就完蛋了。對於你的命是花生米或玉米粒來說，這個運就好像是肥料和養分，若肥料和養分充足，這粒花生或玉米就會長得茂盛，將來就會碩果纍纍。

2. 氣場

那麼，這個運是如何影響我們的命的呢？根據牛頓萬有引力定律，任何物體都會相互吸引，吸引就會產生磁場。海浪的潮汐就是地球對月亮的引力造成的。

在家居的佈局中，有的磁場很小，或許你感覺不到，但日積月累，時間長了就會對你產生作用，這是一個從量變到質變的過程。有的很大，如正在使用的微波爐，若你離得很近，就會對你的身體不好。

我們可以把適合人的磁場比喻成短波，如果對方發射的是短波，那就適合你，你就會感覺很舒暢；若是長波，就不適合你，要是輻射到你身上，就會對你的身體有害。

大家都知道成語「一見鍾情」的意思，指一對從未謀面的青年男女一見面就有感覺。其實，這是因為從這兩人眼中發出的秋波、拋出的媚眼互相都能接受到，也就是千里姻緣一線牽，否則就是天天在一起也是無緣面對手難牽。但是，有時男的對女的有意思，不斷向這個女的發射短波，但這個女的對他就是產生不了感覺。於是，這個男的就不斷給這個女的送花去討好她，這樣一來二去，這個女的對這個男的也產生了好感，也就是說也向這個男的發射短波了。其中，這束鮮花就充當了風水文化中理氣的作用。因此，家居佈局中的風水擺件就起到了鮮花的作用。

二、樓層的選擇

對於樓層風水的定義，有兩種方法，一是據河圖說劃分，二是據穿宮九星法。在實踐中，河圖說因為簡單明瞭，成為現代風水師較常用的方法。而穿宮

九星法涉及複雜的坐向問題，因而較少使用。

1. 河圖說

　　河圖生成數是：「天一生水，地六成之；地二生火，天七成之；天三生木，地八成之；地四生金，天九成之；天五生土，地十成之。」不但北京機動車尾號限行規定是按照河圖生成數實施的，如周一限 2 和 7、周二限 3 和 8、周三限 4 和 9、周四限 0 和 5、周五限 1 和 6，而且這種方法也應用到樓層的劃分之中，如把一、六和尾數是一、六的樓層劃為水，二、七和尾數是二、七的樓層劃為火，三、八和尾數是三、八的樓層劃為木，四、九和尾數是四、九的樓層劃為金，五、十和尾數是五、十的樓層劃為土。然後，再根據人們的五行屬性選擇適合自己的樓層。人的五行屬性是根據地支年劃分的，子、亥年出生的屬水，寅、卯年出生的屬木，巳、午年出生的屬火，申、酉年出生的屬金，辰、戌、丑、未年出生的屬土。同時，也要考慮五行相生的因素。例如，屬土的人可選擇屬土或火的樓層，因為火生土。

2. 穿宮九星法

　　相對於河圖說而言，穿宮九星法是對明清時期劃分院落進數的繼承和發展。古代風水理論認為，一進院落為靜宅，二至五進院落為動宅，六至十進院落為變宅，十一至十五進院落為化宅，每幢宅院的吉凶根據朝向確定第一進院落的五行屬性後，按照五行相生的順序排列並循環，而超過十五進的院落再以此循環類推。對現代建築的處理，只不過是把過去院落豎起來參考而已（表 9−1）[2]。

表9-1 根據穿宮九星法選擇的樓層

樓層	五行屬性							宅局
十五層	六煞水	貪狼木	廉貞火	廉貞火	天醫土	天醫土	延年金	化宅
十四層	延年金	六煞水	貪狼木	貪狼木	廉貞火	廉貞火	天醫土	
十三層	天醫土	絕命金	六煞水	六煞水	貪狼木	貪狼木	禍害土	
十二層	禍害土	延年金	絕命金	絕命金	輔弼木	輔弼木	廉貞火	
十一層	廉貞火	天醫土	延年金	延年金	六煞水	六煞水	貪狼木	
十層	貪狼木	禍害土	天醫土	天醫土	絕命金	絕命金	輔弼木	變宅
九層	輔弼木	廉貞火	禍害土	禍害土	延年金	延年金	六煞水	
八層	六煞水	貪狼木	廉貞火	廉貞火	天醫土	天醫土	絕命金	
七層	絕命金	輔弼木	貪狼木	貪狼木	禍害土	禍害土	延年金	
六層	延年金	六煞水	輔弼木	輔弼木	廉貞火	廉貞火	天醫土	
五層	天醫土	絕命金	六煞水	六煞水	貪狼木	貪狼木	禍害土	動宅
四層	禍害土	延年金	絕命金	延年金	輔弼木	輔弼木	廉貞火	
三層	廉貞火	天醫土	延年金	絕命金	六煞水	六煞水	貪狼木	
二層	輔弼木	禍害土	天醫土	禍害土	絕命金	延年金	輔弼木	
一層	貪狼木	廉貞火	禍害土	天醫土	延年金	絕命金	六煞水	靜宅

三、家居風水

對於傳統院落式住宅的佈局比較簡單，可按照傳統風水理論處理。對於樓房住宅而言，可依據大游年法安排。

1. 大門和窗戶定吉昌——口腔

　　如果把一套房子比喻為人體的話，對於諸如四合院、獨棟別墅之類的院落住宅而言，大門就是我們身體的口腔，是連接外部世界和私人空間的樞紐。儘管窗戶也是納氣的重要管道，但相比大門而退居次要地位。因此，若大門開得好，就會常年紫氣東來，提高主人的運勢。對於社區高密度的塔樓或板樓而言，窗戶就代替大門充當了納氣的最主要的管道，因為人們一回家都是把大門關上的。

　　對於院落住房而言，可根據八宅法處理，但在實踐中主要以開東南門、東門或南門為主。而開北門，屬不吉，有敗北之意，所以一定要慎開北門。因為在五行中，北方屬於水，水聚財；在季節上屬於冬季，主收藏，因此是不能隨便開的。老北京城北門有德勝門和安定門，這兩個門也不是甚麼時候都開的，主要是在行軍打仗和得勝還朝時開的。對於樓房的門來說，可根據八宅法選擇，也可用生肖與十二地支對照決定門的方向。

　　大門有兩大忌諱：不要橫樑壓門，不要用圓拱形的門。

　　橫樑壓門除了在心理上使人產生逼壓感和勞累感外，現代空氣動力學已經證明，氣流因橫樑阻礙就會形成一種流動性很快的空氣湍流，進而形成不利於人體的煞氣[3]。臥室中床上方不能有吊燈和橫樑，客廳沙發上方不能有橫樑，其道理相同。

　　大門的形狀一定要用方的，不要用圓形或圓拱形的門。因為中國的傳統文化中是天圓地方的觀念，就是說天是圓的，地是方的，所以與大地接觸的門必須是方的，象徵着方正平穩和做人大大方方、光明磊落。如果是圓形或圓拱形的，就不是很好，因為圓形有靈動之意，如公園中的圓門。

　　在中國的傳統文化中，用圓拱形的門是很有講究的。例如，寺廟和皇宮的大門都是圓拱形的。這是因為寺廟是人與神溝通的地方，因此就用了半圓和半

個方形構成了圓拱形，而居住在這裡的和尚或尼姑都是人財兩失的人。墓碑也是圓拱形的，其道理也是如此。至於皇宮的門，皇帝是天子，也就是老天爺的兒子，是老天爺派他來管理國家的，是平常百姓與神溝通的橋樑，因此他是人神結合的共同體，如天安門就是圓拱形的門。在古代常用廟堂稱呼皇宮，因此宋代文學家范仲淹在《岳陽樓記》中說：「居廟堂之高則憂其民，處江湖之遠則憂其君。」古代地方古城也是圓拱形的門，因為它們是皇權的延伸。

然而，西方建築中很多是圓拱形的門。這是因為西方人的哲學觀念與我們不一致，他們是人定勝天，而我們是天人合一。他們的宗教信仰非常普遍，經常在家裡或教堂做禮拜，因此他們人人都認為自己能與上帝溝通。

因此，對於門的形狀要根據房屋的建築，若中式的就要符合中國文化，若西式的就要符合西方文化，不要弄成打着領帶穿着布鞋的樣子。

對於樓房而言，通過窗戶可以觀察到樓房風水的好壞，如常見的天塹煞。所謂天塹煞就是指兩座高樓之間狹窄的空隙，風疾氣不聚，鳥不築巢，人不可居。在物理學上，天塹煞就是狹管效應，可使風速驟然提高，導致水準氣流轉變為破壞力極強的小型風暴。對於人體和風速的關係，最和諧的風速應該是跟房間中人體血液流動一致的速度，所以曹雪芹的爺爺曹寅曾在《荷花》詩中說：「一片秋雲一點霞，十分荷葉五分花。湖邊不用關門睡，夜夜涼風香滿家。」

2. 玄關定財氣——咽喉

如果說大門是我們人體的口腔，那麼玄關就猶如我們身體的咽喉。玄關是個佛教用語。《佛學大詞典》對「玄關」解釋如下：（1）出入玄妙道之關門，即指深奧佛道之入口；（2）指書院、建築物，或一般住家之正面入口處，或特指一般日式住宅之入口處。

玄關在房子中的位置，好像陶淵明在《桃花源記》中記載的「忽逢桃花

林，夾岸數百步，中無雜樹，芳草鮮美，落英繽紛，漁人甚異之；復前行，欲窮其林。林絕水源，便得一山」這個過程，是「豁然開朗」的前奏，也是葫蘆的細脖子。

　　因此，應該在大門的稍微偏左或偏右的位置設置玄關。若住宅太小，則不適合設置。玄關不應太狹窄，不要鏡照門，不要有橫樑，應該光線充足、整潔。設置鞋櫃在屋內右邊白虎方，鞋櫃高度應是牆面高度的三分之一，或戶主身高的一半為宜。

　　若玄關面積較大，可以放置財神、地主、大葉常綠植物或戶主生肖的動物造型。財神分文武兩種，武聖關公、伏虎元帥趙公明等武財神可當門而立，但顏氏子孫要注意不可拜關羽，因為三國時關羽偷襲殺害了顏良。福祿壽三星及財帛星君等文財神應面向宅內。地主是住宅的守護神，應當門而立。

　　對於戶主生肖的動物造型，要注意最好懸掛金、銀、銅材質的生肖。這是因為銀（1.586）、銅（1.678）、金（2.40）的電阻率是所有金屬中較小的，接受宇宙磁場的效果最好。此外，金銀的穩定性比銅好，在經濟基礎較好的家庭，可用金銀材質的生肖。

　　當然，也可以擺放玉石或水晶生肖。在傳統文化中，玉具有溝通神靈、防妖辟邪的作用，因此皇帝的印章被稱為玉璽，玉帛是古代典禮中最重要的物品。由於它的美觀和有韌性，頗與古代知識分子的品質吻合，因此孔子說：「古之君子必佩玉……君子無故，玉不去身，君子與玉比德焉。」[4]《說文解字》說玉有仁、義、智、勇、潔「五德」。於是，玉就成為古代知識分子的象徵，佩玉就與文弱書生結下了不解之緣。據化學分析，玉石含有多種對人體有益的微量元素，如鋅、鎂、鐵、銅、硒、鉻、錳、鈷等。中醫認為，在人佩戴後，玉遇熱就會放射出能量，這些微量元素就會被皮膚吸收，起到活化細胞組織、提高人體免疫力的功能。因此，在家庭擺放玉飾物能起到調節磁場的作用。關於水晶的品質將在下文介紹。

3. 客廳定全域——心臟

　　如果用我們的身體作比喻，客廳就好比我們身體的心臟。客廳相當於中國古代的明堂。明堂是中國先秦時帝王會見諸侯、進行祭祀活動的場所。在現代住宅中，客廳既是迎賓待客的地方，也是全家人日常活動的中心場所。因此，它應該位於住宅的中心位置，而且光線一定要充足。

　　客廳最重要的方位在風水中稱為財位，它是一家財氣所聚的方位，因此要注意財位的佈局。財位的最佳位置是客廳進門的對角線方位，這包含以下三種情形：如果住宅門開左邊時，財位就在右邊對角線的頂端；如果住宅門開右邊時，財位就在左邊對角線的頂端；如果住宅門開中央時，財位就在左右對角線的頂端。在財位可擺放納吉的植物、財神、鎮宅的物品等。

　　風水擺件的材質除了金、銀、銅、玉石外，還可以用水晶。水晶在風水學上被稱為風水石。天然水晶是在數千萬年的時間裡吸收了自然界中的能量形成的。最主要的成分就是二氧化矽，此外還含有各種微量元素，所以就形成了各種不同顏色的水晶。每種水晶都代表着不同的能量頻率，並且產生不同的磁場與功能，因此我們常常用水晶來改變自身的能量及磁場。根據最新的科學研究成果，水晶具有聚焦折射（凸透鏡、凹透鏡）、儲存資料（電腦記憶體裡的晶片）、傳遞訊息（電子錶的時間控制）、能量轉換（電能轉成光能、熱能、聲能、磁能，又可把這些能源轉成電能，能源不滅）、能量擴大（可將同頻率的電子訊號同頻擴大，如晶體管收音機）等功能。「結晶」這個詞就是從中引申來的。在黨的文獻中，我們常說毛澤東思想、鄧小平理論、江澤民「三個代表」和科學發展觀是全黨智慧的結晶，就是把這些思想和理論比喻成純淨的至高無上的水晶，對我們的行動具有磁場輻射作用。

　　因此，根據五行相生相剋的原理，若房主在八字中欠缺某行，可以用該行顏色的水晶來彌補。此外，水晶在家居中還具有降低輻射、化解穢氣等功能。

例如，客廳擺設紫水晶洞改善風水和化煞又聚財氣，或者四個角落吊放水晶球、白晶簇、黑曜岩、較大白晶柱，可對居家形成保護氣場，不但辟邪保平安，更有助於氣流和財運暢通。在飾物中，共有五十二種水晶用在風水佈局中，表9-2是常用的幾種水晶飾物。

表9-2　五行與水晶飾物的關係

五行不足	補救顏色	補救水晶	五行過剩	補救顏色	補救水晶
金	白	白水晶	金	黑	黑髮、黑瑪瑙
木	綠	綠髮、綠幽靈	木	紅	紅髮、紅玉髓
水	黑	黑髮、黑曜石	水	綠	綠幽靈、東菱
火	紅	茶晶、紅髮、紫水晶	火	黃	黃水晶、鈦晶
土	黃	黃水晶、鈦晶	土	白	白水晶、白髮

　　生辰八字中缺水的人可以擺放魚缸以旺水。魚缸在風水中表示「水」，因此把魚缸放在尖角等凶位，除了能把煞氣化掉，還能聚水生財，起到化腐朽為神奇的作用。魚缸的形狀最好是圓形，因為圓形是金，金生水；六邊形也可，因為六在先天八卦中屬於水；其次是長方形。放置魚缸的高度不要超過人站立時眼睛的高度。根據五行相剋原理，魚缸不要與爐灶或神台成一線，否則會是水火不相容。根據河圖說的天地生成口訣，「天一生水，地六成之；地二生火，天七成之；天三生木，地八成之；地四生金，天九成之；天五生土，地十成之」，養魚的數目應與戶主的五行、屬相、命卦相配（表9-3）。

　　此外，複式樓房和別墅的客廳都有樓梯，而樓梯一般有螺旋梯、斜梯、半途有轉彎平台的樓梯三種。樓梯是住宅重要的氣口，不宜設在住宅的中央部分。若樓梯在中央，一是在意識上使房主感覺不到自己是主人，因為人被樓梯

表 9-3　五行、屬相與養魚的數目

五行	屬相	數量	
		淺色（白色）	深色（紅色或黑色）
水	子（鼠）、亥（豬）	1	6
火	巳（蛇）、午（馬）	2	7
木	寅（虎）、卯（兔）	3	8
金	申（猴）、酉（雞）	4	9
土	丑（牛）、未（羊） 辰（龍）、戌（狗）	5	10

邊緣化了；二是客人一進房子就看見樓梯，使客人產生好奇心和產生偷窺的意識。樓梯的設計方向應以順時針方向為宜，可增加房內陽氣。這是因為宇宙天體有左旋和右旋兩種方向的螺旋氣場，順時針方向是屬陽的右旋，逆時針方向是屬陰的左旋。例如，玉米、小麥、棉花是屬於向陽的右旋植物，即順時針生長，水稻、牽牛花是屬於向陰的左旋植物，即逆時針生長；兒童滑梯也都是呈順時針方向的。

4. 臥室定安寧——肺

與客廳相比，臥室就好比我們身體的肺，如果臥室風水處理不好，我們就會感到虛火上頭，因為人一生有三分之一的時間是在臥室裡度過的。

臥房面積不要超過二十平方米，應形狀方正，白天應明亮，不可對大門、衛生間、廚房，房門不可對鏡子。床是臥室最重要的傢具，床的高度以略高於人的膝蓋為宜。

床的位置可根據八宅法安排。床位應該順應地磁引力的方向，做南北朝

向。因為主動脈和大靜脈在人體血液循環中是最重要的，其運轉方向與人體頭腳的方向一致，而且人體血液中含有血紅蛋白，血紅蛋白因內部的鐵離子而具有電離度。因此，人在南北方向睡覺時，主動脈和大靜脈的流向就和地球南北磁場相吻合，這時人的睡眠品質就高。

　　若床位只能在東西方向上選擇，要注意選東不選西。在中國文化中，太陽是東升西落的，頭朝東意味着紫氣東來，頭朝西意味着死亡，如半坡遺址墓葬中的人體都是頭向西的，而且傳說中開天闢地的盤古死後也是頭朝西的。此外，因為地球是從東向西自轉的，若朝西睡，血液就會直沖頭頂，導致睡眠品質很差。人們在出差時往往感到比較勞累，原因之一是乘火車時若從北京到廣州，人們睡覺的習慣是頭朝西；原因之二是賓館為了洗手間設置的方便，常把相鄰房間的床和洗手間擺放在同一道牆的兩邊，若是東西方向的，這就必然有一張床的床頭在西邊；原因之三，賓館有電視機，人們為了消磨時間，常躺在床上被動地看電視。

　　對於床的擺放對人的影響有多大，目前還沒有量化的標準，筆者認為是因人而異。人們在年輕的時候身體強壯，抵抗各種干擾的能力很強，無所謂床的位置，因此孟子說：「舜發於畎畝之中，傅說舉於版築之間，膠鬲舉於魚鹽之中，管夷吾舉於士，孫叔敖舉於海，百里奚舉於市。故天將降大任於是人也，必先苦其心志，勞其筋骨，餓其體膚，空乏其身，行拂亂其所為，所以動心忍性，曾益其所不能。」但在年老體衰時，就不能「勞其筋骨，餓其體膚」了，或許一點點的干擾就會使人睡眠不好。

　　此外，房間盡量不要有電視機、衛生間、植物、人物畫、刀劍兇器、牛羊頭骨、神像等，床正上方不要有吊燈或橫樑。在床頭櫃可擺設粉晶，因為它對於親情、友情、愛情皆有調適作用，可招來愛情，促進姻緣。

5. 書房定事業——肝膽

　　書房就是我們的肝膽，知識就是力量，有了知識就有了膽量。過去說「學好數理化，走遍天下都不怕」就是這個道理。書房應該設在文昌方位，所謂文昌方位就是指掌管文人命運的文曲星所照耀的地方，這也是天人合一的表現。

　　特別是家中有讀書的小孩，在他的書桌上放一座風水文昌塔和水晶龍，並告訴他文昌的意義，不但能舒緩因看書造成的眼睛壓力，而且還能使孩子對前途有信心。這就如同家長平時要同老師搞好關係一樣，是希望老師不斷地鼓勵孩子，讓孩子有信心。這樣，他在遇到困難時就敢於克服。長大後，做事就有膽量、有氣魄。而事業的成功往往就是敢於冒險、敢於突破。在心理學上，有膽量的人就是膽汁分泌較多的人。

　　心理學上的意義與古代書生佩玉是一樣的道理。在古代，書生是同「弱」這個字聯繫在一起的，我們經常說文弱書生、書生遇見兵有理說不清。就是說書生膽量小，於是古代文人經常在腰間佩玉。佩玉在中醫上具有治療作用。其實，治療的就是膽量。當文人在下決心時，往往摸一下腰間的玉佩。這塊玉就會給他力量。為甚麼玉就會給他力量呢？從五行上說，玉屬於土，在人的身體上胃屬於土，而膽屬於木。木剋土，並從土中吸收營養。也就是膽囊從胃吸收營養，書生從玉珏上吸收能量以壯膽。據現代科學研究，白玉具有鎮靜的作用，在受熱的情況下，可以向人體發射有益的能量。鴻門宴的故事就說明了這個道理。當項羽把劉邦騙來後，與亞父范增定計以捧杯為號擊殺劉邦。在項莊舞劍、項羽不能下定決心時，范增給項羽使了好幾個眼色，並三次舉起玉佩示意，但項羽還是沒有動作。范增在得知劉邦逃走後，大罵：「唉！豎子不足與謀！奪項王天下者必沛公也。吾屬今為之虜矣！」范增舉玉佩就是為了下決心。

　　此外，還可以擺放富貴竹之類的水生植物，以單枝三、五、七為好。

6. 廚房和餐廳定口福——胃

廚房與餐廳就像人體的胃，決定着我們的口福。對於習慣吃西餐的人來說，可以把餐廳與廚房佈局在一起。但對於大部分習慣吃中餐的中國人來說，因製作中餐熱氣和油煙過大，所以還是把餐廳與廚房分開為好。

對於單獨的餐廳而言，不宜與廚房相隔太遠。餐桌宜選圓形或方形。餐桌不宜正對大門、廁所、神台、室內通道。在餐廳可以擺放一些植物，如秋海棠、聖誕花等，以增加食慾，增添就餐氣氛。

廚房要放在吉方。《解凶灶法》指出：「灶乃養命之源，萬病皆由飲食而得，灶宜安生氣、天醫、延年三吉之方，不宜凶方。」根據五行相剋的原理，廚房屬於火，東南方屬於木，木生火可相旺；儘管南方也是吉位，但南方屬於火，太陽光可照射進來，若廚房設於此，則火上加火，不利家人健康，並且蔬菜、食物容易受熱腐爛變質。因此，在佈局廚房時應該靈活機動。廚房的門不可正對大門（開門見灶，錢財多耗）、臥室門、廁所門，廚廁不可同門。灶台不可背後無靠、正對陽台走道、正對冰箱水槽，不可在橫樑之下。由於廚房的環境濕度很大，因此很適合擺放一些植物，以吸收房內飄浮微粒及煙塵。如蘭花、桂花、臘梅、花葉芋、紅背桂等是天然的除塵器，其纖毛能截留並吸滯空氣中的飄浮微粒及煙塵。

7. 衛生間定潔順——排泄系統

衛生間就如同人體的排泄系統，院落住宅的衛生間一般設在院子的西南角，並且功能單一。樓房的衛生間應設在凶位，而且還有洗浴、化妝等功能。在《黃帝宅經》中，廁所是位於吉方的，原因是當時的莊稼完全依靠糞肥，在明清時期廁所才演變到凶位。

對於樓房而言，衛生間應該陽光充足和空氣流通，並且不要設在大門口（影響進入的地氣）、正西方（對晚輩不好）、房子中央（污氣、濕氣四散）。

衛生間的馬桶不要正對着門，浴缸的形狀應以長方形、圓形為吉，鏡子不要正對着窗外。

四、辦公室風水

政府、企業、銀行、學校、醫院等辦公場所的風水佈局是家居風水的延伸，在總的佈局原則上是一致的。首先，對於辦公場所比較狹小局促的單位，在大門入口處放置一塊類似屏風並刻有單位名稱的石頭，可起到大門和影壁的雙重作用（圖9–1）。對於學校、醫院等面積寬闊的單位，可在進入大門的不遠處設置提氣納吉的假山、花壇等（圖9–2），以使來客心理愉悅，也可以降低來往車輛的速度，保證行人的安全。其次，對於辦公大樓大堂風水的處理，可以擺放盆景、如意、鼎、盆栽、紅色中國結等符合本單位文化特色的物品。

單位各部門要按照五行屬性佈局。單位主要部門五行的劃分如圖9–3所示。其中，研發部和領導是單位的核心，應屬土。水可聚財，不過在此指的是人才，因此人力資源部屬水，是單位的玄武。財務處屬金。生產部門的任務是要不斷生產產品，屬生發的木。營銷部是對外的視窗，是蘊含地戶的出口，屬南方火，寓意銷售業績一路飄紅。有時單位領導的五行屬性不屬土，就要根據劃分樓層的兩種方法，盡量安排在樓層中部偏上的位置。下面就以筆者曾做過的一個案例說明。

圖 9-1　杭州西溪國家濕地公園的大門

圖 9-2　陝西師範大學校門內的假山

圖 9-3　現代企業佈局的五行相生

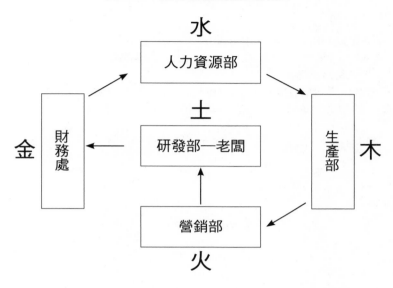

　　北京一家從事高科技業務的公司總部設在中關村，其生產產品的業務原來委託給京外的一家企業。近年來隨着經濟實力的增加，在北京東南的亦莊購買了一塊地，打算蓋一座二十三層高的寫字樓，把公司的各個部門集中在一起辦公，有利於提高效率。筆者受其委託，對大樓的風水進行調配。

　　該公司的老闆是一位女士，陰曆 1971 年出生，屬水，巽命，八字五行中缺火。筆者在研究了建築設計圖紙和進行了實地考察後，得出以下結論。（1）大樓壬山丙向，大門設在東南，是坎宅巽門。（2）大樓外觀宜用紅色基調，可彌補老闆五行缺火之憾。（3）按河圖說劃分樓層，人力資源部應在屬水的十六層，研發部應在屬土的十層，財務處應在屬金的九層，營銷部應在屬火的七層，位於十一層屬水的老闆的辦公室處於整個大樓的中心位置。（4）老闆屬於東四命，適合向東南亦莊遷移，而且亦莊位於明清皇家苑囿南苑（又稱南海子）的東北隅，是北京經濟技術開發區所在地，因而是很旺的。

注釋

1　本部分據顏廷真應邀在中國銀行分行和北京金一文化發展股份有限公司在北京、上海、瀋
陽、青島等地舉辦的《時來運轉，金色人生——黃金理財鑒賞》、《實用家居風水飾物解
讀》等系列講座內容改編。

2　亢亮、亢羽：《風水與建築》，百花文藝出版社，1999年，第107-109頁。

3　梁雪：《美國城市中的風水》，遼寧科學技術出版社，2004年，第20頁。

4　《禮記・玉藻》。

附録

一、現代常用詞彙或短語中的風水文化

作為中國傳統文化的風水，由於植根於儒釋道的文化土壤，伴隨着中國文明的起源和發展，不但對中國古代城市、建築等產生了深刻的影響，也促進了某些詞彙或短語的形成。可以說，我們許多耳熟能詳的詞語都源於風水文化，成為約定俗成的東西，如來龍去脈、不能在太歲頭上動土、五百年前是一家、厚德載物、自強不息等。如果不加分析，根本看不出來裡面包含了陰陽、五行等風水資訊。下面僅舉幾例說明，可以從中看出現代常用語中風水文化的魅力。

玉碗盛來琥珀光　這是唐朝詩人李白喝了蘭陵美酒後，為其色香味所傾倒，禁不住寫下了「蘭陵美酒鬱金香，玉碗盛來琥珀光；但使主人能醉客，不知何處是他鄉」的詩句。蘭陵美酒出自今山東省蒼山縣蘭陵鎮。雖然此酒品質不錯，但還是不能與茅台、五糧液相媲美。之所以至今歷久不衰，就是因為李白的這句詩使其流芳千古，並成為現在蘭陵酒廠的廣告詞。這是因為其中包含了五行相生的含義，玉碗的顏色是白色，屬金，琥珀光是咖啡色，屬土，因而是土生金，給人的視覺是溫馨甜蜜的感覺。

獨佔鰲頭　在古代指的是讀書人科舉高中。在風水文化中，把北斗星中的天樞、天璿、天璣、天權稱為魁星，是主宰文運的神。自南宋後，讀書人常供奉魁星之像，以求得將來考試高中魁首。於是，古人就從「魁」的字形，塑造了魁狀之神抬腳踢斗的形狀，即魁星點斗或魁星踢斗。而魁星常常是腳踏一鰲作踢腿狀，這個姿勢就形成了「獨佔鰲頭」的短語。

白紙黑字、藍天白雲、紅花綠葉　白色屬金，黑色和藍色屬水，金又生水，因此白紙黑字、藍天白雲是金生水，是相生的、和諧的。紅色屬火，綠色屬木，木又生火，因此紅花綠葉是木生火，也是相生的。其實，在自然界中各種顏色

的花都有，而葉子幾乎都是綠色的，但我們不說藍花綠葉、紫花綠葉、黃花綠葉、白花綠葉，像藍花、紫花與綠葉也是相生的，而說紅花綠葉，這是因為紅花綠葉不但相生，搭配起來還給人一種溫暖、和諧的感覺，於是慢慢地就成為了常用語。

吉星高照　羅盤上的二十四山對應着天上的二十四顆星。在天上的二十四顆星中，只有天貴四星、三吉六秀是吉星，其他為程度不同的凶星。在為陽宅和陰宅選址時，要選擇吉星照耀的吉方，才能子孫滿堂、富貴永遠。例如，丁方對應的是南極仙翁，是長壽之方。

三陽開泰、九陽啟泰　三陽是《易經》的泰卦，即初九、九二、九三的三爻。九是最大的陽數。這三爻是三個陽數相連，為吉運之兆。開泰與啟泰同義，即開運。因羊與陽同音，常在建築或書畫中用三隻羊或九隻羊表示。

抱負　它源於老子的「負陰抱陽」，今指年輕人有遠大的理想。當人在彎腰時，或「臉朝黃土背朝天」時，陽光照在背部，屬陽，而胸部屬陰。當人面南背北坐着時，背部為陰，胸部為陽。從「臉朝黃土背朝天」到面南背北，就是「朝為田舍郎，暮登天子堂」，背部和胸部都有陰陽氣息的眷顧，就是抱着陰陽、負着陰陽，陰陽平衡了。一個人若達到了抱負陰陽的地步，就是實現了自己的理想，即成功了。

社會　社指社神，就是土地神，會就是集會、會集。它源於上古時期的土地崇拜。最初的土地神形象不明確，人們只把土地本身作為祭拜的物件。後來隨着宗教崇拜的發展，人們把石塊、土堆、樹木作為土地的物件而祭拜。在進入階級社會後，后土、大禹等傳說中的人物成為社神，從國家到地方都立「社」祭拜。對社神的祭祀有國家大典和民間的迎神賽事。「社會」一詞就是由民間的迎神賽事發展而來的。因為在古代有男女授受不親的規定，而在鄉村社神祭拜的節日裡男女可以自由來往。因為在鄉村社神祭拜是一種集宗教活動和娛樂活動於一體的集會，社祭之日成為鄉民集體娛樂、逐鬧嬉戲的日子，青年男女

可以突破平日的禁忌，在社神面前自由交媾、縱情娛樂，鄉民也可以議事集會。這種儀式隨着時間的發展逐漸形成具有普遍而經常的鄉村民眾集會，由此演變成「社會」活動[1]。

不三不四或挑三揀四　《乾鑿度》載：「陽三陰四，位之正也。」也就是說，三為陽的正位，四為陰的正位。東漢鄭玄對此的解釋：「圓者徑一而周三。」圓的周長是直徑的三倍，若符合這樣的規則就是圓。因天是圓的，屬於陽，所以三是陽的正位。而方形的周長是邊長的四倍，方代表地和陰，因此四是陰的正位。因此，「不三不四」就是說某人不陰不陽，很不正常；「挑三揀四」就是要找一個適合自己的東西或位置，或陰或陽。此外，還可以從河圖說解釋「挑三揀四」。在河圖中，是一為水，二為火，三為木，四為金，五為土。水、火不能挑來揀去，而木、金可以。

固若金湯　今意指防守極為牢固的地方，其中金指金屬造的城，湯指滾開水形成的護城河。從半坡遺址近似圓形的壕溝可以看出，最早的聚落形狀是圓形的，後來才演變為方形，但有的城市仍保留為圓形，如西周淹城、明清安徽桐城等。這是天圓地方觀念的體現。其中，乾為天，天為圓，屬於金，於是金與圓就具有了同一性，而金又生水，所以固若金湯、金城環抱等詞含有相生之意。

國泰民安　泰指由下乾和上坤組成的泰卦，有陰陽相交、和諧之意。「安」的字形中的「宀」恰似三面環山、一面開口之地，與仿星學四靈格局類似，於是就有了「女」在「宀」下無危險的「安」了。因此，國泰民安包含的國家太平、人民安樂的意義就產生了。

二、動植物在風水文化中的意義

　　隨着園林建設進入成熟期，牡丹、葫蘆等成為園林中點睛之物，逐漸被賦予特殊的意義，成為風水文化中趨吉避凶的小品。唐初觀賞植物栽培技術的提高，使牡丹等許多珍稀品種被培育出來，特別是武則天與牡丹的傳奇故事，使牡丹成為風水文化中富貴的象徵，也使唐代無論宮廷和民間都盛行賞花和品花的習慣。宋人姚寬在《西溪叢話》中，把三十種花卉與三十種客人相搭配，如牡丹為貴人、蘭花為幽客、梅花為清客、桃花為妖客。

　　葫蘆在中國傳統文化中具有特殊的意義。葫蘆多籽因而具有生殖崇拜的象徵，在道教中也常以葫蘆比喻仙境。唐末風水學家卜應天指出：「水口則愛其緊如葫蘆喉。」是說水口處最好應像葫蘆一樣，內寬外窄，口入葫蘆喉束口緊紮，而不見水流出。壺即葫蘆。宋代園林的壺天之隱和佛道文化的盛行是葫蘆成為風水小品的重要原因。壺中天地的神話傳說最早出現在《後漢書‧方術傳下》，在宋代與佛教中的「須彌納於芥子」和道教對葫蘆的崇拜，以及宋代士人心目中日益縮小的世界觀與傳統隱逸思想相結合，從而導致園林向封閉的、精美的、縮微的空間發展，使葫蘆成為文人推崇的風水物品。

　　梅、蘭、竹、菊在宋朝也成為園林中主要種植的植物。兩宋時期政治鬥爭慘烈，知識分子在宦海中浮沉，禍福難測，再加上在少數民族政權進逼下形成的普遍憂患意識，因而身居高位莫不憂心忡忡。於是，一部分人便把詩詞、繪畫、園林等作為逃避現實的唯一精神寄託，使梅、蘭、竹、菊四君子的雅致形象油然而生。傲雪盛開的梅花象徵着堅韌不拔、自強不息的精神品質，被譽為是中華民族的精神象徵，也是傳春報喜的吉兆。北宋詩人林逋終生不仕不娶，惟喜植梅養鶴，自稱「以梅為妻，以鶴為子」，人稱「梅妻鶴子」，他寫下了「疏影橫斜水清淺，暗香浮動月黃昏」的詠梅佳句。蘭花自古以來憑藉其淡泊

和高雅的品質被喻為君子，自唐代開始被培植為庭園觀賞植物。在宋代以蘭花為題材進入國畫的有趙孟堅所繪之《春蘭圖》等作品。竹子四季青翠、枝幹挺拔，有風度翩翩的君子之譽，象徵着生命的彈力和長壽，是文人高風亮節、剛直不阿的象徵。為仿效竹林七賢，園林中種竹十分普遍，有「三分水，二分竹，一分屋」的說法。東晉陶淵明「採菊東籬下」的生活情趣使菊花孤標亮節、高雅傲霜的品質逐漸成為文人斯文與友情的象徵，再加上在神話傳說中菊花又被賦予了吉祥長壽的含義，於是在重文輕武的宋代菊花備受文人青睞，從宋朝起民間就有一年一度的菊花盛會。因此，梅、蘭、竹、菊不但是文人詩畫的主要題材和園林中文人追求雅致情趣的手段，也是一種風水植物。

在明清時期，風水文化中的符鎮法逐漸形成規範，如石敢當、風水鏡、影壁、植物、咒符的使用。表 1、表 2 是人們在長期的實踐中總結出來的帶有吉祥意義的動植物[2]。

表 1　動物在風水文化中的意義

名稱	風水意義
鵪鶉	鵪與安同音，喻平安如意。
獅子	獅與事同音，喻事事如意；因獅子威武，可辟邪。
蝠蝠	蝠與福同音，喻福氣將至。
鹿	鹿與祿同音，喻高位。
喜鵲	報喜之鳥，喻有喜事。
豹	是自護其身、尊敬文采的動物，喻文事和君子風範。
蜘蛛	喻喜從天降。
白頭鳥	喻白髮，夫妻長壽。
蝦	蝦腰有彈性，可自由彎曲，喻順利、運氣好。
公雞	雞與吉同音，喻吉利；公與功同音，喻功名。
羊	羊與陽同音，喻陽氣充足，如三羊開泰。
獾	獾與歡同音，與喜鵲相配喻歡天喜地。
仙鶴	喻長壽、高官。

名稱	風水意義
綬帶鳥	綬與壽同音,喻長壽。
貓、蝴蝶	貓蝶與耄耋同音,喻老人長壽。
龜	長壽。
鴛鴦	夫婦。
麒麟	仁厚賢德的子孫,還有麒麟送子之意。
鶯	喻朋友。
燕子	喻長壽吉祥。
猴	猴與侯同音,喻升官。
鯉魚	鯉與利同音,喻利益;魚與餘同音,喻有餘。
鯰魚	鯰與年同音,喻年年吉祥。
蟾蜍	喻仙境或財源興旺。
金魚	金魚與金玉同音,喻吉祥。
蟈蟈	蟈與官同諧音,喻升官。

表 2　植物在風水文化中的意義

名稱	風水意義
杏花	喻進士及第。
萱草	即金針菜,食之使人忘憂、婦人能生男孩。
菊	菊與居同音,喻安居樂業;寒秋怒放,喻君子、隱士。
柿子	柿與事同音,喻事事如意。
靈芝	仙草,喻長壽吉祥。
百合	百事如意。
柏樹盆栽	柏與百同音,喻百事如意。
萬年青	萬事如意、長壽。
山茶花	嚴冬怒放,喻新年、春天到。
梅花	嚴冬怒放,喻新年、春天到;佳人。
松樹	四季常青,長壽。
荷花	荷與和同音,喻家庭和睦;蓮子多子,喻子孫多。
麥穗	穗與歲同音,喻歲歲平安,一般放九隻麥穗。
月季花	四季盛開,喻四季平安。
石榴	石榴多子,喻子孫多。

（續）

名稱	風水意義
竹子	竹與祝同音，喻祝福；喻君子；喻平安。
天竺	即天竹、南天，竺與祝同音，喻祝福。
桃	長壽。
梧桐	靈樹，與天子、鳳凰有緣。
地瓜	有地久之意，與天竺相配喻天長地久。
花生	長生不老。
雞冠花	冠與官同音，喻升官。
葫蘆	喻萬代、多子孫。
枸杞	長壽。
水仙	有仙氣，喻長壽。
桂花／桂圓	桂與貴同音，喻富貴。
牡丹	富貴。
蔓草	蔓草纏繞，喻代代相傳、吉祥。
海棠	棠與堂同音，與牡丹相配喻滿堂富貴。
筍、蒜	喻子孫萬代。
棗、栗、荔枝	早立子的諧音，喻早生貴子。

注釋

1　李瑞蘭：《中國社會通史》（先秦卷），山西教育出版社，1996年，第538頁。
2　月生、王仲濤：《中國祥瑞象徵圖説》，人民美術出版社，2004年。

圖片出處

第七章

第八章

後記

在本書即將由香港三聯書店和陝西師範大學出版社出版之際，回顧十餘年來與風水文化研究的情結，我沒有釋去重負之後的輕鬆感。

1999 年，我來到北京大學城市與環境學系歷史地理研究中心攻讀博士學位。當時研究中心有兩位博士生導師，一位是我的導師韓光輝老師，另一位就是著名的風水理論家于希賢老師。儘管于老師是我博士論文指導小組的成員，但因當時風水還不是一個輕鬆的話題，因而只能通過研讀于老師撰寫的文章來領略風水文化之美。同時，也研讀了我的師兄劉沛林教授的碩士論文《中國傳統村落意象研究》，這篇論文由上海三聯書店以《風水：中國人的環境觀》的書名在1995年出版，目前已印刷近二十次，在海內外產生了很大的影響。此外，俞孔堅老師的《理想景觀探源——風水的文化意義》也給我很多啟發。

我的博士論文題目是《清代以來西遼河流域人地關係的演變過程》，是圍繞當時崔之久教授主持的國家自然科學基金重點項目「我國北方歷史時期人地關係相互作用機制」（項目號：49831008）選定的。關於清代以來西遼河流域人地關係的研究為以後風水文化的研究打下了堅實的基礎，因為風水文化的研究對象也是人地關係。在撰寫博士論文的艱苦歲月裡，我遇到了改變我人生研究方向的另外一位導師——歷史地理研究中心的武弘麟老師。武老師是一位聰靈、內斂、謙遜、深邃、幽默而且頗具親和力的學者，他當時說過的話我直到畢業後才得以領悟。關於我博士畢業後對風水的研究，武老師不但提供了理論指導，還給我提供了大量的實踐機會，使我能夠走遍大江南北，以體驗祖國的風水之美。更重要的是，惜墨如金的武老師還在百忙之中為本書寫序，使我備

感榮幸,在此對武老師表示深深的感謝!此外,還要感謝衡陽師範學院院長、教授劉沛林師兄,沛林師兄是中國人文地理學領域對人居環境、旅遊規劃中的風水意象研究頗有成就的學者,他能為本書寫序推薦,也使其大為增色。

商務印書館是中國現代出版的發源地和當代中國出版界的領頭羊,我博士畢業後就在這家單位工作。商務印書館為我提供了廣闊的發展空間,不但提高了我的地理學素養,也使我在編輯工作中認識了很多中國當代最優秀的地理學家,並與他們形成了一種亦師亦友的關係。其中,有中國地理學會秘書長張國友研究員,中國科學院地理科學與資源研究所的陸大道院士、李秀彬研究員、樊傑研究員、金鳳君研究員、陳田研究員、劉衛東研究員、戴爾阜研究員等,北京大學城市與環境學院的蔡運龍教授、鄧輝教授、柴彥威教授,清華大學建築學院的顧朝林教授,北京師範大學城市與區域規劃研究所所長周尚意教授,南京大學建築與城市規劃學院的甄峰教授,中山大學地理科學與規劃學院的保繼剛教授、閻小培教授、薛德升教授、曹小曙教授,華南師範大學副校長朱竑教授,四川師範大學旅遊與城鄉規劃研究院副院長兼總規劃師李小波教授,《地理研究》的高松凡研究員,《地理學報》的何書金研究員,《地理科學》的佟連軍教授,《人文地理》的李九全教授,等等。儘管我與他們中的一些人從未談及風水問題,但他們對當代地理學的研究方法和研究觀點,使我受益匪淺。因為審閱和編輯他們的書稿,與他們交談或聆聽他們的談話都是一種學習。例如,李秀彬研究員和高松凡研究員對風水持否定態度,但他們的看法對我認識風水中的消極成分很有幫助;在我與佟連軍教授的交談中,瞭解到他在做旅遊規劃時也考慮到風水的作用;我與顧朝林教授從未論及風水問題,但在2008年7月與他一起到哈爾濱出差時,經他介紹認識了哈爾濱市城市規劃局局長俞濱洋博士,俞博士贈送給我很多關於哈爾濱城市規劃的資料,本書關於哈爾濱城市規劃的研究就源於此;我在編輯保繼剛教授主編的《旅遊研究進展》叢書時,其中的案例使我很受啟發。此外,浙江財經學院城鄉規劃與環境管理

研究所祁黃雄教授、陝西師範大學西北歷史環境與經濟社會發展研究中心的蕭愛玲教授、廣東省東莞市城建規劃局的楊景勝高級工程師等人為本書提供了很多資料。在此，對這些學者的無私幫助，表示最衷心的謝意！

北京物資學院陳喜波副教授、北京金社智海房地產投資顧問有限公司總經理董金社先生、四川師範大學旅遊與城鄉規劃研究院副院長兼總規劃師李小波教授就有關章節的修改提出了很多建設性的意見。國際知名地理學家、香港浸會大學當代中國研究所的薛鳳旋教授和許志樺博士，中山大學地理科學與規劃學院的曹小曙教授，《中學地理教學參考》雜誌社的主編朱曉榮先生，《青年文摘》雜誌社的主編李釗平博士為本書積極聯繫出版社，使其得以在香港和內地同時出版。特別令我深受鼓舞的是，薛鳳旋教授為獎掖後學，除了為本書在香港聯繫出版和提供資助外，還提出了修改意見，並在百忙之中抽出時間為本書寫序推薦。香港三聯書店的陸明天老師和向婷婷老師在本書出版中付出了許多艱辛的勞動，他們的悉心審閱和仔細編校給本書增色不少。在此對他們表示最真摯的謝意。

此外，因風水文化博大精深，作者只是掛一漏萬地從人文地理學的視角進行了研究，錯誤和疏漏之處在所難免，所以懇請學術同仁與海內外朋友不吝賜教。

顏廷真

2011年5月9日

於北京大學圖書館

當代中國研究叢書

《當代中國思想界國是訪談錄》　瑪雅 著

《袪魅與超越——反思民主、自由、平等、公民社會》　王紹光 著

《當代中華體制——中國模式的經濟、政治、社會解析》　潘維 著

《台灣問題：政治解決策論》　蕭元愷 著

《為毛主席而戰——文革重慶大武鬥實錄》　何蜀 著

《中國富強之路——前景與挑戰》　薛鳳旋 主編

《我和八十年代》　馬國川 著

《中國未來三十年》　周牧之、楊偉民 主編

《大都會區（城市群）綜合交通運輸系統研究》　曹小曙、許志樺 編著

《香港特區教育政策分析》　曾榮光 著

《新界鄉議局史：由租借地到一國兩制》　薛鳳旋、鄺智文 編著

《典型年度——當代中國的思想軌跡》　李潔非 著

《讓城市更清潔——垃圾發電的發展與政策》　薛鳳旋、夏北成、許志樺、李燕怡 編著

《澳門發展與澳珠合作》　許志樺、李燕怡 著

《澳門特色經濟：可持續發展的探索》　許志樺、姚華松、張進林 著

《紅色特工：潘漢年傳》　王凡 著